数字工程管理系列丛书

国家自然科学基金面上项目(72271052)
江苏省建设系统科技项目(2023ZD052)

建设项目平台治理模式理论与实践

吴伟巍　程　曦　著

东南大学出版社
SOUTHEAST UNIVERSITY PRESS
·南京·

内容提要

建筑业是国民经济的重要支柱产业,对国家数字化战略能否实现具有举足轻重的影响。但是,中国建筑业数字化的进程要远远落后于其他行业,行业进行数字化转型升级迫在眉睫。公共服务部门在建筑业数字化转型升级中积极尝试,提高了公共服务部门的监管效率,摸索出一条行业数字化转型升级的有效路径。本书聚焦于建设工程公共服务治理流程重塑、建设工程公共服务治理平台解析、建设工程公共服务网络化平台治理模式构建、建设工程公共服务网络化平台治理模式实践发展。希望这些内容能够为各地建设工程公共服务平台治理模式的构建提供一定的先行实践依据。本书适合建筑业数字经济相关研究人员、从业者,以及工程管理等相关专业的高年级学生和研究生使用。

图书在版编目(CIP)数据

建设项目平台治理模式理论与实践 / 吴伟巍,程曦著. — 南京:东南大学出版社,2023.12
(数字工程管理系列丛书)
ISBN 978-7-5766-0992-9

Ⅰ.①建… Ⅱ.①吴…②程… Ⅲ.①基本建设项目—项目管理 Ⅳ.①F284

中国国家版本馆 CIP 数据核字(2023)第 223332 号

责任编辑:曹胜玫　责任校对:子雪莲　封面设计:顾晓阳　责任印制:周荣虎

建设项目平台治理模式理论与实践

著　　者:吴伟巍　程　曦
出版发行:东南大学出版社
社　　址:南京市四牌楼 2 号　邮编:210096
网　　址:http://www.seupress.com
电子邮箱:press@seupress.com
经　　销:全国各地新华书店
印　　刷:南京迅驰彩色印刷有限公司
开　　本:787mm×1092mm　1/16
印　　张:13.5
字　　数:264 千字
版　　次:2023 年 12 月第 1 版
印　　次:2023 年 12 月第 1 次印刷
书　　号:ISBN 978-7-5766-0992-9
定　　价:54.00 元

本社图书若有印装质量问题,请直接与营销部联系。电话:025-83791830

前　言

毋庸置疑,世界数字经济蓬勃兴起,正在成为创新经济增长方式的强大动能。习近平总书记高度重视发展数字经济,多次做出重要批示,要加快发展数字经济,推动实体经济和数字经济融合发展。在党的十九届四中全会上,数据被增列为新的生产要素,进而被确定为国家基础性战略资源。

建筑业是国民经济的重要支柱产业,对国家数字化战略能否实现具有举足轻重的影响。但是,中国建筑业数字化的进程要远远落后于其他行业,行业进行数字化转型升级迫在眉睫。公共服务部门在建筑业数字化转型升级中积极尝试,提高了公共服务部门的监管效率。但数字化过程中,数据的采集、传输和存储等都会增加建筑企业的成本。而平台模式由于其规模效应和范围效应的存在,在解决这个问题时具有天然优势。因此,公共服务部门在推进建筑业数字化转型升级过程中,与平台合作就成为必然选择。

问题一：建筑业数据的价值到底来之何处？问题二：为什么建筑企业不愿意分享数据？问题三：建筑业数据在哪种使用场景下价值最大？问题四：为什么建筑业在数字化过程中需要政府补贴？围绕建筑业数字化转型这四个核心问题,建筑业通过长期实践,摸索出一条行业数字化转型升级的有效路径。首先,在公共服务的基础上,通过政策扶持或补贴,鼓励建筑企业分享数据。其次,通过公共数据的分享和开放,建立建设项目、建筑企业的数字化平台。进而,实现项目数据、交易数据和公共数据在平台方式下的高效利用,形成更佳的信任、进行更优的决策。最终,实现基于平台进行更有效的资源配置,完成建筑业数字化的转型升级。

本书聚焦于：①建设工程公共服务治理流程重塑；②建设工程公共服务治理平台解析；③建设工程公共服务网络化平台治理模式构建；④建设工程公共服务网络化平台治理模式实践发展。希望这些内容能够为更多建筑业相关业务和环节的网络化更新、平台化升级提供范例及指明方向,为建设工程公共服务网络化平台治理模式的构建提供理论支撑与方案构想,为各地建设工程公共服务网络化平台治理模式的构建提供一定的先行实践依据。

在整个书稿完成过程中,得到了南京城市建设管理集团有限公司、南京精筑智慧科技有限公司等领导们的大力支持,在此一并表示感谢!此外,除了署名作者以外,东南大学硕士研究生黄茜、刘琪和沈思雨,分别参与了第3章、第4章和第5章部分内容的撰写工作;东南大学硕士研究生唐宇轩参与了书稿最后的排版工作。

建筑业数据要素的基础研究势在必行,建筑业数字化转型的尝试才刚刚开始,我辈工程管理人任重而道远。当然,由于笔者才疏学浅,疏漏和错误不可避免,此书权当抛砖引玉。

请各位读者批评指正!

笔 者

2023年11月13日于南京

目　录

第 1 章　绪论 ··· 1
  1.1　研究背景 ··· 1
  1.2　研究意义 ··· 3
  1.3　研究目标 ··· 4
  1.4　研究内容 ··· 5
  1.5　研究方案 ··· 6
      1.5.1　研究方法 ·· 6
      1.5.2　技术路线 ·· 7

第 2 章　核心概念与理论基础 ··· 9
  2.1　政务流程再造 ·· 9
      2.1.1　流程再造 ·· 10
      2.1.2　政务流程再造 ··· 12
      2.1.3　政务流程再造的方法 ··· 14
  2.2　Petri 网 ··· 17
      2.2.1　基本 Petri 网 ··· 17
      2.2.2　赋时 Petri 网 ··· 20
  2.3　平台经济 ··· 21
      2.3.1　平台的定义 ·· 21
      2.3.2　平台的分类 ·· 22
      2.3.3　平台的特性 ·· 23
  2.4　Shannon 通信模型 ·· 25
      2.4.1　基本 Shannon 通信模型 ·· 25
      2.4.2　扩展 Shannon 通信模型 ·· 26
  2.5　平台定价与博弈理论 ··· 27
      2.5.1　平台定价理论 ··· 27

  2.5.2 博弈理论 ·········· 30
2.6 网络化治理 ·········· 32
  2.6.1 网络化治理的定义 ·········· 32
  2.6.2 网络化治理的特征 ·········· 33
  2.6.3 网络化治理的运行机制 ·········· 34
  2.6.4 网络化治理的优缺点 ·········· 35
2.7 政府绩效评估理论及模型 ·········· 37
  2.7.1 政府绩效评估理论 ·········· 37
  2.7.2 政府绩效评估模型 ·········· 37

第3章 政务流程再造视角重塑建设工程公共服务治理流程 ·········· 39
3.1 建设工程公共服务治理的概念 ·········· 39
  3.1.1 建设工程公共服务的定义 ·········· 39
  3.1.2 建设工程公共服务治理的内涵 ·········· 40
3.2 基于赋时Petri网构建建设工程公共服务治理流程模型 ·········· 41
  3.2.1 赋时Petri网对于建设工程公共服务治理问题的适用性 ·········· 41
  3.2.2 建设工程公共服务治理流程的要素及其关系 ·········· 41
  3.2.3 基于赋时Petri网的建设工程公共服务治理流程建模 ·········· 45
3.3 政务流程再造角度重塑建设工程公共服务治理流程 ·········· 47
  3.3.1 设想阶段 ·········· 48
  3.3.2 启动阶段 ·········· 49
  3.3.3 诊断阶段 ·········· 50
  3.3.4 重新设计阶段 ·········· 52
  3.3.5 重构阶段 ·········· 55
  3.3.6 评价阶段 ·········· 57

第4章 平台经济视角解析建设工程公共服务治理平台 ·········· 60
4.1 建设工程公共服务治理平台的概念 ·········· 60
  4.1.1 建设工程公共服务治理平台的定义 ·········· 60
  4.1.2 建设工程公共服务治理平台的类型 ·········· 61
4.2 建设工程公共服务治理技术平台 ·········· 62
  4.2.1 技术平台架构 ·········· 62
  4.2.2 技术平台设计原则 ·········· 64

4.2.3　平台治理下监管信息传输流程研究 ·· 65
　4.3　建设工程公共服务治理平台的价格结构 ·· 76
　　　4.3.1　产品平台模式分析 ·· 76
　　　4.3.2　产品平台价格结构研究 ·· 86
　　　4.3.3　产品平台适用范围 ·· 112

第5章　构建建设工程公共服务网络化平台治理模式 ································ 116
　5.1　建设工程公共服务网络化平台治理模式的内涵 ······························· 116
　　　5.1.1　建设工程公共服务网络化治理的概念 ··································· 116
　　　5.1.2　建设工程公共服务网络化平台治理模式的定义 ····················· 116
　　　5.1.3　网络化平台治理模式的构成基础 ··· 117
　　　5.1.4　平台使用场景下的数据增值价值创造 ··································· 118
　5.2　构建建设工程公共服务网络化平台治理模式 ··································· 122
　　　5.2.1　网络化平台治理模式的运行机制 ··· 122
　　　5.2.2　网络化平台治理模式的适用范围 ··· 130
　　　5.2.3　网络化平台治理模式的实现流程 ··· 130
　　　5.2.4　网络化平台治理模式对比传统模式 ······································· 132
　5.3　建设工程公共服务网络化平台治理模式的评价方法 ······················· 136
　　　5.3.1　评价指标的选取和测量 ·· 136
　　　5.3.2　评价方法 ·· 138
　　　5.3.3　网络化治理下监管绩效提升影响因素识别及模型构建 ········· 139

第6章　建设工程公共服务平台治理模式案例分析——以"南京模式"为例 ··· 153
　6.1　案例选择 ··· 153
　6.2　"南京模式"发展历程 ··· 154
　　　6.2.1　萌芽期"南京模式"简介 ·· 154
　　　6.2.2　成长期"南京模式"简介 ·· 155
　　　6.2.3　成熟期"南京模式"简介 ·· 157
　　　6.2.4　南京市智慧工地监管平台功能模块 ······································· 158
　　　6.2.5　南京市智慧工地监管平台技术架构 ······································· 161
　6.3　"南京模式"实现流程 ··· 161
　　　6.3.1　基于Petri网的传统治理模式实现流程建模及分析 ················ 161
　　　6.3.2　基于Petri网的"南京模式"实现流程建模及分析 ··············· 165

6.4 "南京模式"运行机制 ·· 169
    6.4.1 南京市智慧工地监管平台运行机制 ······················· 169
    6.4.2 "南京模式"运行机制 ··· 172
6.5 "南京模式"公共服务治理成果与评价 ······························ 175
    6.5.1 平台治理下监管绩效提升路径分析 ······················· 175
    6.5.2 "南京模式"公共服务治理效果总结 ······················· 181

第7章 结论 ·· 182

参考文献 ·· 187

第 1 章 绪 论

1.1 研究背景

毋庸置疑,世界数字经济蓬勃兴起,正在成为创新经济增长方式的强大动能[1-2]。习近平总书记高度重视发展数字经济,多次做出重要批示,要加快发展数字经济,推动实体经济和数字经济融合发展[3]。在党的十九届四中全会上,数据被增列为新的生产要素[4],进而被确定为国家基础性战略资源[5]。建筑业是国民经济的重要支柱产业,对国家数字化战略能否实现具有举足轻重的影响[6-8]。

但是,中国建筑业数字化的进程要远远落后于其他行业,行业进行数字化转型升级迫在眉睫[9]。公共服务部门在建筑业数字化转型升级中积极尝试,提高了部门的监管效率。但数字化过程中,数据的采集、传输和存储等都会增加建筑企业的成本。而平台模式由于其规模效应和范围效应的存在,在解决这个问题时具有天然优势,因此,公共服务部门在推进建筑业数字化转型升级过程中,与平台合作就成为必然选择。

问题一:建筑业数据的价值到底来之何处?

建设项目的数据可以分为项目数据(质量、进度、成本等)、交易数据[10]和公共数据[11]。如果没有数据分享,那么就没有可以协同的经济活动[12-13]。建筑业也不例外,数据分享是建筑业数据产生价值的前提条件,在经济活动中的地位不可替代。数据分享,可以改善决策和建立信任[14]。建筑业的数据分享,可以重塑建筑市场以及行业建设和交易的方式[15]。海量、多种类的大数据,让建筑企业可以做出更明智的决策[16]。大数据可以进一步增强业主和承建各单位之间的信任,并促使他们做出更好和更快的决策[17]。

问题二:为什么建筑企业不愿意分享数据?

建设项目具有唯一性和临时性的典型特征,而且很少有两个项目在形式、功能等方面完全相同,数据的可变性是常态[18]。此外,建设项目的交易具有明显的高值低频(High Value Low Frequency Trade, HVLFT)特征。高值,增加了买方面临的财务风险,降低了卖方信任;低频,导致缺乏可比资产,影响项目的价格弹性[19]。数据与传统的生产要素又不同,具有非竞争性以及与经济活动、数据相关主体的不可分离性[20-21]。这些特征,决定了建筑业数据的价值更大,也直接导致了建筑业数据分享的难度更大。Aghimien等学者就指出,建筑业中数据资源价值巨大,建筑企业可以通过共享数据获得更好的竞争优势,但信任问题、合作风险问题和投资成本问题阻碍了数据流动[22]。

问题三:建筑业数据在哪种使用场景下价值最大?

罗汉堂(Luohan Academy)提出了包括数据主体、数据生产者和应用场景的数据三角,并指出数据的价值会因应用场景的不同而不同。建筑业数据的价值取决于需要回答什么问题,与数据具体的使用场景相关[23-24]。资源的市场配置和组织配置方式在运营成本和交易成本之间无法两全时,平台就已经成为资源配置的第三种方式了[25-26]。由于双边市场或多边市场网络外部性的存在,每一位用户所得到的效用随另一边用户数量的增加而呈跳跃式增加,呈现典型的网络效应[27-28]。进而,当平台突破临界容量后,由于存在规模经济和范围经济两大效应,因此通过价格结构的倾斜激励策略,可以同时降低双边用户的交易成本和运营成本[29]。因此,建筑业的数据价值,只有在平台利用方式下才可以达到最大化。换而言之,基于平台进行更有效的资源配置,才是建筑业数字化转型升级的最终目标。

问题四:为什么建筑业在数字化过程中需要政府补贴?

建设项目的数据价值大,也直接导致推进建筑业数据分享的难度更大。因此,在没有足够的激励措施或者补贴措施下,建筑企业没有分享数据的动力,自然也就无法产生更大的数据价值。认识到这些关键影响因素后,在推进建筑业数字化转型升级的过程中,公共服务部门都不约而同对建筑业数字化过程进行了政策扶持或补贴。例如,针对智慧工地监管平台,南京市政府出台了差别化工地管理政策[30];针对BIM的推行,各个地方政府出台了培训补贴、项目补助和容积率奖励等政策[31]。从而,在监管要求和政策扶持下,公共服务产生了大量的公共数据,在第三方平台上形成了集聚。同时,客观上也形成了建设项目(工地)和建设企业集聚的平台,利用政策扶持或补贴实现了平台化成本的分担。进而,在数据脱敏、隐私保护等技术和管理手段支持下,进一步实现项目数据、交易数据和公共数据在平台方式下的高效利用。例如,南京市建筑垃圾交易平台是以公共数据为支撑并扩展实现交易数据开发与流动的平台。

由此可见,公共数据在建筑业数字化转型升级过程中具有战略性地位。建筑业通过长期实践,已摸索出一条行业数字化转型升级的有效路径。首先,在公共服务的基础上,通过政策扶持或补贴,鼓励建筑企业分享数据。其次,通过公共数据的分享和开放,建立建设项目、建筑企业的数字化平台。进而,实现项目数据、交易数据和公共数据在平台方式下的高效利用。最终,基于平台进行更有效的资源配置,完成建筑业数字化的转型升级。

平台既是提升治理效率的技术变革工具,又是推动治理形态变革的载体。建设工程公共服务应以平台为抓手,对传统治理模式进行重塑。探索建设工程公共服务平台治理模式,已成为建筑业转型升级的必然方向。

1.2 研究意义

本书立足产业现代化建设尤其是建筑行业数字化转型的时代浪潮,开展以实现建设工程公共服务网络化治理为核心要求,具备整体性、层级性、导向性等特点的建筑业平台模式发展的研究,探究建设工程公共服务治理流程从传统模式向平台模式转型的结构基础与优势,融合平台经济学理论构建建设工程公共服务网络化平台治理模式框架,并论证其在生产实践中的应用支撑与发展前景。

1. 通过对建设工程公共服务治理流程的梳理,为更多建筑业有关业务、环节的网络化更新、平台化升级提供范例及指明方向。公共服务包含城乡公共设施建设、社会就业、社会保障服务等公共事业[32],涉及社会生活的方方面面,但现有研究缺少对建设工程领域公共服务概念的界定,建设工程公共服务治理模式研究仍是空白。本书从模式的定义出发,借助政务流程再造理论分析建设工程公共服务治理流程的内涵、重塑治理模式实现流程,这是对传统场景下治理流程的结构化认识,为实现平台模式下的网络化治理奠定完善的流程基础。

2. 为建设工程公共服务网络化平台治理模式兴起的合理性及其在建筑业数字化转型升级中的必要性提供理论支撑与方案构想。本书在传统经济学提出的市场和组织两种资源配置的方式之上,重点关注平台这第三种方式,用以解释数字化的新兴"市场"。平台经济视角下,数据作为重要的新型生产要素进入市场流动,平台模式下的运行机制、适用范围、实现流程共同构建起数据分享的基本路径与交易准则。以微观数据活动流程为框架的宏观网络化平台模式解释了建筑业数字化转型的最根本动力与合适的依托载体。进而,在平台经济的基本理论支撑下,结合建设工程公共服务治理场景的特殊性,选用合适的模型与方法,为平台模式推行过程中存在的关键性问题提供可行方案。例如,采用不同定价方式下的价格结构模型回答有关平台化成本最合理分摊方式及该方式下政府和第三方平台企业的最优选择问题;网络化治理下监管绩效提升因素与作用路径服务于建设工程公共服务治理模式的评价方法问题。这些研究中归纳的现实问题将在理论支撑的基本骨架之上,为平台模式整体方案设计注入鲜活血液。

3. 为各地建设工程公共服务网络化平台治理模式的构建提供一定的先行实践依据。组织层面,为组织(有关公共部门、第三方平台企业、平台参与企业)理解行业数字化的最终目标提供参考,并为其不同角色选择数字化转型的路径给予指导。建筑业相关交易活动"高值低频"的特点和建造生产过程中较强的公共属性决定了建设工程网络化平台的建设将有别于消费互联网平台。"南京模式"的发展历程概括了一个平台如何由单一项目的内部平台逐步走向一个包含多主体的城市层面监管平台，整个过程中围绕建设项目公共服务形成的关系网络格局将对不同利益相关方明确数字化革新的角色定位具有启示意义。行业层面，为欣欣向荣的建筑业网络化平台指明发展前提与未来方向，为早日实现建筑产业现代化、数字化目标奠定基础。本书建设工程公共服务平台治理模式不再局限于项目层面的数据共享，不再单一着眼于企业方施工效率提升等内部需求，而以重塑建筑行业环境信用体系为主赛道，以充分激发公共数据价值为总目标，以政策效应为关键推动因素。以此为"南京模式"探索出一条平台建设运营和规模扩张的有效路径，也将为建筑业数字化转型扫除数据因价值太大而流动性降低、分享困难等启动障碍提供实践思路。

1.3 研究目标

本书的研究目标，是探索以平台经济理论为基本框架，以云计算、物联网、大数据等信息化技术为重要支撑，以网络化为核心要求的建设工程公共服务平台治理模式，为建筑业数字化转型升级提供具有实践指导意义的范式。从建设工程公共服务治理流程的结构化梳理入手，拆解各环节间的要素与关系，重塑治理流程以获取平台应用场景转换的结构基础。进而，解析建设工程公共服务治理平台的宏观模式特点与微观数据机理，构建以平台为载体的网络化治理新体系。最终，通过典型案例论证平台模式在监管绩效提升甚至行业信用体系建设与共享层面的强大生命力，以公共服务治理为窗口窥探建筑产业数字化转型的一般价值规律。本书聚焦于以下关键问题：

（1）建设工程公共服务及其治理内涵是什么？如何重塑建设工程公共服务传统治理模式实现流程？

（2）建设工程公共服务治理平台是什么？治理平台的技术架构是怎样的？治理平台的运行机制、适用范围是什么？怎样建立完善的平台价格结构模型？

（3）建设工程公共服务治理进化路径是什么？网络化平台治理模式是什么？有什么样的特征？建设工程公共服务网络化平台治理模式与传统模式对比有什么不同？两种模式下监管信息的传输有何区别？

（4）建设工程公共服务网络化平台治理模式的评价方法是什么？该模式和传统模式相比较，有哪些因素发生了改变并能最终提升监管绩效？

（5）本书构建的建设工程公共服务平台治理模式及其评价方法是否能够解释现实中的治理现象和各主体行为？

1.4 研究内容

（1）建设工程公共服务治理流程重塑

定义建设工程公共服务治理流程。本书结合建设工程、公共服务、治理的定义，梳理建设工程公共服务和建设工程公共服务治理的有关概念，为明确研究对象的内涵特征夯实理论基础。进而，根据流程元素组成，解构建设工程公共服务治理流程，厘清流程元素间的关系，搭建定义元模型，为整体治理流程重塑提供标准化基本元件。

构建建设工程公共服务治理流程模型。建立骨架清晰、要素分明的流程模型是后续实现系统数字化改造的前提。本书基于赋时 Petri 网，结合建设工程公共服务治理流程元素及其对应关系，构建建设工程公共服务治理模型。借助政务流程再造 S-A 框架，诊断传统治理流程的不足，以赋时 Petri 网为工具，重建以治理平台为要件的建设工程公共服务治理新流程。

（2）建设工程公共服务治理平台解析

建立建设工程公共服务平台概念框架。从治理技术平台角度明确公共服务治理平台架构和设计原则；从治理产品平台角度厘清平台的运行机制和适用范围，为解析建设项目平台模式提供完整契合的经济学视角。

研究平台治理下监管信息传输流程。平台能有效改善信息不对称问题以提高数据利用效率及降低治理成本，而信息是影响治理绩效的关键因素。本书从价值链视角揭示了数据从采集到可视化呈现整个活动过程释放信息价值的系统性流程。基于 Shannon 通信模型和 Petri 网，构建传统及平台治理下监管信息传输模型并对比监管信息流经要素和状态变迁事件，结合平台理论提出平台治理下监管绩效提升影响因素识别思路。

确立平台价格结构研究框架。探究政策在公共服务属性较强业务的平台化过程和平台价格结构设定中的作用效果和路径，以服务于政府政策制定和平台临界容量的突破及可持续健康发展。首先，本书基于完全信息静态博弈模型对比不同政策下政府和第三方平台企业的策略选择，探讨平台化过程中成本的最优分摊策略。其次，采用 Armstrong 基准定价模型，引入奖惩政策，构建只收取注册费、只收取交易费、两部分收费制的价格结构模型。进而可以求解最优费用组合，讨论不同定价方式下价格结构的影响因素，并重点分析奖惩政策效应。

（3）建设工程公共服务网络化平台治理模式构建

构筑建设工程公共服务网络化平台治理模式内涵架构。首先，明晰建设工程公共服务网络化治理的概念与背后数据价值创造的机理，明确治理模式进化路径。其次，探究建设工程公共服务网络化平台治理模式基础,包括运行机制、适用范围、实现流程等关键性问题。最后,将网络化治理与传统模式做对比,明晰新模式的优劣性。

以多主体视角健全建设工程公共服务网络化平台治理模式评价方法。一套完备系统的评价方法将对平台模式的演化方向具有关键指导意义。本书以治理效果为基点,从多主体视角出发,选取治理模式评价指标、部署模式评价步骤,健全建设工程公共服务治理评价方法。

构建平台治理下监管绩效提升影响因素理论模型。有关公共部门无论是做出开放数据还是采用平台的决策,能否提升监管绩效均为重要的决策依据。本书首先识别技术利用程度、组织集成程度与信息质量三大平台治理下监管绩效提升影响因素并提出研究假设;其次基于传统与平台治理下监管信息传输流程和"3E"绩效评估模型,对信息质量和监管绩效进行维度划分;最后构建平台治理下监管绩效提升影响因素理论模型及其指标清单。

(4) 建设工程公共服务平台治理模式实践发展:案例分析

在案例分析的基础上,本书基于理论研究部分提及的概念、模型、方法,聚焦于"南京模式"在实践层面体现的过程发展规律,建立建设工程公共服务网络化平台治理模式从理论设计向应用实现过渡的分析框架。首先,网络化平台治理模式的实践发展具有明显的阶段特征,平台在不同建设历程中的功能模块、技术架构的日臻完善与模式背后的经济学机制效应日趋成熟的步调相关联。其次,"南京模式"把握以环境信用为中心的信用体系,将网络化平台治理模式接入噪声、扬尘等重点监管环节,从数据流动产生信息价值的平台逻辑层面和监管信息流经要素、状态变迁事件对比优化等传输技术层面保障网络化治理模式实现流程。此外,平台范围的需求互补性、网络外部性、价格结构非中性等特性与"南京模式"范畴的信任机制、制度化机制、沟通协调机制共同发力,保障以平台为实现方式的网络化治理模式的长久平稳运行。最后,从技术利用程度提升、组织集成程度提升、信息质量提升、监管绩效提升四方面阐明网络化治理对污染监管绩效的作用路径,在此基础上总结"南京模式"公共服务治理效果。

1.5 研究方案

1.5.1 研究方法

(1) 阶段-活动(S-A)流程再造框架

阶段-活动(S-A)流程再造框架是一个分析政务流程再造的系统化框架,阐述了流程再造的阶段和活动。本书基于阶段-活动(S-A)流程再造框架,对建设工程公共服务流程进行了平台化再造分析。

(2) Petri 网和 Shannon 通信模型

Petri 网是采用网状结构构建通信系统信息流动模型的分析工具。Shannon 通信模型是一个有关通信技术的基本模型,为研究数据传输提供了基础框架,阐明了数据传输的基本方向和流经要素。本书结合了 Petri 网和 Shannon 通信模型的优点构建了监管信息传输基础模型,用于分析建设项目公共数据流动的基本方向、流经要素和流动过程。

(3) 数据价值链模型

数据价值链模型展示了数据的增值过程,便于数据被很好地理解和优化。数据价值链包括数据生成、数据采集、数据预处理、数据存储、数据分析和可视化,为研究建设项目公共数据价值的形成过程提供了理论框架。

(4) 完全信息静态博弈与 Armstrong 价格结构模型

博弈是参与人在一定的规则下,各自选择策略并加以实施,而取得相应收益的过程。采用完全信息静态博弈可以分析政府和第三方平台企业的平台化成本分摊方式及双方最优策略的制定。Armstrong 考虑交叉网络外部性,用效用替换价格影响需求,建立双边平台的两步定价模型,解释平台中对一边免费甚至补贴的情况。该模型为建设项目公共服务平台的定价和政策补贴设定提供了方向,证明了平台的双边不对称定价机制。本书基于 Armstrong 模型,构建不同收费方式下的平台价格结构模型,分析平台利润最大化和社会福利最大化的最优费用组合中政策的作用路径。

(5) 案例分析法

案例分析法是一种立足于实践的研究方法,能够通过对具有代表性应用案例的逻辑化剖析为理论框架的可操作性提供支撑。本书选择建设工程公共服务平台治理模式的先行者——"南京模式",着眼于"南京模式"治理枢纽——南京市智慧工地监管平台,从结构形式、运行流程和运行机制等角度印证理论层面构建的建设工程公共服务网络化治理模式的实践指导意义。

1.5.2 技术路线

技术路线如图 1-1 所示。

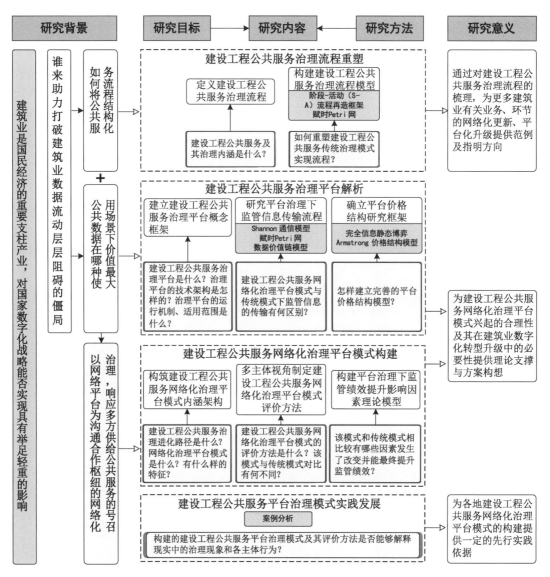

图 1-1 技术路线图

第 2 章
核心概念与理论基础

2.1 政务流程再造

20世纪70年代末,西方国家政府普遍出现财政、管理、信任危机。在这样的社会背景下,新公共管理运动与之而来。以英、美、澳为代表的西方国家政府,计划以改革的形式,重新树立政府形象,以应对危机。这些改革范围广泛,但存在一个共性:以公共部门民营化和顾客导向为特点,强调职业化、技术化的管理,试图创建一个"企业型政府"。新公共管理运动注重于提高管理绩效,强调借助市场的力量转变政务范式,其主张之一是扬弃官僚制。往后二十多年里,改革浪潮席卷全球。在这个过程当中新公共管理理论随之诞生。

1990年,麻省理工学院迈克尔·哈默(Michael Hammer)博士在"Reengineering Work:Don't Automate, Obliterate"一文中指出,企业习以为常的业务流程大多是根据早年的观念而建立起来的,许多已经失去了价值。我们需要重新设计全新的流程来适应新的环境。1993年,哈默博士在 *Reengineering the Corporation: A Manifesto for Business Revolution* 一书中正式提出流程再造(Business Process Reengineering,BPR)这一概念。通过对企业的流程研究,进一步提出了企业再造的概念。至关重要的是这些概念的核心——"再造"[33]。

"当私人管理者正风行重建时,公共管理者也发现这场运动不可抗拒。"[34]在新公共管理运动的背景下,受到"再造"理念的启发,学者们提出了"政务再造"理论。1993年,美国政府成立了"政务流程再造小组"(Reinvention Team)和"政务流程再造实验室"(Reinvention Laboratory),推进"国家绩效评估"工作并取得了一定的成效。目前,我国政府为了适应技术的发展与时代的要求,也开始深化改革,进行权力下放、政企分离、借助市场等方面的再造工作。

政务流程再造是流程再造理论的重要分支,体现流程再造与政府创新理论相融合的趋势。要更好地了解政务流程再造,需从流程再造入手,了解流程再造的定义与方法,进而深入理解政务流程再造的定义与特点。

2.1.1 流程再造

流程再造是组织变革的一种形式,是对相互关联的组织子系统进行战略变革[35]。任何组织都要先剖析自身,从实际出发,结合再造资源、环境、组织状态等重新设计流程,以期在各项指标上有较大的提升。

2.1.1.1 流程再造的定义

关于流程再造的定义,学界说法并不统一。经归纳,可分为两类。一是广义的流程再造,理论代表为"流程再造之父"哈默和钱伯尔。他们率先提出流程再造这一概念,并指出流程再造是对业务流程进行本质上的重新思考,并彻底地重新设计业务流程,以使在质量、成本、服务、速度等当前企业业绩的这些重要尺度上取得显著的进展[36]。广义的概念强调以流程为中心进行彻底、全面的改造,以推动组织结构的重建。二是狭义的流程再造,它将"流程再造"的工作内容限定于对流程的操作,是组织再造的辅助性工具。Davenport等使用的关键词是"业务流程设计"(Business Process Redesign,BPR),指出其是对组织内部或组织之间的工作流和流程进行分析和设计[37]。广义的业务流程再造的内涵丰富,包括组织再造、目标定位再造、流程重构等,狭义的流程再造就是其工作的一部分。

2.1.1.2 流程再造的方法——S-A框架

流程所服务的项目具有独特性和多样性,因此针对各流程再造过程的变更项目的数量和内容不尽相同,再造的方法也应多样、灵活,使得效率最大化[35]。哈默将流程再造总体上分为两个阶段:流程描述和流程改造阶段[36]。前者用于确定、分析流程中各单元的内容以及执行情况,后一阶段根据分析情况找出不合理成分,选定适合的改造方式。William调研了Gemini咨询公司、安永会计师事务所、麦肯锡咨询公司、普华永道会计师事务所等多家知名公司,总结了相关流程再造实证分析文献,通过大量案例分析,整理得出流程再造的普适性框架——阶段-活动框架(Stages-Activities,S-A),又称S-A框架,为项目管理者提供了流程再造方法原型[35]。

1. 再造阶段

S-A框架将流程再造看作一个管理项目,从该角度将流程再造拆解为6个阶段($Stage_1$-$Stage_6$),分别为设想、启动、诊断、重新设计、重构和评估[38]:

(1) 设想阶段 S_1:该阶段常被称为流程再造项目的"宏观模型"阶段,涉及企业战略方向的规划、公司未来蓝图的勾画,需要着重找出需要再造的流程、创造流程再造的机会,争取管理层的支持和投入。

(2) 启动阶段 S_2:这个阶段属于再造项目的前期筹备阶段,需要为流程变革创造合适的环境,标志着再造工程的正式开始。

(3) 诊断阶段 S_3:工作小组接手再造项目,首先对现有流程进行描述,随后分析并记录现有流程存在的病症。

(4) 重新设计阶段 S_4:重构人力资源、组织结构,升级信息技术,为流程重构提供组织、技术支持。

(5) 重构阶段 S_5:利用上一阶段的改进结果,对流程的人员、结构、技术等方面进行根本性重构。

(6) 评估阶段 S_6:对新流程运转情况进行监督和评价,并将监督评价工作融入全面质量管理中,不断改进流程以保持企业活力。

2. 再造活动

由上述内容可知,6个阶段粗线条地划分了广义上流程再造的全过程,狭义的流程再造(S_5)是其中的一部分,也是流程再造全过程的核心工作。对各阶段的活动进行深入讨论,得到流程再造 S-A 框架,如表 2-1 所示。为了叙述的需要,各个活动被标号为 S_iA_j(i 和 j 均为正整数)表示第 i 个阶段的第 j 个活动。需要说明的是,S-A 框架是一套系统方法框架,对于某一具体的再造项目,涉及的阶段、工作活动及次序可能会有所不同,但是,个体的再造活动基本上包含在以下的框架之中。

表 2-1　S-A 框架[35]

阶段	活动
S_1 设想	S_1A_1 成立管理层、S_1A_2 发现流程再造契机、S_1A_3 识别 IT 技术是否支持再造、S_1A_4 选择流程
S_2 启动	S_2A_1 通知股东、S_2A_2 创建再造小组、S_2A_3 划定再造日程、S_2A_4 确定客户需求、S_2A_5 确定再造目标
S_3 诊断	S_3A_1 描述现有流程、S_3A_2 分析现有流程
S_4 重新设计	S_4A_1 定义并分析现有流程、S_4A_2 细化并设计新流程、S_4A_3 安排人力、S_4A_4 分析再造相关信息
S_5 重构	S_5A_1 重组流程、S_5A_2 建立信息技术系统、S_5A_3 新技术使用培训、S_5A_4 转换流程
S_6 评估	S_6A_1 评价流程绩效、S_6A_2 关注再造项目并持续改进

3. 再造技术

梅绍祖等通过研究、分类和 Q-SORT(Q-分类法),按照流程和应用对象将流程再造相关技术分成 11 类,作为选择技术的"索引"[35, 38-39]。关键类别及代表性技术示例如下:

(1) 项目管理:预算、项目进度安排(波特图、甘特图、关键路径法)等;

(2) 问题诊断：鱼骨图、帕累托图等；

(3) 需求分析：质量功能部署、基准、焦点分组等；

(4) 流程捕获建模：流程图、角色行为图、IDEF 系列和事件过程、泳道图等；

(5) 过程测量：基于活动的成本、统计流程控制、时间运动建模等；

(6) 流程仿真：层次 Petri 网、角色扮演、仿真技术等；

(7) 系统分析设计：软件再造、CASE、JADe/RAD 等；

(8) 业务计划：关键成功因子、价值链分析、核心流程分析等；

(9) 创造性思维：展望、黑箱思维、联姻图、德尔菲法等；

(10) 组织分析设计：雇员与团队态度意见评估、职位设计、团队建设技巧等；

(11) 变革管理：研究会议、假设呈现、说服技巧等。

2.1.2 政务流程再造

2.1.2.1 政务流程再造的定义

伊文霞等基于"流程"的内涵，认为政务流程可定义为在时间维度上，政府或其他权力机关按一定逻辑顺序发生的政务活动的集合[40-41]。汪玉凯等和陈群民根据流程与政务的特性，认为政务流程是政府和其他公共管理机构提供公共服务或进行公共管理所发生的结构化的连续事件链[42-43]。

对于"政务流程再造"的定义，学术界尚未有统一的论调。针对研究的内容、侧重点等的不同，相近的关键词有：政务流程再造、政府流程再造、政府业务流程再造等 [Government Process Reengineering (GPR), Government Affairs Process Reengineering (GAPR), Business Process Reengineering in the Public Sector]。选取政务流程再造的称谓进行分析，不同学者对其定义如表 2-2 所示。

表 2-2 现有研究政务流程再造的定义

作者	时间	定义
奥斯本	2002	为大幅度提升组织效能、效率、适应性及创新能力，采取改变组织目标、组织激励、责任机制、权力结构等手段，对公共体制和公共组织进行彻底的转型[44]
Caudle 等	1994	在政治环境中，对政务流程进行再次的审视、思考和设计，使得公众与利益相关者切实感受到政务工作完成度的提高[45]
金江军等	2003	政府为了利用信息技术提高政府管理和社会服务水平，使之更加符合电子政务"简便、透明、高效"的客观要求，对传统政府行政管理和服务的业务流程进行大刀阔斧的重新组合和更新改造[46]

(续表)

作者	时间	定义
姜晓萍	2006	以政府为主体的政府部门在反思传统行政组织业务流程弊端的基础上,运用网络信息技术,摈弃以任务分工与计划控制为中心的工作流程设计观念,打破政府部门内部传统的职责分工与层级界限,实现由计划性、串联性、部门分散性、文件式工作方式向动态化、并联化、部门集成化、电子化工作方式的转变,建立以问题诊断为前提,以解决问题为宗旨的服务流程模式[47]
孙正娟等	2006	运用现代管理学思想、经济学的市场机制原理和现代化的信息技术,对政府部门的业务流程进行根本性的重新思考与重新设计,以使政府的行为成本、公共物品与支出、服务质量、效能与效率都具有可量化的标准,最终达到政府行为、业务流程的戏剧性改变[48]
连成叶等	2010	政府组织在新的历史环境中,在新的治理理念的指导下,充分利用现代化的信息技术,以最大限度满足公众服务需求为出发点,对政府原有的一系列业务流程进行根本性的重新思考与重新设计,通过流程再造使政府为公众、企业和政府自身提供更加优质、便捷、高效的管理和服务[49]
Jiang 等	2013	政务流程再造运用现代管理思想、市场机制的经济学理论和现代信息技术,对政府的基本业务过程进行激进的重新思考和重新设计,重新考量政府的行为、成本支出、公共服务提供质量等方面,使政府服务流程发生彻底的变化[50]

以上相近概念的共通之处,主要有以下几点:

(1) 手段相同。借助现代管理学及信息手段实现再造。

(2) 目的相近。均欲扬弃传统官僚制,提升政府管理效率及效能,转变形成信息化的政务处理模式,以满足建设"一站式"政府的电子政务需求。

(3) 实现方式相似。改善、重新设计、彻底再造流程,转变以计划控制和任务分工为中心的工作流程观念和现状。

2.1.2.2 政务流程再造中流程再造理论迁移的适当性

林登率先提出要克服传统官僚制中部门分工僵化、各自为政等短板,将企业管理中的"流程再造"理论运用至政府改革中再造政务流程,以提高公共服务水平[51]。经过理论的迁移和公共部门实践发现,流程再造理论对政府改革具有较强的示范效应。梅绍祖等认为公共部门和企业一样都是组织,某种程度上具有相同的特质[38]。因此,流程再造的理念和分析方法同样适用于政府部门[38][52]。众学者皆认为两种理论具有很强的相似性,将流程再造理论迁移至政务流程再造是适当的。

虽然政务流程再造是企业流程再造在新公共管理领域的延伸,但由于两者再造对象、相关方、环境等要素不同,政务流程呈现出特有的属性[47][53-56]:

（1）再造主体的公共性

政务流程再造的主体即进行公共治理的主体，不仅局限于组织内部及公共部门，还涉及隶属于不同组织的利益相关者。企业管理中，流程的所有权属于组织内部；而对于政务，流程的所有权同时存在于机构、政府内外，为组织内部和外部共有。

（2）再造目标的多样性与象征性

由于涉及各利益集团，政务流程再造的目标具有多样性。同时，再造的目标还具有象征性，即其不仅是减少治理成本，而且要满足公共需求，提升社会价值、政治价值，提高管理效率及公共服务治理水平。

（3）再造环境的复杂性

政务流程再造的本质是对政务、信息流程、公共服务提供方式等进行改革，与政治环境、社会变革休戚相关。政务流程再造环境的复杂性，体现在其市场环境和组织环境中。

从市场环境来看，政治因素对政务流程再造影响较大，但法律等规章限制多，难以制定对公共部门工作人员的绩效激励措施。政务流程市场风险小，导致对生产力和效率的激励较少、分配效率较低、市场信息的可得性低。

从组织环境来看，政府的公共管理工作具有强制性，管理者的决策自主权较低，公共部门内部对变革高度抵制。公共服务治理的意义在于提升公共价值，受到群众的广泛关注。来自市场的相关方，对于再造价值都有不同的理解，各组织也对变革十分抵制，进而对再造过程施加限制性影响。利益集团的博弈将影响和制约流程再造的广度和深度。

（4）再造过程的长期性

政务流程再造的复杂性决定了其具有长期性。政务流程再造既不是简单的政府组织重构，又不是将某一公共服务提供方式电子化，而是一个长期的、需要持续改善并跟进的过程。

由上述内容可知，流程再造毕竟是企业管理理论，以盈利、提高企业效率为主要目的，更多考虑的是市场因素。而公共部门的非营利性决定了政务流程再造在关心成本和效益之余，还需兼顾效率和社会公平。因此在理论迁移时需注意转化。

2.1.3 政务流程再造的方法

根据上文可知，政务流程再造是流程再造的分支。在理论迁移的过程中，需要注意对使用情况稍做修改。根据流程再造的实践和我国的国情，我国适合于采用渐进性优化的再造模式，改进政务流程。在借鉴业务流程再造方法的基础上，各国学者根据公共部门的特殊性指出政务流程再造的方法，其阶段活动框架如表2-3所示。

表 2-3 政务流程再造 S-A 框架[35]

阶段	活动	技术	工具
设想	设定目标		
	立下管理承诺		
启动	计划项目	甘特图 头脑风暴 关键成功因素分析法	项目管理工具
	组织项目团队		
	组织中层管理人员研讨会		
	通知雇员		
	识别关键流程		
	识别局限和限制		
诊断	组织研讨会	结构化访谈 IDEF 系列技术或相似的流程建模技术 流程文档化 活动文档化 离散事件模拟	流程建模和模拟工具
	流程文件化		
	流程建模		
	分析流程、组织结构和信息系统		
重新设计	识别同一类型的进程组	头脑风暴等创造性思维技术 IDEF 系列技术或相似的流程建模技术 现有和再造流程映射表 组织图	流程建模和模拟工具
	提出流程改进和统一的建议		
	建议组织再造		
	新流程建模		
	规划 IT 项目		
重构	实施再造	信息系统建模技术	项目管理工具
	计划和实施 IT 项目		案例工具
评价	实施过程监控系统和流程管理		流程管理工具

(1) 流程建模技术

流程建模是指运用图形、公式、表格或文字描述流程的特性,回答流程运行过程中为什么做、做什么、怎么做、谁做等问题[57-58]。其作用主要是在已知业务流程具体信息的情况下,清晰描述流程,得到流程模型[58]。流程建模的方法有很多,包括硬方法和软方法[57],按照适用情形,可将其分为三类[57-59]。

① 基于图形符号的流程建模技术。使用图形化符号建模,便于再造人员与用户理解。常见的建模技术有 IDEF 系列建模方法、Petri 网(Petri-net)等。

② 基于数学的流程建模技术。这类建模技术的建立需要严格的数学逻辑基础。基于逻辑的(Logic-based)、基于事件规则的(Event Rule-based)和基于代数规则的(Algebraic-based)建模技术等都可归入此种类型。常用的建模方法有:CTR、Process

Algebras 等。

③ 能被引擎直接执行的流程建模技术,即建模语言,如 BPMN、XPDL 等。

图形化的建模技术不仅清晰直观、便于理解,而且方便人们对模型进行检查。该种建模方法的应用最为广泛,一般用户和领域专家都倾向于使用图形化的建模语言[58]。虽然运用计算机语言的高级建模技术优势很重要,但简单的文字处理程序、电子表格和流程图就已经足够政务流程再造项目使用了[57]。

(2) 流程建模技术的选择(IDEF 系列建模方法与 Petri 网)

IDEF(ICAM DEFinition method)最初应用于系统工程领域,是一种系统分析和设计的方法技术,主要用于表示活动如何被执行以及活动之间的联系。各国学者将其作为再造的核心技术之一,用于表示企业或组织内流程及各项活动,在诊断、重新设计阶段具有较好的适用性[38]。IDEF 系列技术(IDEF0—IDEF14)在流程再造中使用较为广泛的是 IDEF0 与 IDEF3。

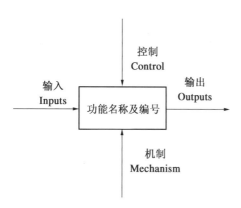

图 2-1 IDEF0 基本模型图[60]

IDEF0:功能模型[Fuction (Activity) Modeling]。IDEF0 由图形语言、结构化分析技术发展而来,是用于帮助组织系统分析流程功能以及实现流程功能所需条件的方法[38]。IDEF0 能够描述和记录每个行动以及行动之间的关系,其图形语言主要含有控制、机制、输入、输出四种元素。输入和输出分别是实现该功能所需要的原料和流程最终的产物;控制是标准、政策和参考对象;机制是用于实现活动预期目标的资源[60],其基本模型图如图 2-1 所示。

IDEF3:过程模型(Process Modeling),是一种结构化的方法,用于描述一系列有序的情景和行为[38],也可用于描述在一流程重复发生的情况下,一个特定的组织是如何工作的[38,60]。IDEF3 有两种模拟途径:过程流网(Process Flow Network,PFN)和对象状态转移图(Object State Transition Network Diagram,OSTN)[38,60]。过程流网是以过程为中心的流程,用于描述活动发生的次序、捕捉事情的运行路径。物体状态转移则概括了在特定过程中,物体可能经历的变化。该种建模方法由行为单元(UOB)、交会点和连接组成基本元素,其基本模型图如图 2-2 所示。

Petri 网(Petri-net)适用于流程的分析和设计阶段,主要用于研究系统流程的组织结构和动态行为,着眼于系统中可能发生的状态变化和状态之间的关系[61]。Petri 网是对离散并行系统的数学表示,既有形象的图形表达,又有严格的数学表示。图形表达方式

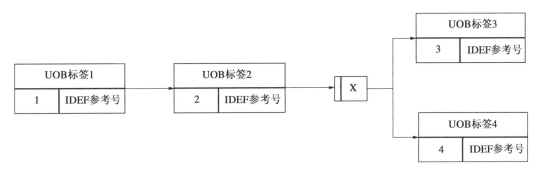

图 2-2 IDEF3 基本模型图

多用于分析和再造流程,数学表示方式作为计算机科学的概念基础,用于分析其他建模技术的操作语义[58]。常用的 Petri 网(标识网)由四种元素构成:库所(Place)、变迁(Transition)、弧(Arc)与令牌(Token),是包含条件和事件的网状信息流模型,其基本模型如图 2-3 所示。

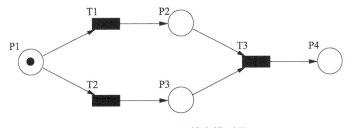

图 2-3 Petri 网基本模型图

与 IDEF0、IDEF3 相比,Petri 网用于政务流程再造的优点如下:

① IDEF0 与 IDEF3 多用于分析流程,Petri 网不仅能用于分析流程,还可用于设计流程。

② Petri 网有严密的数学基础、逻辑结构与逻辑约束关系。其具有流程改造能力,同时又有较好的计算机虚拟化能力。

③ Petri 网能够描述并发、同步、冲突等关系,适用于模拟离散时间动态系统运行的运行状态,符合实际的流程事件发生规律。

2.2 Petri 网

2.2.1 基本 Petri 网

1. 基本 Petri 网

Petri 网着眼于系统中发生的状态变迁,是对离散并行系统的数学表示。Petri 网现已发展成一种面向图形的计算机建模语言,是优秀的过程建模工具。Petri 网有四种构成元素,即库所(Place)、变迁(Transition)、弧(Arc)与令牌(Token)。库所及变迁是两种节点,库所表示条件或状态,是系统中的局部状态;变迁表示发生的事件,用于表述和修改系统的条件和状态;弧代表条件及状态改变的流向;令牌则用于描述 Petri 网的动态行为以及资源的变迁。当一个库所中所含有的令牌数不小于该库所到变迁的弧数时,变迁就会触发,系统中的资源分布也会相应改变。

定义 1 Petri 网的基本网[61]为一个三元组 $N=(P,T;F)$,当且仅当:

(1) P 为有限非空集合,表示库所,$P=\{P_1, P_2, \cdots, P_m\}(m \in \mathbf{N}^*)$。

(2) T 为有限非空集合,表示变迁,$T=\{T_1, T_2, \cdots, T_m\}(m \in \mathbf{N}^*)$。

(3) $P \cap T \neq \varnothing$ 且 $P \cup T \neq \varnothing$。

(4) F 是弧的集合,$F \subseteq (P \times T) \cup (T \times P)$。

(5) 集合 $X = P \cup T$,是网状系统元素的集合。

(6) $\mathrm{dom}(F) \cup \mathrm{cod}(F) = P \cup T$。

其中

$$\mathrm{dom}(F) = \{x \mid \exists y: (x,y) \in F\}$$
$$\mathrm{cod}(F) = \{x \mid \exists y: (y,x) \in F\}$$

基本网的图形表示如下:

(1) "":圆形节点表示 P 元素,即库所(Place),代表离散事件。当现实中的实体为被动元素时,库所表示发生条件、地点、资源、队列等。

(2) "■":方形节点表示 T 元素,即变迁(Transition),代表离散变迁。当现实中的实体为主动元素时,变迁表示事件、动作、消息的发送与接收等。

(3) "→":箭头表示 F 元素,即弧(Arc)。弧用于连接库所与变迁,表示资源流动和活动进程的方向。

定义 2 Petri 网的标识网[61]为一个四元组 $N=(P, T; F, M)$,当且仅当:

(1) $N = (P, T; F)$ 为基本网。

(2) M 是 N 的标识,映射 $M: P \to \{0, 1, \cdots, m\}(m \in \mathbf{N})$。

对于库所 p_i,$p_i \in P(i=1, 2, \cdots)$,若标识 $M(p_i)=k$,则表示在库所 p_i 中有 k 个令牌(Token)。令牌代表库所的资源数,用小黑点"●"表示。

Petri 网四种基本元素的行为规则如下所示[61]:

(1) 弧是有向的;每个库所可拥有任意数量的令牌。

(2) 两个库所与两个变迁之间不允许有弧。

(3) 每个变迁存在输入库所(Input Place)和输出库所(Output Place)。当一个变迁之前的所有输出库所都至少拥有一个令牌时,该变迁才允许发生或触发。变迁发生时,其输入库所的令牌被消耗,同时其输出库所产生令牌。

(4) Petri 网模型是静态的,其状态由库所及令牌所处空间决定。

定义 3 Petri 网的标识网遵循以下发生规则(Transition Firing Rule)[61]:

(1) 对于变迁 $t_i \in T(i=1,2,\cdots)$,如果

$$\forall p_i \in P: p \in {}^{\cdot}t \rightarrow M(p) \geqslant 1$$

那么变迁 t_i 在标识 M 有发生权,也称变迁 t_i 在标识 M 下是使能的,记为 $M[t>$。其中,${}^{\cdot}t$ 称为 t 的前集(pre-set)或输入集。

(2) 若 $M[t>$,则设变迁 t 发生后得到的后续标识为 M',记为 $M[t>M'$,$\forall p \in P$,有

$$M'(p) = \begin{cases} M(p)-1, & p \in {}^{\cdot}t - t^{\cdot}, \\ M(p)+1, & p \in t^{\cdot} - {}^{\cdot}t, \\ M(p), & \text{其他} \end{cases}$$

其中,$t^{\cdot}$ 称为 t 的后集(post-set)或输出集。

2. Petri 网的基本逻辑结构

为了分析 Petri 网的基本逻辑结构,现定义库所/变迁系统与基本网系统[62]。

定义 4 库所/变迁系统(Place/Transition System,P/T 系统)是一个六元组 $\sum = (P, T; F, K, W, M)$,其中:

(1) $N = (P, T; F)$,是一个网。

(2) $W: F \rightarrow \{1, 2, 3, \cdots\}$,称为权函数,表示变迁对应弧上的权重。

(3) $K: P \rightarrow \{1, 2, 3, \cdots\}$,称为容量函数,表示库所的容量。

(4) $M: P \rightarrow \{0, 1, 2, \cdots\}$,表示六元组的令牌/标识,且满足条件:

$$\forall p \in P: M(p) \leqslant K(p)$$

定义 5 在库所/变迁系统 $\sum = (P, T; F, K, W, M)$ 中,若

$$\forall p \in P: K(p) = 1$$
$$\forall f \in F: W(f) = 1$$

则得到的系统为基本网系统(Elementary Net System,EN 系统)。且标识 M 满足约束条件:

$$\forall p \in P: M(p) \leqslant 1$$

综合定义1~5，Petri网的基本图形化模型如图2-3所示。

3. Petri网的实质特征[61]

（1）二元特性：由Petri网的代数定义可知，库所（P元素）集合与变迁（T元素）集合不相交。

（2）局部确定性：变迁的发生仅与其周边局部环境有关，即取决于前置库所、后置库所以及变迁本身的定义。

（3）并发特性（Concurrency）：只要两个变迁的局部环境不相交，那么二者可以完全并发地发生。

（4）代数表示性：Petri网的每个图形及其集合，都有代数表达形式。

4. Petri网的行为特征[61]

（1）可达性：模型刻画的库所（状态空间）可通过某种次序触发，每种特定状态均可到达。

（2）活性：系统中的每个变迁（行为空间）都可以通过某种次序或某种条件触发。该特征表示Petri网系统无死锁，可以正常运行。

（3）有界性：模型库所（状态空间）数量有限，令牌数目有界。

（4）可逆性：Petri网的基本网和标识网可逆，表明系统运行具有可恢复性、周期性和循环性。一旦出现死锁，系统既失去活性又不可逆。

2.2.2 赋时Petri网

基本Petri网数学逻辑严密、图形表达简单易懂。但是对于建设工程公共服务治理流程，时间（如活动的执行时间、活动之间的时差等）是现实存在的因素，也是需要表达的重要指标。赋时Petri网为系统中的变迁加上了时延，即变迁的执行时间，实用性更强，其数学定义如下：

定义6 赋时Petri网（Timed Petri Net，TPN）是一个七元组，$TPN = (P, T; F, K, W, D, M_0)$，其中：

（1）$(P, T; F, K, W, M_0)$是一个EN系统，参考定义5。

（2）$D = \{d_1, d_2, d_3, \cdots, d_m\}(m \in \mathbf{N}^*)$，D为系统变迁的时延集合，$d_i$表示变迁$t_i$的时延$i = 1, 2, \cdots, m$。

（3）M_0为初始化函数。

（4）d_i的图形表示即为在T元素的基础上附上时间。""表示离散变迁T1的时延为7个单位（秒、分等，具体单位在建模软件中设置）。

（5）赋时Petri网的基础模型如图2-4所示。

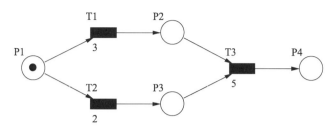

图 2-4 赋时 Petri 网的基础模型

2.3 平台经济

2.3.1 平台的定义

随着网络经济的发展,"平台"一词无处不在。平台的存在是非常广泛的,它们在经济系统中非常重要,是引领新经济时代的重要经济体[63]。

自 16 世纪以来,平台在《牛津英语词典》中被解释为:一个人或物可以站立的升高的平面,通常是一个为特定活动或操作而设计的离散结构。在同词条下,还有抽象意义:一种设计、一种概念、一种想法模式或模型使用的方法[64]。

哈佛大学平台研究专家 Baldwin 与 Woodard 总结了过往的研究,发现平台的概念有三个不同方向的解释。产品开发中的平台指生产系列产品中的一项基础或核心技术,依靠公司自身力量生产设计产品。技术战略中的平台指基于开放标准的、多方共用的信息技术基础架构和技术支撑体系[64]。产业经济学中,平台是一种现实或虚拟的空间,该空间可以导致或促成两组或两组以上的客户之间进行交易,具有明显的网络外部性[64-66]。以上定义看上去有些差别,实际上三种平台具有高度的相似性:平台架构相似、运行机制相似,均具有开放性、动态演化性[64]。

产业经济学分支的平台是以某种类型的网络外部性为特征的经济组织[66]。技术平台实际上是平台的组件,是平台建立和运营的要素,是为不同产品、不同应用系统从开发、测试、部署、运行到管理的全生命周期提供支持的技术底层平台[67]。产品平台是一系列产品、服务组成的公共平台,是能够产生网络外部性的空间,具有可复用性[67]。可以看出,此处的产品平台既有产品平台的外在表现又有产业经济学平台的内在特征。将两种含义合二为一,简称为产品平台。冀勇庆等提出任何平台都可以拆分,并且应当拆分成产品平台和技术平台[67]。如图 2-5 所示,平台核心内涵在于其运行模式与支撑技术。

图 2-5 平台的内涵

2.3.2 平台的分类

学者们从不同的角度,对平台的种类进行了划分。搜集文献并进行整理,结果如表 2-4 所示。

表 2-4 平台类别划分表

作者	分类标准	类别划分
Rochet 等[68]	平台市场的复杂程度	简单结构双边市场
		复杂结构双边市场
Gawer 等[69]	平台所处位置及所有权	内部或公司特定的平台
		外部或行业范围的平台
Baldwin 等[64]	平台开放的程度与方向	产品平台
		技术平台
		产业双边平台
Kaiser 等[28]	平台的功能	目录服务
		配对市场
		媒体市场
		交易站点
Armstrong[29]	平台竞争程度	垄断平台
		重合性平台
		交叉性平台/竞争性瓶颈平台
Roson 和徐晋[63][70]	开放程度	开放平台
		封闭平台
		垄断平台
Evans[71]	平台及其所有者性质	造市者
		受众创造型
		需求协调型
徐晋[70]	平台的连接性质	纵向平台
		横向平台
		观众平台
Evans 等[72]	平台服务内容	交易中介
		广告支撑型媒体
		交易支付系统
		软件平台

2.3.3 平台的特性

2.3.3.1 平台网络外部性

网络外部性是平台的重要特征。作为媒介,平台一般会服务于两种及其以上的经济主体,随着平台将大量的利益相关者聚集在一起,他们之间会产生网络效应,即为网络外部性[73]。网络外部性分为直接网络外部性与间接网络外部性。

(1) 直接网络外部性

直接网络外部性(Direct Network Effects,是传统的网络外部性)针对平台的单边,一般指的是正的直接网络外部性。正的直接网络外部性指随着平台一边的用户增多,知识溢出等[74],使得成员从平台获得的服务价值呈指数级增长[73],使得平台更具吸引力。同时直接网络外部性的影响也可能是负面的,即平台一侧用户的增多使得平台的竞争加剧、定价缺乏吸引力[75]。正的直接网络外部性会催化平台的快速发展。

从企业竞争策略来看,首先,企业关于直接网络外部性的关键竞争要素是网络规模[76],可通过兼并、建立技术标准等竞争战略扩大网络规模,从而达到临界规模[77]。其次,因为双边平台两边用户之间的需求存在互补性,所以定价结构是企业关于间接网络外部性的竞争策略。企业可以采用差别化定价,通过暂时牺牲一方的利益,吸引另一方的加入,从而使整个平台的用户数量增长,使平台系统更具有活力[78-79]。

(2) 间接网络外部性

间接网络外部性(Indirect Network Effects,又称交叉网络外部性)与传统外部性不同,直接网络外部性侧重于对市场单边用户的影响,而间接网络外部性对平台双边用户和平台生态系统都具有战略意义[80-81]。在介绍间接网络外部性之前,先介绍"临界规模"这个概念。"临界规模"是平台成功的临界点,达到临界规模后,市场才有厚度,平台才有流动性[82]。无法达到临界规模的平台,规模会不断收缩,走向衰落。间接网络外部性的意义就是促使平台运营方平衡双边成员,以突破临界规模。

Rochet 等[83]认为平台的间接外部性可分为交易外部性以及成员外部性。交易外部性指两组成员通过平台进行互动,进而产生价值。比如购物平台,买家在某一时间进行线上消费,那么满足其需求的卖家就从中获益。平台还能提升交易外部性的价值,比如,买家在购物平台上发现质量更好、价格更优的卖家。事实上,交易外部性对于各组成员的效果可能是不一样的,可正可负。但只要净外部性为正,则平台就是有价值的。成员外部性指平台一边的成员获得的价值随着另一边成员数量的增加而增大,进而导致正反馈回路效应。平台两边用户的相互吸引为平台价值的提升提供动力。

从产业的市场结构角度来看,间接网络外部性允许某一边先进入的成员发挥市场优势,通过挖掘用户喜好建立竞争优势、建立准入壁垒,平台在无形之中帮助他们"占山为王",出现"赢家通吃"的现象[84-85]。所以学者普遍认为,间接网络外部性在一定程度上会造成市场垄断,市场垄断的程度与间接网络外部性的强弱有关[77]。然而 Huotari 等从另一个角度提出一个较为新颖的观点,较晚进入平台的供给者,如果提供了竞争产品的互补产品并保持较高的产品质量,那么较晚进入的成员会获得更多的客户,间接网络外部性对其竞争力产生积极影响[86]。

直接和间接网络外部性对平台的影响会随着平台两边用户状态的变化而变化。其关系图如图 2-6 所示[80]。

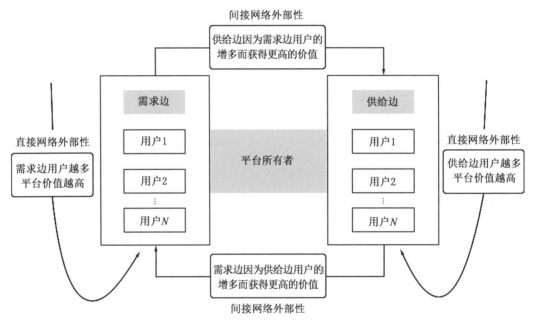

图 2-6 网络外部性与平台成员关系图

2.3.3.2 平台的需求互补性

在传统市场中,互补性产品带来的溢出效应被同一个消费者所获得。比如,计算机软件和硬件之间存在需求互补性。而双边平台需求互补性产生的效应来自平台两边。这种需求互补性源于双边成员对平台服务的联合需求,缺少了任意一方的参与都不能达成。

双边平台的需求互补性因为间接网络外部性的存在,与传统的互补性存在明显不同[87]。此处的需求互补性指的是从平台各边用户总体需求出发,买方和卖方的需求应在平台上同时出现。缺少任意一方,另一方接入平台的需求也就不复存在[63]。比如,买家要通过电商平台购买电脑,要满足买家对于电脑品牌、性能的要求,前提是平台有诸多卖家售卖不同型号的电脑。因此,平台运营方不仅需要考虑提供双边都需要的产品和服务,还需要考虑两边市场的相互影响,保证双边都有接入平台的需求,这样才能保证双边市场的存在及发展。

2.3.3.3 平台的价格结构非中性

对于单边传统企业,价格的制定通常需要考虑产品的边际成本和消费者的需求,通过横向或者纵向的产品差异化战略赢得顾客的青睐[82]。而"价格扭曲"现象在平台中极其常见,大多数平台都设定了非中性的价格结构和利润生成模式,比如微软向程序开发人员提供免费的、高价值的软件服务,从终端用户处争取收益[82]。

平台要成为具有增值能力的中介,需要适当地调节不同成员之间的需求。由于间接网络外部性的存在,平台企业为了达到临界规模,通常做法是进行价格补贴,集中精力先招募一部分间接网络外部性较强的用户,对间接网络外部性较弱的一边收取较高的价格,从而将网络外部性内部化[29]。比如滴滴打车在其初级培育市场阶段,通过给乘客和司机发放补贴,以快速达到临界规模。平台企业的这种做法就是用于招募双边参与者的差别化定价的战略,因此产生的平台特征就是定价的结构非中性。

Rochet 和 Tirole 认为价格结构非中性是平台的重要特征。他们从"定价结构"出发,认为平台可以通过向市场一边收取更高价格而向另一边降低收费的方式来影响到交易量[83]。其经济学表示为:存在两类用户 A 和 B,p_A、p_B 是对 A、B 两方收取的费用,P 是交易市场的总价格水平,$P = p_A + p_B$。如果平台对各方收取的总价格水平 P 保持不变,平台一边的成员通过单方支付行为(如,A 边改变 p_A 的值),平台交易量就随之发生变化。所以,市场对平台的需求量取决于总的市场价格水平和总的价格水平在各边之间的分配情况。换句话说,对于平台而言,平台对一边市场用户的最优定价并不根据利润公式和边际成本而定[82]。

2.4 Shannon 通信模型

2.4.1 基本 Shannon 通信模型

Shannon 通信模型描述了信息单向传播的过程,该过程由信源、编码器、信道、译码器、信宿、信噪组成。Shannon 通信模型又称 Shannon-Weave 通信模型,是由 Shannon[88] 于 1848 年最初提出,又与 Weaver[89] 合作于 1949 年发表的一个有关通信技术的基本模型,基本模型如图 2-7 所示,各要素内涵表示如下:

(1) 信源(Information Source):信息的来源,是生成消息的实体;

(2) 发送器(Transmitter)：将消息转换成能够在信道中传送的信号的实体；

(3) 信道(Channel)：信息传递的通道；

(4) 接收器(Receiver)：根据信号重构出消息的实体；

(5) 信宿(Destination)：接收信息的人或机器。

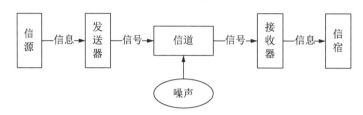

图 2-7 Shannon 通信模型

该模型简要地说明了信息在这个通信系统中的传播过程。这种传播模式较为直接简单，明确表明噪声的干扰作用。然而，该模型并没有反映信息在信源和信宿之间的双向传播，即无反馈这一重要步骤，忽略了信源和信宿的主观能动性，不利于信息传播模式的不断改进，具有一定的局限性。在这个基本通信模型中，信息表示的含义在很大程度上更趋向于符号和数据，至少是未加挑选整理过的，大多为直观观察到的事物结果[91]。

2.4.2 扩展 Shannon 通信模型

鉴于单向传播的局限性以及作为信源和信宿主体的人的能动性，在建立了基本通信模型不久后，Shannon 和 Weave 又进一步扩展了基础通信模型，如图 2-8 所示[90]。该模型主要有两点改进：一是提出信源所发出的信息是经集合筛选后的可被理解的信息，筛选过程是两者双向互动的过程。二是指出信宿在接收到信息后会基于自己的知识结构理解信息，同时信息又会影响信宿的知识结构，理解过程也是两者双向互动的过程。该模型考虑到了信源、信宿的能动性以及信息的双向互动，更为完整地表述了信息传输的整个过程。信源、信宿、信道、反馈、信息已被公认为目前信息传播不可或缺的五大基本要素[91]。

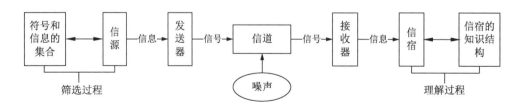

图 2-8 扩展 Shannon 通信模型

如今，Shannon 通信模型依然是传播学领域的基本模型，众多学者基于 Shannon 通信模型在各领域开展相关研究。例如，吴超基于 Shannon 通信模型构建了安全信息认知基础模型，展示了信息问题导致事故发生的机理[92]；李思贤等基于 Shannon 通信模型构建了安全信息流动的一般模型，借此分析引发安全信息不对称的因素[93]。

Shannon 通信模型为研究数据传输提供了基础框架，"信源→信道→信宿"阐明了数据传输的基本方向和流经要素。

2.5 平台定价与博弈理论

2.5.1 平台定价理论

2.5.1.1 基本定价模型

Rochet 和 Tirole[65]、Armstrong 和 Wright[94]分别基于使用网络外部性、交叉网络外部性建立了双边市场的定价模型，目前双边市场定价的大多数研究都是在这两个定价模型的基础上进行补充和深化的拓展模型。

Rochet 和 Tirole 定价模型。该定价模型以银行卡产业组织为研究背景，并考虑双边用户的需求价格弹性，研究了垄断平台和竞争平台向两边用户收取交易费的定价策略。结果发现两类平台制定价格结构时策略是一致的，都是为了吸引更多的平台成员在平台上进行交易。在垄断平台中，平台向一边索取的价格与其需求价格弹性成正比，即 $P_B/\eta_B = P_S/\eta_S$，其中 P_B、P_S 为平台向 B 方和 S 方索取的价格，η_B、η_S 表示用户 B 方和 S 方的需求价格弹性。这与一般经济学理论认为的"对于需求价格弹性高的一方应该收取较低价格"的结论相悖，其原因在于模型没有考虑两边用户所存在的交叉网络外部性。

Armstrong 定价模型。该定价模型研究了垄断平台和竞争平台向两边用户收取注册费的定价策略，引入了交叉网络外部性，建立了两步定价模型。假设在垄断环境下，平台对两类用户 $i(i \in \{1,2\})$ 分别收取注册费用 p_1、p_2。当用户数量分别为 n_1、n_2 时，用户的效用分别为 $u_1 = \alpha_1 n_2 - p_1$、$u_2 = \alpha_2 n_1 - p_2$，其中系数 α_1、α_2 表示用户 2(1)对用户 1(2)的交叉网络外部性。用户使用平台获得的效用越高，用户的数量就越多，则用户数量 $n_i = \phi(u_i)$，且为增函数。假设平台向两边用户提供服务的成本为 f_i，则平台的利润为 $\pi = (p_i - f_i) \cdot n_i = (u_1 - \alpha_1 n_2 - f_1) \cdot n_1 + (u_2 - \alpha_2 n_1 - f_2) \cdot n_2$，求解得利润最大化时平台向两边用户收取的注册费为 $p_i = f_i - \alpha_j n_j + \phi_i / \phi_i'$（$j$ 代表另一边用户）。由于用户价格弹性 $\eta_i = p_i \phi_i' / \phi_i$，因此可得平台价格 $p_i = \eta_i (\alpha_j n_j - f_i) / (1 - \eta_i)$。平台利润最大化定价不仅与用户价格弹性和平台成本有关,还受到用户对另一边用户的交叉网络外部性的影响。若用户价格弹性为负,则当平台用户的网络外部性大于平台服务成本时,平台应补贴用户;反之,则向用户收取费用。平台利润最大化定价与用户价格弹性绝对值呈正相关关系,即用户价格弹性越大,平台收费或补贴就越高,证明了平台企业的双边不对称定价机制。Armstrong 模型的重要贡献在于解释了网络平台中对一边免费甚至补贴的情况。

2.5.1.2 Armstrong 模型的适用性

需要说明的是建设项目环境污染第三方监管平台在某一区域内是垄断平台,可从垄断平台的特点、规模经济的发展要求和自然垄断性行业发展要求三方面考虑。首先,建设项目环境污染第三方监管平台满足垄断平台的市场上只有一类平台、提供没有替代的服务、其他平台进入困难、价格制定者的四大特点。建设项目环境污染第三方监管平台由政府支持合作建设,负责一个城市(或地区)范围内的所有在建项目,并为参与方提供独一无二的监管数据服务,市场只存在一个平台即可满足建设项目环境污染监管需求。同时,监管平台可综合考虑自身发展和用户的接入积极性,自行设定注册费或交易费的金额,拥有独立的定价权。其次,建设项目环境污染第三方监管平台需要投入大量的固定资产和成本资金。在充分发挥两者作用的基础上,只需要一个平台就可满足整个城市(或地区)的建设项目环境污染监管要求。平台可以先通过政策规模效应降低或解决高成本约束,再通过网络效应降低平台运营和服务的成本,同时实现用户数量的增长[95]。最后,建设项目环境污染第三方监管平台具有向范围经济、规模经济发展的内在趋势。随着平台范围和规模的扩大,平台单位成本递减,效益实现增加,是具有自然垄断性的行业平台。由于正的交叉网络外部性的存在,建设项目环境污染第三方监管平台的各边用户都认识到另一边用户规模的扩大会带来更大的效用和价值。同时,该监管平台是政府授权合作开发推广的平台,拥有政府的支持和背书。从社会化最优角度来看,一个城市或地区只存在一个同类监管平台,则该平台成为自然垄断者。

综上,本书将建设项目环境污染第三方监管平台定义为:运用技术手段(传感器、视频监控、物联网、云计算等设备和技术)和管理机制(企业环境信用评价体系、建设项目环境污染黑白名单管理)全过程实时监管建设项目环境污染情况,独立统筹用户注册和交易的第三方垄断监管平台。

因此,Armstrong 模型的适用性可以从以下两方面来分析。一方面,从平台类型和交叉网络外部性的视角来看,运用 Armstrong 模型开展建设项目环境污染第三方监管平台的价格结构研究是可行的。Armstrong 定价模型是基于交叉网络外部性的视角,研究垄断平台和竞争平台的定价策略。由上述分析可知,建设项目环境污染第三方监管平台是一个垄断平台,处于 Armstrong 模型涵盖的平台类型之内。同时,建设项目环境污染第三方监管平台存在显著的交叉网络外部性。平台的参与方(施工污染责任方和社会公众)的效用均受另一边用户规模的影响。施工污染责任方的接入用户规模越大,意味着处于监管之下的建设项目越多,则环境污染发生的概率降低,社会公众获得的效用增加。类似的,社会公众的接入数量越多,施工污染责任方可获得的政策补贴越高,效用也因此得到提升。

另一方面,Armstrong 模型解释了网络平台中对一边免费甚至补贴的情况,这与建设项目环境污染第三方监管平台的公共服务属性相符。因建设项目环境污染的公共物品特征和监管过程中出现的信息不对称、道德风险和逆向选择,政府监管和市场监管(企业自我监管)失灵,作为公众利益代表的政府不得不寻求其他监管方式。基于第三方监管的独立性和平台监管的实时性,第三方监管平台应运而生。但该监管平台的健康持续发展,离不开政府的支持。政府在权衡自身能力和平台投入的成本收益的基础上,给予平台及施工污染责任方一定的政策支持。基于此,建设项目环境污染第三方监管平台利用政策对施工污染责任方进行补贴,与 Armstrong 模型的情况一致。

2.5.1.3 平台定价方式

双边市场的定价方式主要包括与用户交互作用无关的注册费、按每次发生交互作用收取的交易费和两部分收费制三种类型[96]。

(1) 注册费是指双边市场的用户为了获取平台上的资源,支付的与是否交易及交易次数无关的固定费用。用户支付注册费一般是为了获得使用平台资源的权利,如 Microsoft 操作系统向用户收取固定费用后,用户就可以在一段时间内使用该软件。

(2) 交易费是指平台对用户每次交互作用所收取的费用,与用户实际交易次数或交易总金额相关。如信用卡行业中商家方的费用支付,就是按照交易次数支付相应费用的。

(3) 两部分收费制是指平台在收取用户获取资源的固定费用的同时,还对用户的交易行为进行收费的方式。如网络零售平台 B2C,用户先支付固定费用成为会员,但当用户想享受增值服务或参与某些交易活动时,还需要支付额外的费用。

2.5.1.4 平台定价的影响因素

相比于单边市场,双边平台的定价不仅受平台提供产品或服务的成本[29]、价格需求弹性[97]、产品或服务的差异化[98-99]的影响,还与网络外部性(包含交叉网络外部性、组内网络外部性)[100-101]、用户单归属与多归属[102-103]相关。

(1) 提供产品或服务的成本。双边平台为用户提供的产品或服务的成本越高,则其向用户定价的费用基数就越高。由于平台为双边用户提供的产品和服务存在异质性,因此平台付出的成本也存在差别,直接表现为倾斜定价方式。

（2）价格需求弹性。同单边市场定价一样，平台定价与该用户的价格需求弹性成反比，即对价格需求弹性较大的一方收取较低的费用或免费甚至补贴，以获取更多的用户数量，形成一定用户规模；同时对价格需求弹性较低的用户收取较高的费用，以获取更高的收益。

（3）产品或服务的差异化。竞争性平台提供的产品或服务的差异化程度越低，为吸引更多的用户，平台定价就越低；反之越高。因此，为使平台在竞争中脱颖而出（吸引更多的用户、获得更高的收益），平台应提供差异化程度更高的产品或服务。

（4）网络外部性。网络外部性包括交叉网络外部性和组内网络外部性。平台一边的交叉网络外部性越强，该方对另一边用户效用的影响越大，为同时巩固双方的用户规模，平台应对交叉网络外部性强的一边收取更低的费用或免费甚至补贴。同时，同边组内网络外部性效果越大，该方的效用相应降低，为吸引更多的用户加入，平台对该方的定价会相应降低。

（5）单归属和多归属。单归属会形成平台间的竞争瓶颈，该类用户是各竞争平台争夺的用户。平台为突破竞争瓶颈，通常会对单归属用户制定更低的价格，以实现该类用户的规模积累。类似的，平台将为多归属用户设定相对较高的价格，以获取更高的收益。

2.5.2 博弈理论

2.5.2.1 博弈概述

1944 年，Neumann 和 Morgenstern 在《博弈论与经济行为》一书中提出博弈的基本思想和理论体系，标志着博弈论体系诞生[104]。在此基础上，Nash[105]、Selten[106]、Harsanyi[107]、Kreps 和 Robert[108] 不断发展和完善博弈论，相应研究进展见表 2-5 所示，逐渐形成了现代博弈论理论框架。随后，博弈论被应用于不同领域，其在研究和实践中的影响力也不断扩大。博弈就是参与人在一定的规则下，各自选择策略并加以实施，而取得相应收益的过程。博弈的基本要素包括参与者、信息、次序、策略、收益和均衡。同时，根据基本要素中的参与者、信息和次序可对博弈进行分类，具体含义及说明如表 2-6 所示。博弈分析将实际问题抽象出基本要素，通过构建模型、引入变量分析，探讨参与者在不同情形下的行动和均衡结果，以为决策提供指导性建议。

表 2-5 不同学者对博弈论的贡献

时间	主要作者	研究进展（或贡献）
1944 年	Neumann、Morgenstern	在《博弈论与经济行为》一书中提出博弈的基本思想和理论体系，标志着博弈论体系诞生

(续表)

时间	主要作者	研究进展(或贡献)
1950年	Nash	提出纳什均衡理论,被广泛应用于非合作静态博弈的均衡研究
1965年	Selten	将纳什均衡引入动态博弈中,提出子博弈精炼均衡
1967年	Harsanyi	将博弈从完全信息延伸到不完全信息,提出贝叶斯纳什均衡
1982年	Kreps、Robert	将贝叶斯纳什均衡引入动态博弈中,提出子博弈精炼贝叶斯均衡

表 2-6 博弈基本要素含义及具体说明

基本要素	含义	具体说明
参与者	博弈中进行决策的主体	参与者是拥有决策权的个人或群体,其目标为最大化自身利益。根据参与者是否理性可将博弈分为有限理性博弈和无限理性博弈
信息	参与者了解其他参与人的策略、收益函数等	根据参与者之间信息的知晓程度,可将博弈分为完全信息博弈和不完全信息博弈
次序	参与者做出决策的顺序	同时决策的静态博弈和有先后顺序的动态博弈
策略	参与者所做的决策或采取的行动	博弈中的参与者均拥有一个策略集,根据自身情况做出选择
收益	参与者在博弈中获得的收益	参与者采取不同的行动,产生多种策略组合,由此各方得到不同的收益函数
均衡	参与者之间的最优策略组合	

2.5.2.2 博弈分析平台化成本的适用性

首先,建设项目环境污染第三方监管平台化成本分担的博弈双方为政府和第三方平台企业,双方希望监管平台实现的目标存在差异。对第三方平台企业而言,它在监管平台的建设和运营过程中总是从自身出发,主要考虑如何最大限度地实现平台和企业的利润最大化。而政府从公共利益出发,希望监管平台的推行可以减少建设项目环境污染、提升公共环境质量,追求的是社会利益最大化。由此可见,政府和第三方平台企业在监管平台化中的目标存在显著差异,同时也正是这种差异,形成了两者之间的博弈关系。

其次,在建设项目环境污染第三方监管平台化成本中,政府要不要给予第三方平台企业政策补贴以及如何设置补贴政策类别和力度,都是可以参照博弈进行探讨分析的。在实际的决策活动中,政府和第三方平台企业的目标都是实现自身利益最大化。一方面,政府希望通过合理设置补贴政策,激励第三方平台企业合作建设监管平台。在平台的建设和运营中政府更多地考虑与政府和公共利益相关的功能和技术,刺激建设项目环境污染监管的平台化、透明化和公开化。另一方面,第三方平台企业如果与政府合作建设监管平台,需要舍弃一些与政务无关但可以提高平台或企业收益的功能模块,这部分的收益损失则需要补贴政策来弥补。基于两方面的考虑,政府补贴的类型及其力度大小需要政府和第三方平台企业综合考虑自身和对方的承受能力,由博弈取得双方均满意的均衡结果。

最后,在平台化成本的分担过程中,政府和第三方平台企业重视合作共赢的实现。双方事前信息共享、事中及时沟通、事后反馈政策效应,且双方同时采取决策,不存在先后顺序的区别。因此政府和第三方平台企业之间的行为构成完全信息静态博弈。

综上,建设项目环境污染第三方监管平台化成本分摊中实行政策补贴背景下政府与第三方平台企业的行动适用于博弈论分析。

2.6 网络化治理

2.6.1 网络化治理的定义

网络化治理的概念最早由戈德史密斯等人提出,认为网络化治理是一种新型的、依赖伙伴关系的治理模式。不同学者根据研究重点的不同,从不同的角度对网络化治理进行了定义(表2-7)。

表2-7 现有研究对网络化治理的定义

作者	角度	定义
Khan[109]、戈德史密斯[110]和刘波等[111]	组织形态	网络化治理改变以国家为监管者的传统分层治理形式,与企业和非政府组织等私人参与者共同进行政策制定、完成公共事业
Jones等[112]、唐亚林等[113]和刘波等[111]	治理方式	网络化治理是一种通过促进政府组织与其他非政府的各类组织以及公民等多元主体联结互动,有效发挥各主体共治作用的新范式
陈剩勇等[114]	治理机制	网络化治理是一种与等级制和市场化相对的新型治理机制,来自政府、市场和市民社会的参与者,在一个制度化的框架中相互依存,并为实现一定的公共价值而展开联合行动
陈振明[115]	治理目的	网络化治理是为了实现与增进公共利益,政府部门和非政府部门等众多公共行动主体彼此合作,在相互依存的环境中分享公共权力,共同管理公共事务的过程

由多位学者对网络化治理的定义可知,网络化治理是四种趋势合流的结果[110]:
(1)第三方政府:政府借助公共部门之外的力量,向私人企业和非营利性组织购买

公共服务,实现政策目标。

(2) 协同政府:若干政府机构甚至是多级政府部门联合,通过合作提供整体化服务。

(3) 数字化革命:数字化先进技术等技术动力机制的推进,使得多元主体之间的实时互动成为可能。

(4) 消费者需求:社会公众要求在公共服务中具有更多的选择权,同时要求政府提供的公共服务多元化。这些需求与市场力量提供个性化服务定制的能力相吻合。

2.6.2 网络化治理的特征

2.6.2.1 增值性治理目标

公共服务治理模式的根本目标是实现公共价值的提升。传统科层式的治理模式仅能做到维护发展需要,不能有效创造性提升公共价值[113]。为了推动治理价值从维护到创造发展,网络化治理在封闭式科层式治理的基础上借助企业家的创新精神以实现与新公共管理模式相结合。所以其核心理念就是通过多元主体合作共治的方式,大幅提升公共价值[116]。

2.6.2.2 扁平化结构

传统科层式以指挥、控制为手段,具有垂直式的治理结构[117]。具体体现为,政府内部的上下级之间存在"命令→服从"的垂直条线关系[113]。同一部门之间依靠等级压制和行政命令执行公务,不同公共部门之间、政府与非政府组织之间几乎不存在合作关系。而且,政府是治理结构内唯一的治理角色。靠着命令与控制的官僚主义显然不能解决跨越组织边界的合作治理问题。

新公共管理模式意识到层级治理的弊端,主张打破政府垄断,借助社会力量,将公共服务社会化[118]。第二代治理模式强调分散化,即公共服务机构的分散化和小型化[115]。政府过分地出借权利,向非政府组织购买公共服务,导致治理结构碎片化、分散化,处理问题时极易发生冲突,即治理主体之间交互混乱,未能有效协作。

网络化治理模式处在信息技术快速变革的时代,公共治理问题复杂、治理环境具有不确定性、治理资源分散化,任何主体都不能单独提供公共服务。政府在结构中仍是权威治理主体,但不是唯一的治理主体。具体而言,公共部门不再仅限于提供公共服务,还可聚集组织内外的各种资源,是公共价值的促动者[117];私人部门是公共价值的创造者;社会群众是公共价值的实践者[116]。依靠互联互通的信息技术,网络化治理模式形成了非等级式、扁平化的网状治理结构,供多元治理主体合作共治[113]。网络化治理权力和资源的流向不是按照科层式"自上而下"的权力线[116],也不是新公共管理依靠合作伙伴建立的横向行动线[116],而是纵横并进,在各主体之间形成网状结构有序流动。网络化治理模式结构的扁平化体现在两个方面：一是政府不同部门、不同层级之间；二是政府与非政府组织之间。这些是传统科层式治理模式和新公共管理模式欠缺的用于互动协商的平等环境基础[113]。各个主体在扁平化的网络结构中合作共治，以实现公共服务治理目的，推动公共价值的提升。

2.6.2.3 各参与主体互动协商

传统科层式治理模式中政府通过权威控制，对公共服务进行排他式治理[113]。新公共管理模式将权力下放，放松严格的行政规划，采用授权或分权的方式进行管理[112]。网络化治理模式的治理方式为政府提供政策、制度安排，恰当规范并积极引导市场力量，充分发挥政府、市场、社会组织、人民群众各自优势。正是因为相关方众多，且各主体的实力、资质不同，在治理中承担的职能不同，所以需要通过信息交换、资源互通的方式，保证各主体之间合作的有效性。同时因为利益相关者的多样性以及行动理性[119]，在追求公共利益以及社会效应时，各主体也会考虑自身的政治、经济等效益。目的不同，很可能导致行动的分歧。所以需要通过互动协商机制，构建信任、促进相互合作、降低冲突，弥补有限理性的先天不足，更好地实现增值性的治理目标。

2.6.2.4 信息化治理工具

基于物联网、大数据、区块链等数字技术的发展，让在线交易、在线监督、在线治理成为新趋势，催生出新型生产方式、治理模式。数字技术的运用使得政府内外的合作变得容易、快捷，即技术为治理"赋能"，使网络化的组织结构成为可能。信息技术的飞速发展，重构了公共服务的传递流程，塑造了"端网云"一体化进程[113]。"端"指各个主体都是网络化治理的连接点，每个相关者都具有一定的治理权利，都需要承担一定的治理责任。"网"指网络状的治理结构以及信息网络的技术手段让个体与个体之间、组织与组织之间的对话成为可能，推进公共福利的增进。"云"指运用云计算、云端软件平台等技术，改变公共服务的生产方式。信息技术嵌入、固化治理工作，促进了个体和组织之间的交会和互动，为公共服务网络化治理创新动力，重构治理运作的形态[113]。

2.6.3 网络化治理的运行机制

2.6.3.1 信任机制

信任在网络中起到"润滑剂"和"黏合剂"的作用，可减少主体间的摩擦和损耗[120]。信任机制可分为三种：基于特征（Characteristic）的信任、基于过程（Process）的信任和基于制度（Institution）的信任[121]。信任的存在推动信任机制的运转，进一步带来参与主体信任行为的产生。信任的程度影响着组织的运转，主体间较高的信任能够减少战略不确定性，降低交易成本，促进组织的有效运转，是组织网络运转的要因[122-123]。Klijn等进一步指出,信任可以通过网络管理策略来发展和维持[124]。

将信任机制与平台模式结合,杨文君等认为基于网络平台的信任可分为三类:技术信任、人际信任和制度信任,其中技术信任是前置性因素[125]。技术信任的定义为:对特定信息技术执行任务可信度的信念[126]。人际信任是传统意义上的信任,表达主体间非功利性、情感性的托付[127]。人际信任应包含三个方面:对参与主体的信任、对平台模式组织间合作能力和合作关系强度的信任[111]。制度信任是由平台的前置技术信任内生出的,对技术平台运行环境和机制安全可信度的信念[126]。也就是说,制度信任是技术信任和制度化机制的后置结果。

2.6.3.2 互动协商机制

互动协商机制不仅是网络化治理的特征,而且是重要的运行机制。各治理参与主体都具有理性特征,主体之间博弈关系与合作关系并存[120]。治理相关方的互动和协商,无形之中编织了治理网络,推动治理规章制度的形成[122]。

互动协商机制包含两种:价值协同协商机制和信息共享互动机制[123]。在合作治理中,信息和资源是治理成员权力的基础,各成员之间占有资源、信息的数量和质量不同,造成成员之间的不平等关系。信息共享互动机制提高了治理参与者的互动频率,提供了平等的互动空间,使治理相关方统一战线,为共同的战略目标交互、联动,有助于在相互竞争的市场力量之间培养、建立治理网络信任和合作。价值协同协商机制帮助降低冲突、弥补有限理性的不足,制定了协作方式以及责任追究方式,促进了合作[110,128-129]。

2.6.3.3 制度化机制

制度化机制将规章制度、角色责任、社会结构等文本化,表达了对个人和组织选择和行为的期望和限制。制度化机制规范网络主体的行为规则,促进了治理相关方中的交互,从而降低了交易成本,提升了网络化治理的性能[122,128,130]。该种机制建立行动准则,规定资源共享、责任共担的实现方式。加强互动协商使得信息共享、联通,通过制度化机制衍生的分配规则,弥补相关方资源劣势。另外,责任和风险共担机制将治理责任分流和定位[120],减轻政府供给公共服务的压力,同时精准定位责任归属,有针对性地进行问责,提高治理效力。最后,制度化机制除了具有约束、控制作用之外,还有激励作用。通过激励手段,将治理结果、绩效与主体挂钩,有助于调动非政府组织的积极性,提高治理效力[110,131]。

2.6.4 网络化治理的优缺点

2.6.4.1 公共服务治理模式对比

人类社会先后创造了三代公共服务治理模式:传统科层式治理模式、新公共管理模式与网络化治理模式。第一代传统科层式治理模式秉持层级化、专业化、理性化原则,较好地保障了公共部门从事公共管理与公共服务的高效率[113]。第二代新公共管理模式引入市场力量,聚焦治理结果,重视建立权力分配的平衡机制,加强公私部门之间的合作。第三代网络化治理模式摆脱"更多政府还是更多市场"的困境,借助信息技术的互联、整合功能,给予公共部门以及非政府组织平等参与的权利,促进政府与非政府组织在相关领域中的合作,改变了政府提供物品和服务的方式,实现了权利分享、责任共担[110]。

三代模式在治理方面各有侧重,具有不同的优缺点。众学者在探究网络化治理理论过程中,对三代治理模式的区别充满兴趣。此处结合多位学者研究,将公共服务治理模式对比结果整理如下(表2-8)。

表2-8 三代公共服务治理模式对比[122-123,132-133]

	传统科层式治理模式	新公共管理模式	网络化治理模式
理论基础	政治理论	经济理论	政治、经济、民主理论
治理目标	依法行政	确保治理经济性、满足公众需求	提升公共价值
目标制定依据	由政客和专家制定,以规章制度的方式表达	公众偏好的集合	治理相关方互动产生,是共同价值观的结果
治理权力分布	垂直一体化	治理权力非常分散	治理权力相对分散
政府的作用	设计、执行公共服务,以政治利益为单一目标	充当治理催化剂、释放市场力量	提供相关政策,协调治理网络权力分布,树立基于政治、经济、社会等各领域的价值观
组织形态	于公共部门内部自上而下	分权、分散的治理组织	合作型结构,多存在治理中心
治理边界	刚性、静态边界	一次性链接、治理主体分散	柔性、可渗透动态边界
治理任务导向	公共部门功能导向	社会公众需求导向	公共服务治理内容导向
决策依据	基于国家规章制度的实质理性	市场规范、价格机制	基于信任、制度、协商的合作理性
决策轨迹	自上而下,决策传输距离较远	自主决策,传输距离为零	共同协商,传输距离较近
治理规范	行政命令	周期性合约	协商、公共部门政策、治理平台互动规则
治理机制	权威整合机制	创造机制、激励机制	信任机制、互动协商机制、制度化机制
运作资源	公共部门人力	非政府组织力量	各方治理主体协作力量
运作激励基础	公职保障	企业家精神、压缩政府规模的愿景	提升公共价值的期望

2.6.4.2 网络化治理优缺点

学术界通过对三代治理模式的对比，探讨并总结出网络化治理的优劣性。

网络化治理的优点包括：①网络化治理改变传统模式政府治理的价值追求，注重于提高政府治理绩效、改善公共服务、提升公共价值[134-135]；②网络化治理在组织结构模式和技术应用操作两个层面都是网络化的，且该治理模式具有实操性[134,136]；③网络化治理厘清了多元、异质治理主体之间的关系，力求打造基于合作、信息和知识共享的伙伴关系[137-138]；④网络化治理模式摆脱"更多政府还是更多市场"的困境，在权力下放的基础上谈判协商、构建信任和责任机制，解决了市场化带来的碎片化、政府失信于民等问题[113,134]；⑤网络化治理在整合、利用社会资源，提高政府决策质量方面，比传统治理模式更为有效[114]。

网络化治理创新程度高，将可能带来新的风险劣势。网络化治理理论强调两点，一是主体间关系平等，二是公共部门与非政府组织之间存在较高水平的协作。这种治理模式对传统模式的改革幅度较大，不可避免地面临着失败的风险[139]。治理风险包括：多主体目标冲突[140]、灵活性与稳定性之间的冲突、效率与广泛参与之间的抵牾[136]、难以达成信任关系[141]、缺少问责体系等[114]。

2.7 政府绩效评估理论及模型

目前，国内外还没有文献专门对建设项目环境污染监管进行绩效评估的研究，一般均将其作为政府绩效的一部分纳入政府绩效评估范畴。

2.7.1 政府绩效评估理论

绩效评估最早应用于企业管理。20世纪40年代，以 Ridley 和 Simon 于 1938 年合作发表的"Measuring municipal activities: a survey of suggested criteria for appraising administration"为标志，绩效评估逐渐进入公共管理（治理）学者的视野。早期的政府绩效评估以效率评估为主，学者们普遍关注如何以更少的投入获得更大的产出。直到20世纪70年代由英国席卷至世界各国的新公共管理运动，绩效评估逐渐转向以效益和效果为侧重点，发展至今天则涵盖了更多元化的价值取向（如公平、透明等），成为我们现在主要讨论的"政府绩效评估"。

2.7.2 政府绩效评估模型

基于上述理论，本书总结国内外政府绩效评估模型如表 2-9 所示。

表 2-9　政府绩效评估模型

划分维度	绩效评估理论	评估维度	支持文献
基于政府管理（治理）价值	"3E"绩效评估模型	效果、效率、经济	Williams,2003[142]
	总体绩效与间接绩效结合模型	总体绩效：经济效率、公平、责任、适应性；间接绩效：成本	Hu,2014[143]
	计划评估模型	一致性、效率、效果、成本	Cousins 等,2014[144]
基于政府管理（治理）职能	美国坎贝尔研究所评估模型	财务管理、人事管理、信息管理、领导目标管理、基础设施管理	牛霞飞,2018[145]
	平衡计分卡模型	财务状况、顾客服务、内部流程、学习与发展	马蔡琛等,2019[146]
基于政府管理（治理）过程	波伊斯特模型	资源、产出、结果（最初结果、中间结果、未来结果）	波伊斯特,2005[147]
	美国政府会计标准委员会评估模型	投入、产出、结果、效率、成本效益	牛霞飞,2018[145]

考虑到各政府绩效评估模型的应用广泛性和本书研究的测量可行性，研究拟采用"3E"绩效评估模型（图2-9）测量建设项目环境污染监管绩效。

"3E"绩效评估模型最初是由20世纪80年代的英国提出并应用于绩效审计的绩效评估模型。而后该模型逐渐成为西方国家政府绩效评估的基本框架，在中国也得到了广泛应用，是目前最经典的政府绩效评估模型。该模型涵盖了效果、效率、经济三大指标。效果指产出对目标的贡献大小，也可用任务完成的情况或结果表示；效率指产出与投入间的关系，也可用任务完成的速度与过程质量表示；经济指成本节约的程度。

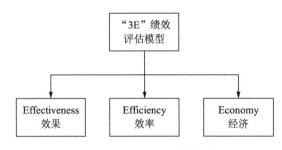

图 2-9　"3E"绩效评估模型

第 3 章
政务流程再造视角重塑建设工程公共服务治理流程

3.1 建设工程公共服务治理的概念

3.1.1 建设工程公共服务的定义

目前学术界尚无对建设工程公共服务概念的定义,下文基于建设工程与公共服务两个基础概念定义建设工程公共服务。

建设工程这一名词概念可以从两个角度进行解构。一种强调建设活动,建设工程指建造新的或改造原有的固定资产,是人类有组织、有目的、大规模的经济活动。二是强调建设产物,建设工程指为人类生活、生产提供物质技术基础的各类建筑物和工程设施的统称。从自然属性看,建设工程可分为建筑工程、土木工程与机电工程[148]。

公共服务(Public Service)是当今政府行政改革的核心概念。"公共服务"概念最早由法国著名公法学家 Leon Duguit 于 1912 年提出。狭义上的"公共服务"在使用时常与政府服务同义。公共服务广义上的概念涵盖广泛,不仅限于公共部门内。学者弗雷德里克森等人将"公共服务"与"公共价值"相互关联,认为"公共服务"要对宪法、社会公正和公共利益做出必需的回应[149]。"公共服务"指政府为满足社会公共需要而提供的产品与服务的总称[32,150-153]。所以公共服务不仅具有公共物品的物质属性[151],更重要地表现为一个持续提供服务、满足社会共同需要的过程[152,154]。

世界银行指出公共服务有基本社会服务、法律服务、政策服务、基础设施建设、弱势群体保护、环境保护等多种类型[155]。2004 年 2 月,国务院总理温家宝指出,政府的主要职能是经济调节、市场监管、社会管理和公共服务。所以公共服务是指提供公共产品和服务,具体包括加强城乡公共设施建设,发展社会就业、社会保障服务和教育、科技、文化、卫生、体育等公共事业,发布公共信息等[32]。2016 年,我国统计制度及分类标准将公共服务分为基础公共服务、经济公共服务、安全公共服务、社会公共服务[156]。

由公共服务的定义以及分类可知,公共服务有如下几个特点[152,157]:①公共服务具有公共物品特点(不可分割性、非竞争性和非排他性);②社会公众是服务受益者;③公共服务根据群众需求的变化而产生和变化;④公共服务是一个持续的活动过程;⑤公共部门及准公共部门是公共服务的供给主体,慈善机构、公益性组织等社会机构也会提供公共服务。

考虑到公共服务是持续服务的过程,采用建设工程的建设活动视角,将建设工程公共服务定义为:在建造新的或改造原有固定资产的经济活动中,为满足社会公共需要而提供的产品与服务的总称[150]。结合公共服务的分类,建设工程公共服务涉及公共安全、社会保障、环境保护等领域,服务范围涉及建筑工程、土木工程和机电工程。

3.1.2 建设工程公共服务治理的内涵

本节从公共服务治理的内容出发,尝试厘清有关建设工程公共服务的治理概念。"治理"的基准含义特征体现为公共部门和私营部门各自内部以及它们之间的界限变得模糊,表现了统治模式的发展[158]。通过回顾相关文献,治理的理论来自制度经济学、组织研究、公共管理、国际关系等诸多方面[158],各学者对"治理"的使用场景莫衷一是,Stoker[158]与Rhodes[159]详细整理了治理的含义及用途,具体如下:

(1) 治理是国家最小的管理活动。治理重新定义了公共干预的程度和形式,指代国家削减公共开支,以最小的成本取得最大的效益。

(2) 治理与公司管理相结合。此处意为指导、控制企业运行的组织体制。

(3) 治理是新公共管理的手段。治理将市场的激励机制和私人部门的管理手段引入政府的公共服务。

(4) 治理是善治的结构体系。此处治理指代强调效率、法治、责任的公共服务体系。

(5) 治理与社会控制体系相结合,指代政府与民间、公共部门与私人部门之间的合作与互动。

(6) 治理是参与者之间的自治网络结构,是建立在信任与互利基础上的社会协调网络,确定了参与集体行动的机构之间的权利依赖关系。

(7) 治理领域并不被政府所垄断,政府或政府之外的机构和行动者都可处理社会和经济问题。

由以上概念可得出以下结论:首先,治理适用范围广泛,不仅适用于私营组织内部的管理,更契合于社会公共事务的管理;其次,治理可用于代指利益相关者之间的关系网络,用于描述主体结构;最后,治理更是一系列的管理机制及手段,是企业、社会、国家等各个层级的主体组织内与组织间的运行规制。

从公共部门的角度看,治理通过搭建合作伙伴关系、确立共同目标等途径,在政府部门和非政务部门层级之间展开互动,共同对公共服务体系进行管理,以实现公共利益的最大化[114-115,160-165]。结合建设工程公共服务的概念,建设工程公共服务治理的内涵为:在建造各类建筑物和工程设施的过程中,采用合作伙伴式的关系结构,运用一系列管理手段和机制提供公共产品和服务,以期改善公众生活、提升公共利益。

3.2 基于赋时 Petri 网构建建设工程公共服务治理流程模型

3.2.1 赋时 Petri 网对于建设工程公共服务治理问题的适用性

从 Petri 网方法本身的特性来看,该方法模型表达清晰易懂、数学建模过程逻辑严密、计算机模拟能力强,现已广泛应用于各类流程的分析和设计建模过程。赋时 Petri 网对基础 Petri 网进行扩展,继承了基础 Petri 网的优点,又能定义流程活动执行时间,适用于构建建设工程公共服务治理流程。结合建设工程公共服务治理特点,对赋时 Petri 网的适用性论述如下:

(1) 赋时 Petri 网在政务流程再造项目中具有可行性和有效性,多用于描述与设计政务流程。而公共服务是政务流程的活动对象,所以可以借助政务流程再造理论重塑建设工程公共服务治理实现流程。

(2) 公共服务意为能够提升社会公共价值、满足社会需要的产品和服务。公众作为外部监督者,社会需要、公众幸福感等是公共服务治理的限制,也属于衡量公共服务治理效果的状态指标。建设工程公共服务治理的结果是一系列状态的改变。对于状态因子的界定和描述是赋时 Petri 网的建模优势。

(3) 建设工程具有选址固定、建设周期长、建设项目分布广泛等特点,治理具有离散性。同时建设工程公共服务治理过程是一系列任务的执行,治理活动需要考虑执行时间、事件驱动等元素,治理具有动态性。赋时 Petri 网在基础理论上进行扩展,分析流程时间,适用于模拟离散事件动态系统运行的状态。

(4) 建设工程公共服务治理的活动发生顺序复杂、涉及相关方众多,存在并发、同步、冲突等关系。赋时 Petri 网对于复杂的逻辑关系具有较好的表现力,能够构成一个符合实际逻辑关系的有机整体。同时,赋时 Petri 网的可达性也能进一步地保证治理流程逻辑关系的正确实现。

综上所述,赋时 Petri 网可用于建设工程公共服务治理的流程再造。

3.2.2 建设工程公共服务治理流程的要素及其关系

3.2.2.1 治理流程的基本要素

根据已有理论,流程应包含以下几种要素[40,166-167]:① 目标,流程存在的原因;② 参与者,执行每个流程活动的人;③ 活动,流程步骤、活动的输入和输出;④ 资源,支持活动的设备或系统;⑤ 结构,流程的逻辑关系;⑥ 业务规则,管理流程的规章制度。下面是对于建设工程公共服务治理流程元素定义的进一步解释。

(1) 治理目标:建设工程公共服务治理活动要实现的目的以及最终要达到的目标是什么。治理目标通过流程活动的运作得以实现,是资源使用的期望状态。建设工程公共服务治理的宏观目标就是以民为本,满足公众需求,提升公共价值;具体目标是在建设工程与环境保护、污染防治、保障群众公共安全等交叉领域发力,运用管理手段和机制规范建设单位行为。该元素的主要属性为流程名称、流程启动和终止限定条件等。

(2) 治理参与者:公共服务治理的相关方,代表了流程参与人员或组织的权限及职能。在一般的流程模型中,参与者应代表组织实体,不考虑具体的参与人员。每个参与组织实体的权利、义务各有区别。参与者的主要属性为:组织实体、角色能力、组织权限等。建设工程公共服务的相关方涉及人员众多,应包括以下几大类:

① 公共部门。公共部门包括政府及相关事业单位。在建设工程公共服务流程再造项目中,公共部门是项目的发起人、公共服务的主管单位以及资金的提供方:在规划方面,提供公共服务的建设规划及指导工作;在资源方面,为治理活动和再造项目提供财政支持,为某些公共服务的治理活动提供政策支持和决策规划;在监管方面,是再造项目的发起人以及最终责任主体,其监管作用应贯穿整个项目及公共服务治理流程。建设工程公共服务治理相关的公共部门应包括:生态环境局、城市管理局、城乡建设委员会等。

② 建设工程公共服务承接主体,是公共服务的主动提供者,支持资金的使用者,一般由能适应市场变化、完成复杂性和技术性任务的社会组织提供。他们是公共服务的主动或被动提供者。主动提供公共服务意为愿意履行义务,承担社会责任,在建设中规范自身行为,保护环境、安全文明施工。被动提供公共服务意为在公共部门等其他组织监管下,因为问责等机制的存在而提供公共服务,以免受到公共部门的惩罚而遭受损失。

从当前阶段、现实中的建设工程公共服务治理状态来看,暂时空缺以提供公共服务为主要业务的社会主体,而要求相关建设单位(施工单位、建设单位、渣土运输单位等)通过规范自身行为、文明施工以提升社会公共价值。所以书中建设工程公共服务购买项目的承接主体特指相关建设单位。下文中为方便叙述,用"相关建设单位"代之。

③ 建设工程公共服务接受主体,通常为社会公众和行业协会等非营利性组织。公众是公共服务的受益者,也是公共服务治理状况的监督方。

(3) 治理活动:实现流程目标必不可少的元素,是公共服务治理状态跃迁的必由之路。治理活动是公共服务治理的具体操作,如抽查建筑工地 $PM_{2.5}$ 排放情况等。活动的执行需要满足特定的触发条件(资源限制、逻辑关系等),活动的结果是资源质量和数量的改变或引发另一事件。活动的主要属性为:活动类型、执行主体、作用对象、限制条件等。

（4）治理资源：公共服务治理流程活动的投入或产出，该元素的主要属性为资源名称、资源类型、资源数量、资源使用对象等。从资源的形式来看，治理资源可分为信息资源（数据信息等）、物理资源（人、财、物、基础设施等）、管理资源（服务、建设规划等）。部分资源在流程活动的进行过程中被使用、消耗、创造或优化；另一部分资源可以在活动进行过程中不被消耗，起辅助作用，如政策资源等。按照资源的归属划分，这些资源一部分来自公共部门，是公共服务的规划者掌握的公共产品资源，代表公共服务项目承接主体提供公共服务的资格，如契约外包协议、特许经营权等；另一部分资源来自市场，是提供公共服务时所使用的技术、人力资源等。

（5）治理结构：参与者之间、活动之间的逻辑关系，包括顺序、并行、循环等。

（6）治理业务规则：一是指来自政府的某些限制，如规章制度等；二是指资源的有限性带来的约束。治理业务规则的主要属性为：限制条件、资源名称、资源数量等。

3.2.2.2　治理流程要素间的关系

要厘清流程的结构，首先需了解流程要素之间的关系，下面列举建设工程公共服务治理流程要素间的关系。

（1）一对多关系

① 一个治理目标对应多个治理活动：治理目标通过多个治理活动的进行才能达成。

② 一个治理目标对应多个治理资源：建设工程公共服务治理目标通常较为复杂，涉及多种治理资源。

（2）多对多关系

① 治理活动与治理参与者：一个治理活动可由多个治理参与者协作完成，一个治理参与者也可以同时负责多个治理活动。

② 治理活动与治理资源：一个治理活动的执行和完成需要投入多种治理资源，一种治理资源也可以为多个治理活动服务。

③ 治理活动与治理业务规则：一个治理活动受到多个规章制度的限制，一个治理业务规则也可能约束多个治理活动。

④ 治理活动与治理结构：一个治理活动可以与它的紧前活动、紧后活动、平行活动产生逻辑关系，所以一个活动可以对应多种结构。而并发、循环等结构的成立，需要多种治理活动的参与。

⑤ 治理资源与治理业务规则：一种治理资源在使用的时候受多种物理约束，治理业务规则的实现也需要多种治理资源的投入。

3.2.2.3　治理流程的定义元模型

定义元模型，又称为定义表达模型的语言模型，用来表述概念语义模型的构造结构和规则[40,168]。现根据公共服务治理流程元素以及元素之间的关系,建立一个建设工程公共服务治理流程的定义元模型(图 3-1)。

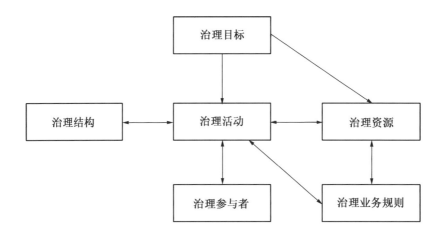

图 3-1　建设工程公共服务治理流程的定义元模型

3.2.2.4　赋时 Petri 网的基本元素与建设工程公共服务流程元素的对应关系

由上文对赋时 Petri 网的定义可知,赋时 Petri 网的基本元素有五种:库所、变迁、弧、令牌、时延。现根据建设工程公共服务治理流程建模的需求,对五种元素重新定义如下。

(1) 治理状态:"○",原指库所。在建设工程公共服务治理中代表治理参与者、活动的发生条件、治理资源存放场所等。对于一个活动,只有参与者、业务规则、资源数量满足要求,达到触发状态,活动才可触发。

(2) 正在发生的治理状态:"⊙",原是库所与令牌的组合。在本流程中代表某治理状态正在"进行",指代正在进行活动的参与者、正在使用的治理资源。

(3) 治理活动:"▬",原指变迁。现指流程中的离散性治理活动,如生态环境局针对某一建设项目的日常巡检事件。

(4) 治理活动的执行条件和产物:原是库所与活动的组合。活动执行条件是活动发生需达到的状态,原是变迁前的库所;治理活动的产物是活动进行后的结果,映射到赋时 Petri 网中是变迁后的库所。

(5) 治理活动持续时间:"▬",由原变迁与时延(赋时变迁)衍生而来。

(6) 活动进程、资源流动方向:"→",原是弧,现指代令牌的流动。

3.2.3 基于赋时 Petri 网的建设工程公共服务治理流程建模

3.2.3.1 治理流程形式建模

基于赋时 Petri 网，结合治理流程的要素组成及内部关系，对建设工程公共服务治理流程建模如下。（参考定义 6）

$$CTN = (STA, ACT; DI, CA, W, D, SOU_0)$$

其中：

(1) STA 为有限非空集合，表示治理状态，$STA = \{P_1, P_2, \cdots, P_m\}(m > 0)$。

(2) ACT 为有限非空集合，表示治理活动，$ACT = \{T_1, T_2, \cdots, T_m\}(m > 0)$。

(3) $STA \cap ACT = \varnothing$ 且 $STA \cup ACT \neq \varnothing$。

(4) DI 是治理活动进展方向的集合，$DI \subseteq (STA \times ACT) \cup (ACT \times STA)$。

(5) $\text{dom}(DI) \cup \text{cod}(DI) = STA \cup ACT$。

其中

$$\text{dom}(DI) = \{x \mid \exists y: (x, y) \in DI\}$$
$$\text{cod}(DI) = \{x \mid \exists y: (y, x) \in DI\}$$

(6) $CA: STA \to \{1, 2, 3, \cdots\}$，为容量函数，表示资源剩余数量。

(7) $W: DI \to \{1, 2, 3, \cdots\}$，为权函数，表示活动和资源在其流动方向上所发生的可能性，即权重。

(8) $D = \{d_1, d_2, d_3, \cdots, d_m\}(m \in \mathbf{N}^*)$，$D$ 为系统变迁的时延集合，d_i 表示变迁 t_i 的时延$(i = 1, 2, \cdots, m)$。

(9) $SOU: ACT \to \{0, 1, 2, \cdots\}$，表示治理活动资源，且满足条件

$$\forall p \in STA: SOU(p) \leqslant CA(p)$$

其中，SOU_0 代表初始资源数量。

(10) $T_i = \{t_1, t_2, t_3, \cdots, t_m\}(m \in \mathbf{N}^*)$，为执行治理活动、消耗治理资源所需要的时间集合，$t_i$ 表示变迁 T_i 的时延，$i = 1, 2, \cdots, m$。

3.2.3.2 治理流程活动结构建模

工作流管理联盟定义了工作流原语，即顺序(Sequence)、循环(Cycle)、与分支(AND-split)、与连接(AND-join)或分支(OR-split)或连接(OR-join)[169]。在建设工程公共服务治理中，借助治理流程元素，构建四种基本流程活动结构。一是为了在建模中作为流程路径直接使用，二是为了模型性能易于验证，不易发生死锁等异常情况。建设工程公共

服务治理流程活动基本结构建构如下：

（1）顺序活动结构：与"顺序(Sequence)"相对应。它用来表示治理活动之间的先后顺序、因果关系与依赖关系，表示前项活动未进行，后项活动就不能发生。举例如下：环保部门(P1)因某建设单位施工过程中 $PM_{2.5}$ 排放超标对其进行处罚(T1)，建设单位(P2)受到处罚后立即整改并向环保部门(P3)汇报情况(T2)(图3-2)。

图3-2　顺序活动结构

（2）并发活动结构：与"与分支(AND-split)"和"与连接(AND-join)"相对应。"与分支(AND-split)"表示一项治理活动同时触发后续几个活动。举例如下：治理平台(P1)同时向环保部门(P2)与建设部门(P4)发送消息(图3-3)。

"与连接(AND-join)"表示一项治理活动的进行需要满足多个条件，如多个参与者、多个治理资源等。如环保部门(P3)与建设部门(P5)分别收到来自平台的消息(某建设单位出现违规行为 T2、T3)后，问责(T5)建设单位(P6)(图3-3)。

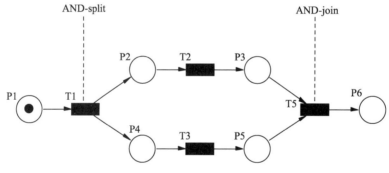

图3-3　并发活动结构

（3）条件选择活动结构：对应"或分支(OR-split)"与"或连接(OR-join)"。"或分支(OR-split)"表示活动之间相互排斥，前项活动完成后，后项的多个任务选择其一执行。举例如下：环保部门(P1)检查建设项目与环境有关的污染物排放情况(T1)，若环保单位(P2)检查结果合格，则通知相关建设单位(T2)；若检查结果不合格，则给予行政处罚(T3)(图3-4)。

"或连接(OR-join)"表示活动之间相互制约的关系，任意一个紧前活动完成后，后项活动即可执行。如：若检查结果合格，则通知相关建设单位(T2)；若检查结果不合格，则给予建设单位行政处罚(T3)，建设单位(P3)收到通知后，进行相应调整(T4)(图3-4)。

（4）循环活动结构：与"循环(Cycle)"对应，表示治理活动的循环重复。如：建设单

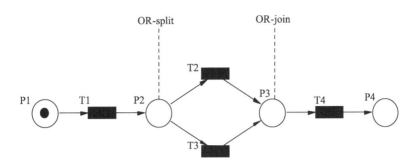

图 3-4 条件选择活动结构

位(P2)收到行政处罚(T1)后,进行整改(T2)。建设单位未达到整改要求(P3),继续整改(T3);建设单位达到整改要求(P4),向相关主管部门汇报(T4)(图 3-5)。

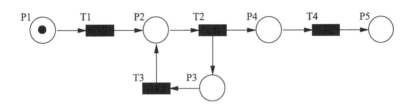

图 3-5 循环活动结构

3.3 政务流程再造角度重塑建设工程公共服务治理流程

流程的基础含义是为完成目标和任务的一系列有序的活动[170],是一个活动实现的运行规则。政务流程是政府和其他公共管理机构提供公共服务或进行公共管理所发生的结构化的连续事件链[42-43]。政务流程再造理论是对行政流程的改革,即通过描述、再造、优化等阶段和活动,重塑政务流程,以提升政府治理能力。

建设工程公共服务是公共服务广义内涵中的一部分,而政务流程再造是对公共服务治理方式的重塑,所以政务流程再造理论对重塑建设工程公共服务治理具有一定适用性。本节从建设工程公共服务治理流程的角度,借助政务流程再造的理论框架和分析方法,剖析传统流程存在的问题,借助 S-A 框架对当下建设工程公共服务治理流程进行重新规制。

S-A 框架包含了政务流程再造的阶段和活动。此处借鉴政务流程再造理论,构建适用于建设工程公共服务治理的流程再造 S-A 框架(表 3-1)。其中 S_iA_j(i 和 j 均为正整数)表示第 i 个阶段的第 j 个活动。

表 3-1　建设工程公共服务治理再造 S-A 框架

阶段	活　动
S_1 设想	S_1A_1 设定治理流程再造目标、S_1A_2 提出管理承诺
S_2 启动	S_2A_1 组织流程再造项目团队、S_2A_2 计划再造项目、S_2A_3 通知相关方、S_2A_4 识别关键治理流程、S_2A_5 识别局限和限制
S_3 诊断	S_3A_1 描述传统模式治理流程、S_3A_2 分析传统模式治理流程
S_4 重新设计	S_4A_1 设计新流程、S_4A_2 建议组织再造、S_4A_3 规划 IT 项目
S_5 重构	S_5A_1 重组治理流程、S_5A_2 给予政策支持、S_5A_3 计划和实施 IT 项目、S_5A_4 新技术使用培训
S_6 评价	S_6A_1 治理流程评价、S_6A_2 关注再造项目并持续改进

需要说明的是，流程再造项目具有独特性，具体表现在四个方面：①项目的彻底性；②流程的逻辑结构；③项目受众的聚焦性；④信息技术的可实现性[38]。所以，每个项目进行的阶段活动不同，对各活动投入的精力也有侧重。在实际操作过程中，项目不需要历经每个活动，管理者也应根据项目的特性有针对性地分配再造精力。

3.3.1　设想阶段

1. S_1A_1 设定治理流程再造目标

我国的电子政府正在如火如荼地建设，然而大部分公共服务流程再造仅仅是将传统流程原样照搬到网页上，未涉及政务流程的内部逻辑，改革不够深入[171]。现有的建设工程公共服务治理流程更为落后，体现在治理手段与治理组织形式上。首先是治理手段，与建设工程相关的公共服务治理流程大多尚未数字化，所有过程依赖人工操作，操作时间长，流程成本高，发展落后于一般的公共服务。其次，在建设工程公共服务传统流程的运作中，纵向级级控制，横向层层分工，存在部门分割、职能交叉重叠、管理重复且碎片化等问题[172]。

所以建设工程公共服务流程再造项目的目标有以下三个：一是消除传统模式流程中的低效、无效环节，提升公共服务治理效率；二是改进信息管理，将部分治理活动数字化，加快政务信息流动，发挥数字及信息的价值；三是打破治理层级、部门及职能边界，促进各主体互相协作，整合治理流程，减少重复，共同提供公共服务，提升治理效力。

2. S_1A_2 提出管理承诺

流程再造以及政务流程再造理论均表明，高层管理者的决心以及支持是再造项目成功的关键因素[173-174]，也是设想阶段需要完成的重要工作之一。政务流程再造受到的抵制强烈，同时，公共部门的现有流程与法律、规章联系密切，容易牵一发而动全身，改造也面临不小的困难。因此政府部门等最高管理层首先应对治理流程再造项目给予肯定,对这一管理实践给予充分的支持。其次管理人员的承诺应表示出改变规章制度的意愿,也可为法律和规章制度的改变提出合理化建议,为再造项目的开展提供绿色通道。

3.3.2 启动阶段

公共部门对改革的准备性较低、抵触性较高。启动阶段让项目组及各相关部门为再造做好准备。

1. S_2A_1 组织流程再造项目团队

建设工程公共服务治理流程再造项目的管理者应当委任一个项目团队,用于实际负责项目的策划、设计和实施。建设工程公共服务治理涉及公共安全、环境保护等领域,治理主体众多。所以项目团队不应属于某一组织,也不应只有公务人员,应由各相关方及流程再造外部咨询人员组成,以促成更公平、更优质的合作。外部咨询人员可以是具有流程再造观念的管理专家、具有流程建模优化技能的信息化人才等。

2. S_2A_2 计划再造项目

在成立项目团队之后,项目团队应着手制订项目计划[174],设计具体日程安排,确定再造项目所需的时间、预算、资源需求等,提出再造方案和建议。

3. S_2A_3 通知相关方

计划制订完成之后,应向所有公共部门以及相关单位进行必要的有关建设工程公共服务治理流程再造的宣传,着重强调再造涉及的内容、范围、可行性以及紧迫性,以减少对流程再造的抵制,获得相关方的支持。

4. S_2A_4 识别关键治理流程

有两种方法可以确定需要再造的流程,一是综合法,二是预定法[38]。综合法首要找出项目涉及的所有流程,然后根据流程在战略中的重要程度进行排序,最终识别出关键流程。预定法是管理者及项目团队开展座谈会进行磋商,经过头脑风暴得出关键流程。综合法费时费力,但在研究排序的过程中能够加强对项目的理解和认识;预定法的优点是能抓住主要矛盾,迅速找出收益最大的核心流程。具体采用何种方法可根据实际情况进行选择。

5. S_2A_5 识别局限和限制

建设工程公共服务治理流程再造的关键障碍之一是法律、规章等的限制。项目团队需熟悉相关限制及约束,充分了解规章制度,并评估改变这些规则的程序可能性。建设工程公共服务治理内容中的污染防控、保障社会公共安全等内容,与提升社会公共价值和居民幸福感息息相关。所以只要再造流程能实现增值、能提高治理效率,就应积极改变现有规则、制定新法规予以支持。

3.3.3 诊断阶段

1. S_3A_1 描述传统模式治理流程

该活动即是将待改造的建设工程公共服务传统治理流程文档化或对治理流程进行建模,以便进一步的分析。流程文档化即是对流程进行文字性描述或是利用流程图工具进行表达,需要对公共服务的参与者等六个要素、要素的特性、要素之间的关系等进行详尽的转述。对于相关方涉及众多、过程较长的流程,文档化的表达不够清晰,流程内涵传达易出错。

由上节可知,赋时 Petri 网清晰易懂,适用于描述离散的时间系统,对于描述、设计建设工程公共服务流程具有一定的适用性。此处基于赋时 Petri 网对建设工程公共服务治理传统模式的流程进行建模。首先列举治理传统模式的状态和事件,整理如表 3-2 所示。需要说明的是,此处的活动是建设工程公共服务治理过程中较为一般的活动,没有细化到实际中具体实施的工作,所以时延暂用变量 t 表示。在具体的治理流程再造项目中,应填入调研结果。

表 3-2 传统模式的状态和事件表

库所	治理状态	变迁	治理活动	时延
P1	公共部门1(如生态环境局等)	T1	抽查建设工程公共服务提供情况,提出整改意见	t_1
P2	公共部门2(如城市管理局等)	T2		t_2
P3	公共部门3(城乡建设委员会等)	T3		t_3
P4	服务接受主体(如社会公众)	T4	监督公共服务治理情况并向有关部门举报	t_4
P8	接受举报的有关部门	T8	前往建设工程现场核实,提出整改意见	t_6
P5	接受检查的建设单位	T5	改正建设行为,并向相关部门回复	t_5
P6		T6		
P7		T7		
P9		T9		
P10	建设单位	T10	继续提供公共服务	t_7

根据状态和事件表,利用 Visual Object Net 软件,对传统流程建模如图 3-6 所示。

2. S_3A_2 分析传统模式治理流程

这一阶段活动需着重分析传统模式流程的弊端,找出阻碍和分离有效公共服务治理流程的活动,确认运行流程中不必要的活动以及活动的瓶颈。从状态和事件表以及赋时 Petri 网模型来看,建设工程公共服务传统模式治理流程的弊端如下。

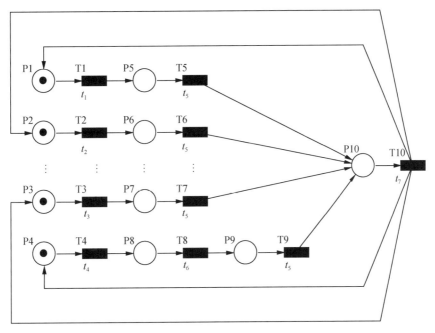

图 3-6　传统模式治理流程的赋时 Petri 网

（1）公共部门分工过细割裂完整流程。由状态和事件表与赋时 Petri 网模型表示的活动逻辑关系可清晰地看出，与相关的公共部门对建设工程公共服务的治理流程相差无几，每个部门都亲自去检查公共服务提供情况，重复现象严重，流程交叠区域极易造成政出多门、多头管理。各部门职能、工作分离，不成系统。

（2）政社不分，公共职能部门臃肿。在传统的治理模式下，政府通过增设机构、加强基层管理、扩大执法人员队伍响应建设工程公共服务治理需求，造成公共部门组织臃肿等。同时，政府一手包办，治理成本高、效率低下，弱化了公共管理整合能力、协调能力。如图 3-6 所示，P1、P2、P3 均投入了资源/令牌（人力资源等）进行治理，投入高，效率较低。

（3）频繁的检查让建设施工单位疲于应付。图 3-7 是传统模式治理流程在模型第二个循环中的状态。由图可见令牌大都集中在被检查、正在整改的建设单位处，意为建设单位总是在接受来自各公共部门的检查，经常在回复。这会导致建设部门反感检查，只做表面功夫应付检查，最终会挫伤建设单位主动提供公共服务的积极性，损害社会公共价值。

（4）信息传递渠道过长，难以及时反映群众需求。单一的指令传递渠道，容易导致官僚作风蔓延，致使僵化现象严重。群众监督举报子流程，指挥链长，响应速度缓慢，影响信息的上下传递，容易产生信号衰减、信息失真的现象。在实际治理中对于群众需求难

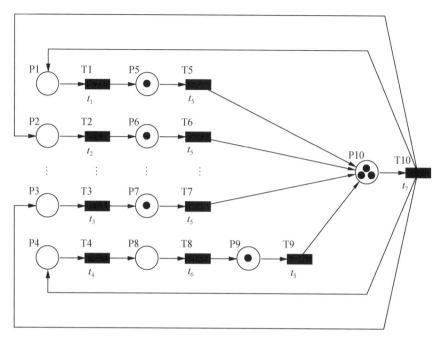

图 3-7 第二个循环时的传统模式治理流程

响应、响应慢。

(5) 缺乏资源共享的信息平台,流程数字化程度低。随着计算机及互联网技术的兴起,流程数字化、线上办理是大势所趋,也是提高管理效率的需要。其中,信息平台是部门及组织提高资源利用效率的有效工具。然而,建设工程相关公共服务治理多采用公共部门抽查、群众举报等方式,信息只存在单个部门及组织内部,分散于各个系统,形成了信息孤岛。建立支持流程的信息平台,采集流程活动信息,应用网络技术供各方共享,实现跨部门、跨地区信息共享和处理,对提供建设工程公共服务具有实际意义。

(6) 公共部门不能实时监管,极易产生治理"盲区"。公共部门对于公共服务治理的方式多采用抽查方式,而扬尘、噪声这类建设污染排放问题是连续的,在现场抽查的时间占污染实际产生的时间的极小部分,极易产生治理盲区。部分建设单位逃避公共责任,不愿提供公共服务,建设"面子工程"应付检查。抽查的督促方式,实际效果较差。

3.3.4 重新设计阶段

重新设计阶段需要再造小组具有创造性思维,打破常规,制定具体实施的改造方案。不仅需要按照建设工程公共服务治理流程再造项目目标重新设计治理流程,而且需要广泛听取公共部门、相关建设单位等各方的意见,采纳技术部门、横向联系部门和服务接受对象的意见和建议。

1. S_4A_1 设计新流程

根据再造项目设定的目标(S_1A_1)和传统治理模式治理流程存在的弊端(S_3A_2),有针对性地设计新流程。根据上文对建设工程公共服务治理的传统模式分析可知,传统的流程活动主要通过人工方式实施,过程冗长。但随着"放管服"改革的深入以及人民对美好生活的不断追求,对建设工程相关的公共服务治理的质量和规模的要求不断提高,现有流程难以满足实际监管需要与公众需求。因此,可从以下几个方面对传统流程进行再造。

(1)建立公共服务治理信息技术平台

组建信息平台整合现有治理工作内容以及服务机制,包括扬尘监控、噪声监控、渣土车数据库、超标预警系统等,以便于相关方的选取和使用。将各公共部门、建设单位、施工单位以及社会群众用平台连接起来,突破时间、空间及部门分割的限制,促进合作,以共同治理建设工程公共服务,提升社会价值。

(2)建立信息系统和共享数据库,改进信息管理

借助信息化手段建立建设工程公共服务信息管理系统和数据库。利用数据库,将各部门及建设单位治理结果数字化,做到留档留痕;存储环境治理、污染防控数据,实现数据的可追溯。

(3)借助自动化技术代替机械性、重复性的工作

传统模式中,有些建设工程公共服务治理决策过程和服务过程,治理流程操作清晰且机械、标准明确,但依然依赖人工办理。这些治理流程应当借助物联网设备线下搜集数据,精简原本依赖人工的机械性、重复性工作。通过在施工现场安装自动化设备,借助机械实时上传监管数据,弥补人工线下治理的缺陷,扫去治理盲区,以获得持续性的数据,提高治理成果数据获取的完整性。

(4)构建系统治理结构

信息技术平台作为用户层连接相关方,噪声监测、视频监控等设备作为数据采集层,信息管理系统与数据库作为应用层连接设备端与用户层。三层相互联系、共同作用形成完整治理系统。

(5)修改现有规章,提出有利于促进合作的规则

现阶段多数建设单位提供公共服务的行为较为被动,甚至某些建设单位存在侥幸心理,不积极履行提供公共服务的义务。通过修改法律法规鼓励提升公共价值的行为,严惩违规行为。同时提出新的规则,主动配合新流程的建设单位,为政务流程再造扫清障碍。

(6)精简流程,削减不增值流程

传统模式中,部分治理流程相似度较高,应予以合并,去除重复,减少无效资源的使

用,提高治理效率。应以治理平台为中心连接各方,借助数据库共享存储的数据,利用网络平台这一工具,把部分治理活动数字化,将原本碎片化的工作整合成一个完整的系统流程。

(7) 适当外包公共服务治理工作

公共部门应专注决策和管理工作,可以将日常事务性治理工作外包给第三方。某些技术性较强的公共服务治理项目,可以向具有专业资质的第三方购买。

以上技术及管理手段能有效弥补建设工程公共服务传统治理模式流程存在的缺陷。现利用赋时 Petri 网构建新流程的图形化表示。其流程的状态和事件,如表3-3所示。时延同上也多采用变量 t,但是公共服务治理平台收集数据(T2)是通过物联网设备直接收集实时上传,不需要人工操作,所以不花费时间,活动时延取"0";公共服务治理平台通知整改(T7)活动由治理平台监测超标后自动发送,与(T2)同理,时延取"0"(图3-8)。

表3-3 再造后治理模式的状态和事件表

库所	参与者或资源存放场所	变迁	活动	时延
P1	建设单位	T1	提供公共服务	t_1
P2	公共服务治理平台	T2	收集数据,记录公共服务治理情况	0
P3	公共部门1(如生态环境局等)	T3	查看数据,掌握公共服务治理情况	t_2
P4	公共部门2(如城市管理局等)	T4		t_3
P5	公共部门3(城乡建设委员会等)	T5		t_4
P6	服务接受主体(如社会公众)	T6		t_5
P7	公共服务治理平台	T7	监测到建设单位违规情况,通知其整改	0

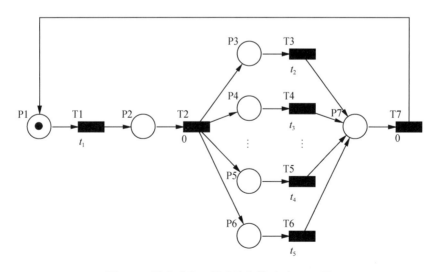

图3-8 再造后治理模式流程的赋时 Petri 网

2. S_4A_2 建议组织再造

因为流程的合并、治理平台的建立,建设工程公共服务治理流程再造可能会带来组织结构的重大变化。为改变传统流程碎片化的治理方式,新流程必须跨越传统治理职能的分界线,适当重组人事及组织结构,满足系统内信息的自由交换条件,以提高公共服务治理的效率。

在公共服务治理系统内部设置信息化处,制定与建设工程公共服务有关的信息化工程发展规划,对环境保护与污染防治信息化工程予以技术指导,组织、指导建设工程公共服务相关信息资源的开发和利用。各公共部门应组织针对平台的职务培训,并安排专人与平台对接、承担本组织内借助治理平台进行建设工程公共服务治理的工作。成立一个专门的部门或委托社会企业专门管理信息系统与信息技术平台,承担建设工程公共服务治理相关信息和数据的存储和管理工作,负责平台的日常运营及维护。

同时,响应"放管服"政策号召,将公共部门日常事务、技术性管理项目等交由第三方处理,适当向社会购买公共服务,借助社会力量实现协同共治。

3. S_4A_3 规划 IT 项目

在公共治理流程和组织结构重新设计之后,为满足流程的需要,规划 IT 项目:① 规划建立建设工程公共服务治理平台和信息系统;② 采集需要自动化的流程信息,并在治理平台上集成可自动化的功能;③ 建立数据库,存放治理信息,使得信息留档留痕、可追溯。

3.3.5 重构阶段

1. S_5A_1 重组治理流程

重新设计之后,需要根据规划对流程进行重构。将流程新设计的工作内容分解,将新流程根据功能模块化。模块化根据需求不同、颗粒度不同,可以实现完全自动化(如通过物联网设备获取现场数据),也可以通过人机交互实现半自动化(如环保部门在平台上查看建设工程公共服务治理情况,根据数据进行监管)。模块化的好处就是可复制、可重新组合,便于系统调整,便于其余政务流程复制,能够实现公共部门治理流程方面的大规模定制化。

除了战略型管理工作外,其余工作应适当借助市场力量的优势。经济上,公共部门应提供财政支持,购买建设工程公共服务治理项目。制度上,应制定新规、修改现有规章制度,提供政策支持。采取激励机制和惩处机制,奖罚分明,督促企业履行义务,同时激发市场提供公共服务的积极性。

2. S_5A_2 给予政策支持

建设工程公共服务治理流程的重建会引来很多反对的声音,治理流程重组过程也会遇到很多阻碍。为了确保重组后流程的顺利实施，政府应提供一定的政策支持，其中既可以使用法律、规章等，保证流程的强制实施，又可以通过利好政策，激励相关方主动参与新流程。在此处的政务流程再造中，为了支持建设工程公共服务治理平台的成立，根据流程重组的内容，应当出台相关基础政策、激励政策和约束政策。

需要说明的是，现阶段，服务接受主体是治理效果的检验方和享受方，公民等凭个人意愿参与流程中履行监督职能，故此处的政策不针对建设工程公共服务接受主体。

（1）基础政策

基础政策应针对相关建设单位，要求其建设项目全线接入数字化监控设备，并在工地出入口设置显示屏，公开监控数据。同时，城乡建设委员会适当提高措施费中安全文明施工费的收费标准，用于覆盖建设单位、施工单位购买数字化设备的使用成本。出台该政策的必要性为：

① 物联网数字监控设备能够 24 h 不间断收集并存储数据。日常巡检时，省去手持设备监测数据环节，提高监管效率；当建设方违规时，可调出存储数据作为执法线索，追溯违规行为，使治理过程无死角。

② 社会公众等公共服务接受主体，在治理过程中起监督作用。传统治理流程中，该方成员凭主观感受进行监督，缺少数据支持。在安装监控设备，公开监控数据之后，公众实施监管职能就有理可依，实现量化治理。

③ 建设工程是一个传统的行业，随着互联网、信息化技术的快速发展，与数字化手段不断融合，可以促进建筑业转型升级，实现智慧城市的建设目标。

（2）激励政策与约束政策

通过基础政策强制各工地接入数字化设备之后，为了充分发挥再造流程的效用，保障建设工程公共服务治理质量，应采取相应激励政策与约束政策，促使各相关方加入平台。

① 对于公共部门，将使用电子政务、接入公共服务平台作为部门评优的指标；将使用互联网（治理平台）、自动化手段（物联网设备）治理城市，作为"文明城市""森林城市"等的加分项。现阶段，在实践中已有相关惩处措施。比如在各地设置国控点，监测环境保护相关数据。当数值累计超标时，通过专家论证等方式辨析超标问题来源，问责相关公共部门。

② 对于相关建设单位，可采取分级管理的手段，对不同级别的主体采取不同的激励政策与约束政策，以促进相关建设单位接入平台，主动提供公共服务。同时，随着信用社会的到来，各行各业都在进行信用体系建设。现有的建设工程信用体系与建设单位招投标活动相关，信用分的高低是招标单位选择建设单位的重要标准之一。加入建设工程公共服务治理平台、履行义务提供公共服务等指标与信用分挂钩，这使得激励政策与约束

政策可与信用体系联动,推动建设单位积极提供公共服务。具体政策措施如表3-4所示。

表3-4 分级管理措施表

级别	特征	激励措施	未按规定整改或情节严重时的惩罚措施
1	接入平台超过三个月,且近三个月内未出现过违规行为	增加信用分、给予优先投标权 给予不停工特权(非最高级环境管控期间)	罚款 降至第2级
2	接入平台未超过三个月 接入超过三个月,但近三个月内出现过违规行为	增加信用分、给予优先投标权	停工整改、罚款
3	未接入平台	无	停工整改、罚款 扣除信用分

3. S_5A_3 计划和实施 IT 项目

此后应按照计划安排构建数字化的治理信息系统,应安排专人构建、运营 IT 项目。

4. S_5A_4 新技术使用培训

员工的知识和技能需符合新流程的实施,需要进行对新流程的系统培训和职务培训。

3.3.6 评价阶段

1. S_6A_1 治理流程评价

新的政务流程开始执行后,需要对新流程进行持续的监控,识别启用新流程带来的变化。

从治理流程整体来看,传统流程依据直线惯性的程序进行执行——先公共部门发现问题,接着建设单位整改问题,然后相关建设单位继续提供公共服务。过一段时间,公共部门再来抽查,重复上述过程。整个传统模式流程的治理结果是,相关建设单位规范了自身行为,公众等公共服务接受主体减少了对建设违规行为的投诉率,提升了幸福感。以生态环境局检查扬尘排放情况为例:第一步,生态环境局派专人去某建设工地抽查,利用手持设备现场监测扬尘排放情况;第二步,若建设工地扬尘排放超标,则生态环境局给予相应行政处罚,建设单位在规定时间内对建设行为进行整改;第三步,建设单位经过整改后保持良好施工习惯,以免再受处罚。所以,传统模式是按照"单一时间进程"的一维循环治理模式(图3-9)。

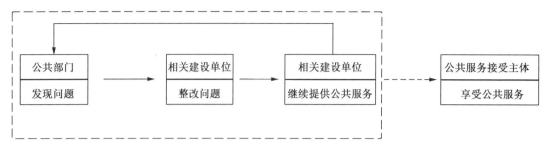

图 3-9　传统治理一维模式

通过政务流程再造,在新流程中加入平台元素,让传统的线性治理流程有了新的呈现形式,由一维向二维转变。从"空间维度"上看,平台提供了一个公共空间,汇聚三方,协作治理。从"时间维度"上看,相关建设单位将安全文明施工作为日常任务,主动提供公共服务,在积极履行社会义务的同时,获得政策激励;该行为与公共部门的检查活动同时发生,社会公众能够实时享受到公共服务治理带来的社会价值,原本处于中间环节的建设行为整改工作被推向了"未来"(图 3-10)。三方通过实时互动,用"现在"交互的结果去解决"未来"发生的治理问题,大大提高了治理效率。所以再造后的建设工程公共服务治理模式是一个以治理平台为中心组建的"时空交织"的二维立体治理模式。

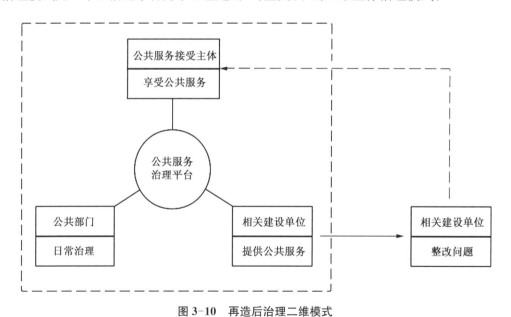

图 3-10　再造后治理二维模式

为具体评估建设工程公共服务治理流程的改进程度,借助流程执行时间(时延)这一量化指标,对比新旧治理流程执行效率。传统模式流程与再造流程的映射表如表 3-5 所示。

表 3-5 新旧流程活动变化映射表

变迁	传统流程变迁	时延	变迁	再造流程变迁	时延
T1	检查建设工程公共服务提供情况,提出整改意见	t_1	T3	查看数据,掌握公共服务治理情况	t_2
T2		t_2	T4		t_3
T3		t_3	T5		t_4
T8		t_6	T6		t_5
			T7	监测到建设单位违规情况,通知其整改	0
T5	改正建设行为,并向相关部门回复	t_5	无	已优化,由平台提取数据、监测结果	0
T6					
T7					
T9					

由对比可知,经过再造,治理流程主要优化了两方面的活动。其一是优化建设工程公共服务治理情况检查工作。在原治理流程中,公共部门及公众需要花费时间(t_1-t_6)至建设工程现场,检查公共服务提供状况,费时费力;再造后的流程,各方只需要登录平台查看数据,就可以了解相关状况,时间成本一定小于原治理流程。其二是去除建设单位整改回复的活动。原流程中,相关建设单位在改正后需向公共部门回复,必要时公共部门还需前往施工地点核实整改情况;而在新流程中,因为平台能够实时获取现场数据,所以建设单位只需在规定时间内整改完毕即可,有关部门无须前往现场复核。

综上,从政务流程绩效评估来看,建设工程公共服务治理流程再造项目是成功的。第一,治理流程再造实现了政务流程再造目标,改善了治理的方式,解决了传统模式分散化、效率低的问题。第二,新流程与传统流程相比,节省了公共部门以及非政府组织治理的时间成本,提高了治理的效率。

2. S_6A_2 关注再造项目并持续改进

新流程的改造必定不可能是一步到位的,治理过程的修改和完善是一个不断调整、螺旋上升的过程。新流程执行之后需持续关注,与启动阶段制定的流程再造项目计划进行比对,判断再造项目是否成功。建立评价与重构之间的有效反馈机制,设立修复环节,为流程的进一步调整提供依据。同时,再造小组、各利益相关方与新流程之间需要相互协调、相互磨合,充分熟悉、熟练运用之后才能达到治理流程再造项目的最佳效果。

第 4 章 平台经济视角解析建设工程公共服务治理平台

4.1 建设工程公共服务治理平台的概念

4.1.1 建设工程公共服务治理平台的定义

由相关理论基础可知，任何平台都遵循这样的规律：平台＝技术平台＋产品平台。等式左边的"平台"是指能够提供核心价值，使得内部与外部、外部与外部之间的互联成为可能的某种事物[175]。等式右边的"产品平台"，兼具产品平台和产业经济学经济组织的特征；"技术平台"是技术组件，是支撑平台建设的信息技术基础架构和技术支撑体系[176]。上一章节通过建设工程公共服务治理流程再造，构造了一个为治理相关方提供产品和服务的建设工程公共服务治理信息平台。借鉴此处的普适规律，认为建设工程公共服务治理平台的内涵应包含治理技术平台与治理产品平台两方面的内容。

（1）治理技术平台：平台在落地时的具象内涵，指平台为平台业务实现、相关方的聚集提供场所，为平台功能的实现提供技术支持，是决定"上层建筑"的"底层平台"，其核心包括技术框架、快速开发工具及运行时的管理监控等。治理技术平台从信息技术的角度来看应包含三级架构：应用治理层、信息处理层和数据采集层。具体内涵在下文中予以说明。

（2）治理产品平台：治理产品平台的抽象意义，指平台为参与方提供所需要的治理服务，借助网络外部性等平台运行机制，保证治理平台的健康发展；同时，吸引平台成员的参与和交互，创造一种治理共同体，共同提升社会公共价值。治理产品平台包含治理平台运行机制、治理平台适用范围和治理实现流程，相关内容在本章予以说明。

综合以上治理平台两方面的内涵，此处将建设工程公共服务治理平台定义为：以互联网为基础、以网络技术为依托建立一个平台架构，为建设工程公共服务治理相关的工作搭建线上平台、提供集成服务，实现技术与治理的共同演进，促进参与者之间的互动，以共创价值。治理平台的内涵组成如图 4-1 所示。

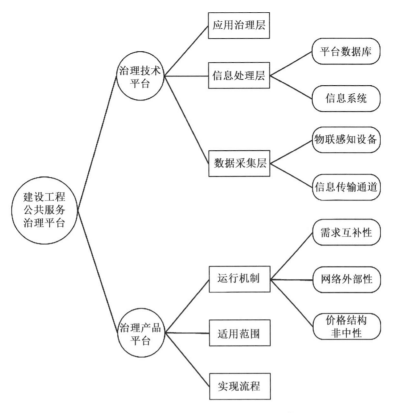

图 4-1 建设工程公共服务治理平台的内涵

4.1.2 建设工程公共服务治理平台的类型

1. 从参与主体众多且相互依存的角度看

Hagiu 将双边平台定义为能够使两种及两种以上的不同用户通过直接互动创造价值的组织[177]。Armstrong 等从"网络外部性"角度,给出双边平台的定义:如果平台一边的用户所得到的效用取决于另一边用户群的表现,换句话说,一边用户的净效用会随着另一边用户数量的增加而变化,那么就称这样的市场为双边市场[98]。需要说明的是,虽然使用"双边平台"这一术语,但是平台的参与主体可能不止两方[82]。以报纸为例,其有三方参与者:投稿人、读者、广告商。

由第 3 章对建设工程公共服务治理流程的分析可知,公共服务治理的参与者有三方:公共部门(建设主管部门、环保部门等)、相关建设单位和建设工程公共服务接受主体(公众、行业协会等)。三类用户由治理平台连接,各经济主体不能从平台中独自获取价值,且因为网络外部性的存在,都依赖于平台提供的机会进行增值。这种特征表明建设工程公共服务治理平台是一种双边平台。

2. 依据连接性质分类

从连接性质的角度,平台可分为纵向平台、横向平台和观众平台:纵向平台为各成员提供交易的场所,促进各方的互动;横向平台促进不同类型的成员进行相互交流和组合,其特征是各个用户之间地位相同,不存在明显的买卖关系,存在相互交流与组合的需求;观众平台通过给予观众(免费)产品和服务,吸引目标客户的加入[70]。

建设工程公共服务治理技术平台兼具横向平台和观众平台的特征。首先,治理平台是一个横向平台,它聚集具有不同需求的用户,搭建互动空间,提供能够促进网络外部性产生的治理服务。建设初期的建设工程公共服务治理平台并不属于观众平台。但随着公共部门、相关建设单位群体规模的增大,平台功能日渐完善,治理平台渐渐能展示一定区域内建设工程公共服务治理的全貌,也将受到社会公众等主体的关注,将吸引建设工程公共服务接受主体逐渐加入其中、实施监管职能。从这个角度看,发展较为完善的建设工程公共服务治理平台也属于开放式的观众平台。

3. 依据功能分类

从功能角度,平台分为造市者、受众创造型平台和需求协调型平台:造市者促进各方的成员主体加入平台并进行相互交易;受众创造型平台将广告商和观众群体相匹配,多指广告支撑型媒体;需求协调型平台既不像造市者一样出售"交易",又不像受众创造型平台一样出售"信息",而是利用平台各方的需求互补性,协调、匹配各方需求,通过平台提供能产生间接网络外部性的产品和服务[71]。

建设工程公共服务治理平台提供各种与建设工程相关的服务,在理想的建设和接入状态下,不同成员都能在治理平台上找到适用的功能模块。治理平台通过提供不同类型的治理服务,汇聚、协调各方需求,成为构建需求互补关系的需求协调型平台。

4.2 建设工程公共服务治理技术平台

建设工程公共服务治理技术平台是政务流程再造的产物,其建设初衷是利用数字化手段提高治理效率、借助网络平台实现协同治理,将平台打造成为一个能提升公共价值的治理工具。此处以治理技术平台的建设初衷为导向,全面、系统地分析公共服务治理需求,建设涵盖各方主体、满足治理需求的治理技术平台。

4.2.1 技术平台架构

建设工程公共服务治理技术平台在微观上具有多层架构,标准体系(应用标准、技术标准)与安全体系(访问权限、资源存储、数据传输)[178]作为平台运行规范和标准贯穿整个治理技术平台架构。

（1）数据采集层。数据采集层是建设工程公共服务治理的物质基础。在建设工程项目中布置物联网等技术终端(如传感器节点、红外摄像头等)，构成自动监控网，通过自动化设备实时获取线下数据，并上传至云端，监测建设工程公共服务治理效果。通过专网、无线网、移动通信网等传输通道，将设备收集而来的数据传送至平台，并对大数据进行初步融合，将治理结果数字化。

（2）信息处理层。信息处理层在多层架构中起承上启下的作用，用于处理治理活动数据、单位数据、业务数据等。该层包括治理信息数据库与提供支撑服务的信息系统，其作用为：一是收集、存储、处理数据采集层的治理结果，做到留档留痕；二是承接应用治理层的需求，借调、反馈治理信息，为上层服务提供相关支持，实现治理数据的可追溯。

（3）应用治理层。应用治理层包括服务层和门户网站。服务层集中展示业务应用模块，连接客户需求和数据采集层、信息处理层等物理硬件设施，是实现平台成员与平台交互的窗口。门户网站为治理平台用户提供"云模式"和"云＋端模式"两种使用方式[178]，使治理平台参与方与平台运营方能够在本地登录平台。门户网站创建了一个合作空间，以供各成员合作交互，提高治理效率。

经政务流程再造初步设计，建设工程公共服务治理平台服务层模块应包括两个方面和三个主要功能，两个方面是指自动响应和治理服务模块化，三个主要功能在门户网站上集中展现，以供相关方选取使用。

① 自动响应方面：该方面主要用于实现报警预警功能。事先建立治理相关计算机程序和数学模型，对治理事务做好处理预案，当条件符合时自动响应，向信息处理层发出请求启动报警预警程序(如 $PM_{2.5}$ 排放指标超标，自动向主管单位和相关建设单位发送预警信息)。

② 治理服务模块化方面：构建治理服务模块，提供信息处理功能；同时作为平台的前端(门户网站)，展示治理服务模块。其包含的功能有：a.信息分析服务，将获取的数据结构化，根据用户需要提供统计图表，供公共服务治理主体根据自身需求选取，实现科学决策；b.执法线索留存，记录违法数据、抓拍建设过程违法行为，为公共部门给予行政处罚提供证据。

建设工程公共服务治理技术平台层级架构如图4-2所示。

所以治理技术平台的建设意义为：其一，从平台建设角度实现六个统一，即统一门户、统一业务应用、统一空间信息服务、统一数据资源、统一基础设施、统一应用支撑；其二，从业务开展角度实现四个提升，即提升建设工程公共服务治理水平、提升公共部门科学决策能力、提升建设单位综合管理能力、提升建设工程信息化和数字化应用能力。

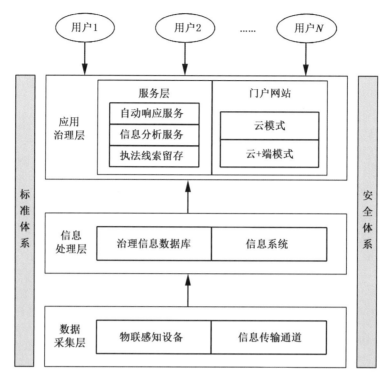

图 4-2　建设工程公共服务治理技术平台层级架构图

4.2.2　技术平台设计原则

为了保障建设工程公共服务治理技术平台各项功能和性能的实现，技术平台的设计应当遵循下面的原则。

（1）先进性与实用性

建设工程公共服务治理平台设计应当注意先进性与实用性并重。先进性原则：吸收借鉴建设工程公共服务先进治理理念，采用先进的信息技术，将治理平台建设成具有国内领先水平的平台。实用性原则：紧紧围绕建设工程公共服务治理流程再造后的要求，满足相关方的实际治理需求。

（2）开放性和标准化

建设工程公共服务治理平台集成于垂直和水平两个方向。从垂直方向看，治理技术平台由三层架构相互连接而成，由硬件设备、信息系统、数据库、门户网站等多个平台组件竖向连接起来共同提升价值。从水平方向看，建设工程公共服务治理技术平台涉及治理服务模块众多，而且需要向公共部门、市场力量等各方主体开放。因此，为了提供众多服务的操作化接口，治理技术平台的所有硬件、软件产品的选择需要符合开放性和国家标准,所有技术资料和说明文档也应符合行业规范。

(3) 可扩充性和可演化性

平台战略和电子政务的发展如火如荼,公共服务治理处于转型期,治理思想、治理模式、治理流程等日渐完善。信息技术不断进步,数字化、自动化设备也随之升级。同时,建设工程公共服务治理涉及相关方众多,且随着平台的发展,加入平台的公共部门、公共服务承接主体越来越多。因此建设工程公共服务治理技术平台在功能上、用户规模上、业务应用方面应具有良好的可扩充性和可演化性。

(4) 安全性和可维护性

安全性原则：按照国家安全保密标准,从平台结构、技术措施、设备性能、数据安全等方面着手,保证建设工程公共服务治理技术平台的技术可靠性和数据安全性。可维护性原则：考虑到治理理念、信息技术的不断发展,治理技术平台的升级改造将是常态。所以技术平台要有良好的可维护性,能够实时更新程序,满足治理服务的需求。

4.2.3 平台治理下监管信息传输流程研究

4.2.3.1 价值链视角下的数据基本价值活动

如果说具象的平台运行模式是研究平台产生价值的表层骨架,那么抽象的数据活动过程则是代表暗含于内部价值机理的鲜活血液。数据价值链站在数据是一种具有强流动性资源的视角,利用数据获取、生产、使用的三大阶段、六项活动揭示了数据从诞生之初到最终分析呈现的鲜明程序化价值规律。

罗汉堂用知识金字塔形象地描述了数据、信息、知识之间的界限和联系[14]。尽管本书并未特别区分数据在何种条件下、何时转化为信息,但可以明显感受到数据经过价值链包含的加工流程后,已经从记录现场情况的图像、视频、文本等转变为能够承载支持决策依据的信息载体。以环境污染监管平台为例,数据本身能够释放一段时间内工地现场的管理运行情况等信息的这种能力,可以归结为数据的基本价值。如图4-3所示,数据价值链串联起了实现数据基本价值的各项流程化活动。

1. 数据生成与采集

数据生成与采集是数据价值链的第一阶段,这一过程主要获取原始数据资源。要保证价值链后续程序具备足量的"原料",环境污染监管平台需要接入广泛的数据生成场景以满足各类属性和形式数据供应的要求;而数据采集的总体规模较大、结构复杂、方式自动化程度高,平台需从不同来源的非结构化数据中,提取结构化的信息。数据价值链第一阶段是平台参与施工方与平台方的首次配合,施工方接受全新配套的数字化监管模式并将数据交由平台加工,这也将成为其加入平台化监管的最主要成本来源。

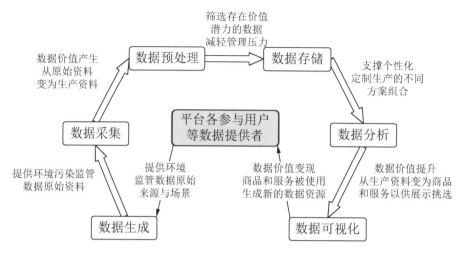

图 4-3　环境污染监管平台数据价值链示意图

（1）数据生成

数据生成用以描述数据从相关场景源头产生的过程，并作为起始端参与构建数据价值链。数据由人、机器或传感器主动或被动地产生，这些结构化、半结构化或非结构化的数据将为对应使用场景之下的后续信息活动输入基础资源[179]。

① 环境污染监管场景下的数据分类

在传统施工环境污染监管的场景下，监管需要的数据主要来自项目现场。在传统场景接入平台模式实现数字化革新的背景下，建筑业数据的价值将进一步被放大。根据环境污染平台化监管的数据类型特点，结合本书研究主体对象——平台参与施工方的价值主张，建设项目的数据可划分为项目数据、交易数据与公共数据。

项目数据不管是在传统应用场景还是在数字化应用场景中，都是建设现场最为基础且关键的信息来源。项目数据与项目管理密不可分，是在项目全寿命周期中产生的与项目进度、质量和成本等因素相关的数据集合。

引入平台模式后，由此衍生的生态系统将使得数据活动更为活跃。双边平台最能突出交易与博弈优势，在此条件下，监管平台搭建的网络化空间将有助于促进平台参与企业拓展更丰富的交易性业务，如建筑垃圾回收等。这些包含交易金额、交易渠道、商户代码、交易地区、交易类型等要素，同时反映建筑企业间交易行为的数据，可以归为交易数据[180]。

公共数据指具有管理公共事务职能的组织、公共企事业单位（统称公共管理和服务机构）为履行法定职责、提供公共服务收集、产生的，以电子或者其他方式对具有公共使用价值的信息的记录[11]。公共数据是保证平台的污染监管核心功能的载体。

类型划分在无形中赋予不同类数据以特定属性，对应的价值也将以此为起点初见端倪。例如,生成的项目数据背后蕴含的是一个建设企业劳动生产率、组织效率的基本信息;交易数据可以映射企业数字化业务开展水平等。

② 环境污染监管数据特征

环境污染监管场景下的数据形式多种多样,有监测噪声污染的分贝、空气中扬尘浓度这样的数值型数据;有渣土车进出场监控、GPS实时定位轨迹等图形数据;甚至可能是现场的一张照片、一段文字说明记录等。数据分类赋予了不同数据独特的属性信息,那么这些数据从形式上分为结构化数据、半结构化数据和非结构化数据,目的是加以区分后方便采用不同技术手段完成后续处理流程。

(2) 数据采集

数据采集将有助于从非结构化数据中提取结构化信息,是数据分析与挖掘、知识发现等最为重要的任务之一[181]。由此可见,数据采集工作在整个价值链条中承担接入通道的角色,即将不同来源形式的数据经过采集过程的格式化处理,形成统一便于录入计算机系统的结构化数据,为后续的加工等操作奠定基础。在环境污染监管的场景下,项目数据、交易数据与公共数据主要通过施工现场传感器、网络交易记录、对接协调情况等方式生成,表现为文本、图像、音频、视频等不同形式的原始数据[179]。

针对上述不同形式的原始非结构化数据,分别有不同的提取目标与技术手段。对于文本形式的数据采集,指定实体识别(Named Entity Recognition)将有助于识别包括建设项目位置、人员和组织等在内的主要实体,应用于问答、机器翻译、自动文本概要、文本挖掘、信息检索等方面[182]。关系提取(Relation Extraction)将支持提取实体间的实质关系。事件和显著事实提取(Event and Salient Facts Extraction)说明一个事件表示一个诱因和理由。触发是表示事件存在的动词或规范化动词,而理由通常是分配语义角色的实体,以说明它们对事件描述的影响[183]。从文本中采集数据需要克服嘈杂低质量数据的干扰以及攻克数据多样性、文本歧义、嵌套实体、异质性、自动格式识别、同音异义词识别等关键挑战[184]。会议纪要、安全文明施工实施文件等现场文本将在结构化处理后更便于保存查阅,更便于保存统一且关键的数据源信息。

从图像中采集数据包括提取语言描述、语义、视觉和标签特征、环境理解和面部识别等工作。视觉关系检测(Visual Relationship Detection)提取图像中对象的交互信息,以对象分类检测和环境互动识别为主要任务。文本识别(Text Recognition)可以从图像的文本内容中提取到大量信息,图像和视频中的文本更多地描述了视觉内容的有用信息,提高了关键词搜索、信息检索和自动生成图像字幕的效率。人脸识别(Face Recognition)要求准确快速识别身份信息。图像对信息的还原度高,一直是环境污染监管重要的数据源。对参与监管平台的建设企业来说,图像数据不仅是对外应对公共部门监管的重要证明,更是对内了解各项目现场运行情况的直接资源。

音频数据采集主要有声学事件检测(Acoustic Event Detection)和自动语音识别(Automatic Speech Recognition)两项子任务。声学事件检测旨在处理连续声信号,并将其转化为符号描述。自动语音识别是一项识别语音并将其转化为任何其他媒体形式(如文本)的任务。音频数据可以与图像等数据搭配提供更为准确的项目现场实时反馈或事件记录,施工方还可以充分利用其在多媒体索引和检索、模式识别、监控、语音拨号、语音指令控制、计算机辅助语言学习、语音搜索和机器人技术的应用优势[185]。

视频数据采集的主要目标是理解并提取视频内容中的相关信息。视频数据在日常生活中覆盖面广,每日社交媒体上都会产生和分享大量视频数据,以短视频为代表的自媒体行业展现出强大生命活力。如何将供娱乐消遣的视频数据向更好地服务于不同产业的方向发展,是视频数据采集的终极使命。视频中的文字在提取丰富的信息和提供有关内容的语义线索方面具有重要作用,也在图像理解层面发挥相当强大的功能。文本识别(Text Recognition)将针对可以从视频中提取的两类文本——字幕文本和场景文本进行工作[186]。字幕文本在字幕、叠加层、小标题中提供高级语义信息,例如施工现场每个视频监控窗格中的日期、天气、时间、场景地点等标注文本被添加到视频页面以提高画面的可理解性,补充定位检索的基本信息;场景文本通常嵌入项目现场画面的标志牌、商标等图像中。

自动视频概要(Automatic Video Summarization)对视频数据采集效率的提高至关重要。项目现场包括监控在内的传感器、重要工序、会议场景的记录等生成大量视频,每天视频数据的爆炸式增长凸显了开发快速高效的自动视频概要算法的必要性。这项技术通过对视频快速浏览的方式对内容进行概述,将原长视频的语义内容用短视频呈现出来。

2. 数据预处理与储存

数据在价值链第一阶段成功变成原材料的基础上,发展到第二阶段形成"商品"的雏形。从环境污染监管平台结构基础来看,数据在第一阶段中分散在各平台参与企业中,将在第二阶段汇聚到监管平台完成初步的统一处理。

(1) 数据预处理

由于原始数据可能有噪声和冗余,因此必须进行数据预处理[187]。通过 Apache Hadoop、NoSQL 和 MapReduce 等各种工具可以实现清理、转化和集成等基本预处理操作[188]。由于数据混乱的性质,清理数据质量和转化格式是预处理的基本目标,它能帮助发现不精确、不充足或不恰当的数据,而这些数据需要更改、删除和提高质量。转化原始数据是为了使其适合分析,例如使用一些工具对数据进行整合和打包。集成通过提取、转换和加载(ETL),让数据更适合接受挖掘等分析步骤。

(2) 数据存储

统一化后的数据需妥善存储,即将从多个来源收集到的大量数据存储在稳定可靠的仓库中,以便帮助提高数据质量以及后续的数据查询效率[189]。数据存储过程需要构建一个管理系统,以满足数据复杂性、维度和动态增长的需求,保证容纳足量数据,优化处理站点的可用性并提高检索效率[190]。

大数据管理中的数据存储过程包含数据聚类、复制和索引等重要活动[191]。聚类是将大量数据按照相似特征实体汇总成组的过程,有助于在有限存储容量中容纳相对较大的数据量。这是因为数据经过分组可以简洁明了地展示,所需的存储需求相应地降低了[192]。复制得以让用户站点一致地访问和使用数据,如何创建及放置副本是复制操作中的重要流程。一致性是复制中十分重要的标准,Spaho 和 Barolli 用其衡量数据复制是否可信[193];数据变化的传播时间是另外一个关键因素,毕竟更改信息总是由可变数据传播,延迟的更新可能会在生产中导致错误结果。索引主要解决当海量数据分配到分布式站点时,如何获取优化的查询执行结果的难题。存储管理需要确保未来对海量数据的高效检索,因此多变量多站点搜索、数值数据搜索优化、开发合适机制以获取高索引吞吐量等是数据存储的多项挑战[194]。

3. 数据分析与可视化

数据价值链最后一个层面将聚焦如何充分释放并最终呈现数据流的基本价值。在环境污染监管平台构架中,平台方充当"加工厂"的服务角色。根据公共部门监管工作的需求,调用从各施工方项目现场收集并整理归类的数据,运用合适的分析技术并以可读性强的直观简约形式呈现,达到数据后台及时处理与前端实时展示的同步效果。部分实力雄厚的建筑企业可根据企业内部经营的需要成立自己的"加工厂",通过第二阶段预处理的存储入库数据将加工打造成不同的"产品",直接参与交易或是服务于企业的业务决策等运营活动。

(1) 数据分析

数据分析过程通过应用各类预测算法、语义分析方法、统计分析方法,构建未知模式分析异构数据并挖掘具有洞察力的信息,以取得更好的应用指导[195]。数据分析技术主要包括机器学习、数据挖掘、人工神经网络、自然语言处理、深度学习等,利用这些不断优化改善的技术,可以发挥数据在多领域的信息承载作用。如日常社交网络上活跃的大量非结构化数据需要实时分析以获取快速响应;个人手机、电脑等电子产品中的移动数据分析将给予用户实时反馈。项目现场的监控视频数据、音频数据、会议记录等文本数据、传感器监测到的结构化数据等各种不同渠道、不同形式、不同类别的数据经过分析技术的加工,得以过滤影响信息准确获取的杂质,达到规模化、标准化处理数据以释放内含信息价值的效果。

（2）数据可视化

数据在生成到分析的整个流程链中,体现了从非结构化的复杂多样转向结构化的简洁统一的由繁化简的处理原则,便于批量化处理分析。数据可视化在最终结果展示层面同样需要达到从错综复杂向直观易读转变的目标。可视化为说明数据之间的关系,采用图形、仪表盘等遵循人类艺术视觉特点的方式传递信息,数据以易读、易理解的形式展现,服务于高效及时的决策制定过程[196]。正因为数据可视化技术的保障,才使得数据能融入各类社会生产中产生价值。环境污染监管平台页面呈现的数据分析结果由可视化技术从机器语言转变为人类语言,政府公共部门才能以最低的学习成本快速适应平台使用场景,这也是通过平台方式实现数字化监管的意义所在。

4. 数据分享

从价值链的数据整体流向来看,数据从施工方的项目现场传输至监管平台,平台又可以将加工后的数据提供给公共部门作为监管依据、公示给社会公众作为参与环境污染防治的反馈。数据在以平台为中心的多主体间流动,实现平台结构基础层面各参与方之间的互动,信息交流层面的数据共享。

数据的非竞争性和经济活动、相关主体的不可分离性意味着数据分享不能简单等同于传统生产要素的共享[20]。很少有两个建设项目在形式、功能等方面完全相同,数据可变性是常态[18]。这表示建筑业数据分享同样需要考虑时效性和特殊性。建设项目交易属于典型的高值低频（High Value Low Frequency Trade，HVLFT）交易,高值,增加了买方面临的财务风险,降低了卖方信任；低频,导致缺乏可比资产,影响项目价格弹性[19]。此外,数据分享随之而来的信任、合作风险和投资成本问题又阻碍了数据的流动[22]。不难发现,上述特征导致了建筑业数据分享难度更大,也从侧面反映建筑业中数据资源价值巨大。数据价值链中不管是统一规划收集的数据源,还是保证数据能在不同使用方之间顺畅理解的可视化加工,其贯穿的核心原则都是要打通一切阻止数据流通的障碍,减少流动过程中的损耗和停留,尽可能避免数据安全隐私问题,以确保数据能在速度和质量上高效分享。

可见,建筑业数据的价值来源于分享,而如果没有数据分享,就无法产生协同的经济活动[12]。再从价值链的流程走向来看,数据最终经过分析过程,产生的价值会因为应用场景的不同而不同,这是实现平台生态系统层面更广阔数据分享的基础。这种超越了数据本身信息承载基本价值的分享,可以增进业主与各承建单位间的信任,帮助建筑企业做出更好更快的决策,甚至能重塑建筑市场以及行业建设和交易的方式[15-16]。数据在更多主体、生产者、使用场景下的分享会产生新的数据,从而形成新的数据价值链,这类链式反应下的数据增值价值将在下一部分重点关注。

4.2.3.2 监管信息传输基础模型构建及内涵

1. 监管信息传输基础模型构建

基于 Shannon 通信模型将建设项目环境污染监管信息传输方向和流经要素表示为"真信源—信源载体—信道—信宿—信馈"的元素链,基于 Petri 网信息流模型,将污染监管信息的状态变迁表示为信息"产生—筛选—采集—传输—加工—存储—表达—应用—反馈"的事件链。最终构建的建设项目环境污染监管信息传输基础模型如图 4-4 所示。

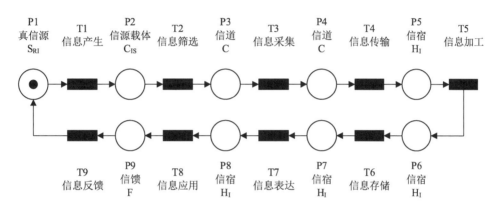

图 4-4 建设项目环境污染监管信息传输基础模型

在建设项目环境污染监管信息传输基础模型中,建设项目环境污染体系内所有污染监管信息的集合称为真信源(S_{RI})。信源载体(C_{IS})从污染监管信息中筛选出有意义、可被感知和理解的信息,经信道(C)传达至污染监管信宿,信宿(H_I)对接收到的信息进行分析处理并在特定环节作为信馈(F)给予反馈。下节将具体阐述模型图例、元素链及事件链内涵。

2. 监管信息传输基础模型内涵

(1) Petri 网图例说明

Petri 网由令牌、库所、变迁、弧四种基本元素构成。现根据 Petri 网原始定义和监管信息传输的现实情况构建基本网系统,并对四种元素重新释义如下。

① 令牌:"●",代表某类物质或信息资源,反映了系统的局部状态,在系统中按照触发条件进行演化。本书中指作为信息资源的监管信息,随监管事件的开展在施工方、政府方等不同建设项目要素间传输,如某次巡检中政府扬尘办监管人员用设备抽查获得的建设工地扬尘污染排放数据。

② 库所:"○",系统中表示状态的元素,代表使系统资源状态发生变化的条件。

本书中指引起监管信息变化的建设项目要素,如作为信源的工程车辆出场未冲洗现象、作为信道的设备等。

③ 变迁:"",系统中表示变化的元素,代表使系统资源状态发生变化的事件。本书中指相关监管人员及设备对监管信息进行加工、传输等引起信息变化的事件。

④ 弧:"→",用于连接库所与变迁,表示系统资源流动和变迁的方向。本书中用于连接监管人员、设备与事件,表示事件开展的顺序和监管信息的流动方向。

(2) 模型元素链界定

Shannon 通信模型描述了信息传输的一般过程,包含信源、信道、信宿三大元素。但其仅表示了信息的单向传播过程,需增添监管工作所必需的反馈环节。同时,借鉴吴超[92]关于真信源及信源载体的论述,在上述基础上,构建如下"真信源—信源载体—信道—信宿—信馈"的元素链:

① 监管真信源(Real Information Source,S_{RI}):所有监管信息的来源。如污染主体、事物、活动、治理效果等。可分为实物型信息源(如施工工地现场)、口头型信息源(如建设项目相关人员)、文献型信息源(如施工单位报送的扬尘污染治理专项方案)与电子型信息源(如网络新闻)。

② 监管信源载体(Carrier of Information Source,C_{IS}):由监管真信源转化而成的有意义、可被感知及理解的信息。如噪声值、扬尘 PM_{10} 等。

③ 监管信道(Channel,C):监管信息传递的通道。如空气、光纤等。

④ 监管信宿(Information Home,H_I):接收信息的监管人员或机器。

⑤ 监管信馈(Feedback,F):向信源反馈信息的监管人员或机器。

(3) 模型事件链界定

Petri 网中的变迁代表使系统资源状态发生变化的事件,这里指相关监管人员及设备对监管信息进行加工、传输等引起信息变化的事件。在上述基础上,构建如下信息"产生、筛选、采集、加工、传输、存储、表达、应用和反馈"的事件链:

① 信息产生:事物在运动中发出信号的过程;

② 信息筛选:根据监管工作所需信息对来自真信源的信息进行筛选的过程;

③ 信息采集:通过在特定时间、特定地点观察监管工作相关的人、物、事件,提取监管工作所需信息的过程;

④ 信息加工:进一步对接收到的信息进行分析处理的过程;

⑤ 信息传输:信息在不同人员与事物构成的媒介之间传递的过程;

⑥ 信息存储:将接收到的或加工过的信息按照一定形式存储在特定载体中的过程;

⑦ 信息表达:通过文字、语言、图像、声音等形式展示信息的过程;

⑧ 信息应用：将信息融入管理活动，为预测、决策提供依据的过程；

⑨ 信息反馈：信馈对接收到的信息采取行动给予反馈的过程。

4.2.3.3 传统及平台治理下监管信息传输模型构建及对比

1. 传统治理下监管信息传输模型构建

基于建设项目环境污染传统治理流程，构建传统治理模式下监管信息传输模型（图 4-5），传统治理模式下监管信息传输元素和事件说明如表 4-1 所示。

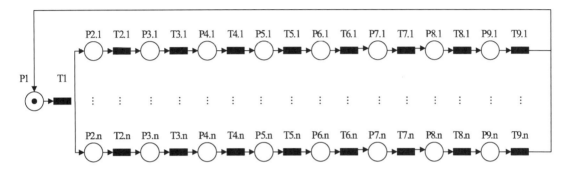

图 4-5　传统治理模式下监管信息传输模型

表 4-1　传统治理模式下监管信息传输元素和事件表

库所	元素	具体说明	变迁	事件	具体说明
P1	真信源	建设项目环境污染主体及事物活动	T1	产生过程	产生污染信息
P2.1—P2.n	信源载体	经各监管部门自行筛选的需纳入监管的建设项目环境污染主体及事物活动	T2.1—T2.n	筛选过程	筛选监管信息
P3.1—P3.n	信道	监管人员肉眼/执法记录仪	T3.1—T3.n	采集过程	采集监管信息
P4.1—P4.n	信宿	各监管部门监管人员	T4.1—T4.n	加工过程	加工监管信息
P5.1—P5.n	信宿	执法记录仪和纸质档案	T5.1—T5.n	存储过程	存储监管信息
P6.1—P6.n	信道	各监管部门监管人员携带的执法记录仪和纸质档案	T6.1—T6.n	传输过程	传输监管信息
P7.1—P7.n	信宿	由监管人员整理、分析并撰写的报告	T7.1—T7.n	表达过程	表达监管信息
P8.1—P8.n	信宿	各监管部门监管人员	T8.1—T8.n	应用过程	应用治理信息
P9.1—P9.n	信馈	各监管部门监管人员	T9.1—T9.n	反馈过程	检查到违规行为，通知施工单位整改

2. 平台治理下监管信息传输模型构建

基于建设项目环境污染平台治理流程,构建平台治理模式下监管信息传输模型(图 4-6),平台治理模式下监管信息传输元素和事件说明如表 4-2 所示。

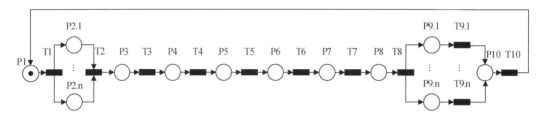

图 4-6　平台治理模式下监管信息传输模型

表 4-2　平台治理模式下监管信息传输元素和事件表

库所	元素	具体说明	变迁	事件	具体说明
P1	真信源	建设项目环境污染主体及事物活动	T1	产生过程	产生污染信息
P2.1—P2.n	信源载体	经各监管部门共同筛选需纳入监管的建设项目环境污染主体及事物活动	T2	筛选过程	筛选监管信息
P3	信道	现场检测设备	T3	采集过程	采集监管信息
P4	信道	有线及无线设备	T4	传输过程	传输监管信息
P5	信宿	数据加工服务器	T5	加工过程	加工监管信息
P5	信道	有线设备	T5	传输过程	传输监管信息
P6	信宿	数据库服务器	T6	存储过程	存储监管信息
P7	信道	有线设备	T7	传输过程	传输监管信息
P8	信宿	应用服务器和 Web 服务器和终端显示设备	T8	表达过程	表达监管信息
P9.1—P9.n	信宿	各监管部门	T9.1—T9.n	应用过程	应用治理信息
P10	信馈	平台服务器	T10	反馈过程	监测到违规行为,通知相关单位整改

3. 传统及平台治理下监管信息传输过程对比

传统及平台治理模式下监管信息传输元素及事件内涵对比如表 4-3 所示。

由传统及平台治理模式下监管信息传输元素及事件内涵对比可知,传统及平台治理模式下除真信源外的"信源载体、信道、信宿、信馈"四个元素和信息"产生、筛选、采集、加工、传输、存储、表达、应用、反馈"九个事件皆存在较大差异。

表 4-3 传统及平台治理模式下监管信息传输元素及事件内涵对比

元素/事件	传统治理模式	平台治理模式
监管信息	监管体系内参与要素、污染事物、污染活动、治理效果的基本信息和状态	
监管真信源	监管体系内所有监管信息的来源,包括污染主体、事物、活动、治理效果等	
监管信源载体	真信源中经筛选的被认为有意义、可被人感知及理解的信息	真信源中经筛选的被认为有意义、可被机器感知及理解的信息
监管信道和信宿	肉眼、执法记录仪、检测仪、纸张; 自行接收、分析、处理和应用信息的企业方、政府方等	监测设备、有线通道、无线通道; 通过平台接收、分析、处理和应用信息的企业方、政府方、平台等
监管信馈	向相关单位反馈信息的监管人员	向相关单位反馈信息的平台
信息筛选	监管人员筛选出监管人员所需日常巡检或抽查的监管信息的过程	监管人员筛选出平台所需监测和传输的监管信息的过程
信息采集	由监管人员通过巡检或抽查获取信息的过程	由监管人员主动上传或通过平台获取信息的过程
信息传输	信息在以人员为主的要素间传递的过程	信息在以设备为主的要素间传递的过程
信息加工	监管人员分析处理信息的过程	平台分析处理信息的过程
信息存储	监管人员将信息以纸质形式存储到本地的过程	平台将信息以电子化形式存储到本地或云端数据库的过程
信息表达	监管人员对信息记录材料进行整理、统计,并输出分析报告的过程	平台将信息从数据库中提取出来进行可视化处理,并展现在平台终端的过程
信息应用	监管人员查看、分析并运用经人力加工的信息的过程	监管人员查看、分析并运用经平台加工的信息的过程
信息反馈	企业方、政府方针对自行获取的信息做出的决策、执行等事件	企业方、平台、政府方针对平台供给的信息做出的决策、执行等事件

在 2.3 节平台研究中,众多学者都强调了平台整合资源、协调和促进资源开发利用的显著优势。其中,技术、组织、信息三者在其中扮演了不可或缺的角色。

因此,基于上述研究,针对平台治理作用路径提出初步假设:互联网平台基于多元技术的利用实现组织集成和资源整合,改变了信息传输过程,从而推动了信息资源的开发和利用,在提高信息质量的同时提升了监管绩效。后续研究将在此基础上,进一步识别平台作用路径中的关键因素,梳理各因素间的影响关系和不同治理模式下信息质量的变化,挖掘平台治理提升监管绩效的作用路径。

4.3 建设工程公共服务治理平台的价格结构

4.3.1 产品平台模式分析

有学者指出,技术无法让平台差异化,平台未来的竞争是产品平台的竞争。平台企业要想成功,必须将技术产品与产品平台分离,着重在后者上发力[67]。

产品平台连接治理相关方以共创价值,并促使平台不断进行自我完善[175]。根据建设工程公共服务治理平台的定义,此处的治理平台既是生产服务的产品平台又是具有经济学特性的交易空间。运行机制、适用范围和实现流程是产品平台内涵的有机组成部分,本节将主要从这三个角度解析建设工程公共服务治理产品平台。

4.3.1.1 参与主体及需求互补性

要分析和设计建设工程公共服务治理产品平台,首要步骤是要厘清使用治理平台的成员群体。由前文论述可知,建设工程公共服务治理参与者有三方:公共部门、相关建设单位和建设工程公共服务接受主体。治理产品平台的三类参与者不能独自进行价值创造,且各方之间的需求存在互补性,详情如下:

(1) 公共部门向市场力量购买公共服务,需要相关建设单位完成公共服务治理日常性工作。而公共部门的工作宗旨就是为人民服务,为民谋福祉、提高人民幸福感是其追求的目标。

(2) 相关建设单位提供公共服务,于公是履行义务、承担社会责任,于私是看重公共部门所提供的政策支持和财政补贴。同时,该主体希望通过规范建设行为,减少投诉率,在公共服务治理体系中获得更高级别的评定。

(3) 公共服务接受主体需要公共部门通过再造流程、牵头搭建平台等方式,提高治理效力;需要相关建设单位主动承担社会责任,提高公共价值。

由平台提供空间,支撑起一个公共服务治理系统,不再是一方提供商品,一方购买的简单模式,价值链也不再是单向流动。以平台为中心的治理系统,使得各方之间有了交互和依赖,成员之间需求互补。平台三类成员之间的需求互补关系如图4-7所示。

4.3.1.2 网络外部性

在经济学中,外部性是指因为某主体的活动而为其余参与者的活动带来的与活动目的非直接相关的影响[70]。平台将双边市场的用户连接在一起,组成网络。平台一边成员的效用受到另一边用户规模的影响。平台的外部性是经济概念中外部性的延伸,指一方成员的参与会影响到其他成员的利益[70]。

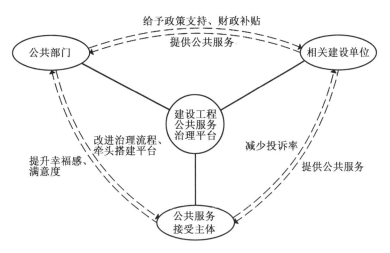

图 4-7 治理产品平台需求互补性

由理论基础可知,平台的网络外部性分为直接网络外部性和间接网络外部性。从现阶段来看,建设工程公共服务治理产品平台具有明显的网络外部性特征。治理产品平台模式是否存在网络外部性,以及网络外部性作为运行机制如何影响平台运营,将在下文予以说明。值得一提的是,建设工程平台上存在三类参与方,但由于公共服务接受主体对于治理仅有监督作用,对平台的建立、对平台的其余两边的外部性影响较小,故此处治理产品平台模式运行机制中的网络外部性仅考虑公共部门与相关建设单位两方。

1. 间接网络外部性

平台中的间接网络外部性是指平台一边的成员增加时,另一边成员获得的效用增量[98]。首先,从这个定义出发分析建设工程公共服务治理产品平台。当治理产品平台内只有一个建设单位接入时,因为主动提供公共服务的承接主体太少,难以形成监管规模,所以平台另一边的生态环境局等公共部门可能不会选择使用平台,则这个阶段的用户效用基本为零。但是如果接入治理产品平台的建设单位数量较多,部分公共部门会逐渐加入平台,建设工程公共服务治理产品平台也逐渐体现出网络规模价值。

Rochet 和 Tirole[83]将平台的间接网络外部性分为成员外部性和交易外部性。建设工程公共服务治理产品平台的成员外部性指平台一边成员的数量,影响治理产品平台对另一边用户的价值。建设工程公共服务治理产品平台的交易外部性指多组成员在治理产品平台进行互动,进而产生的价值。根据间接网络外部性的定义,成员外部性在交易外部性之前产生,它们之间的关系如图 4-8 所示。

在前期阶段,从平台的成员外部性的角度来看,首先,在政府的牵头带领和资金支持下,建设工程公共服务治理产品平台建设成立,为平台的双边用户提供信息分析服务、报警预警功能等服务,此时组织治理流程再造的部分公共部门入驻。接着,试点建设单位

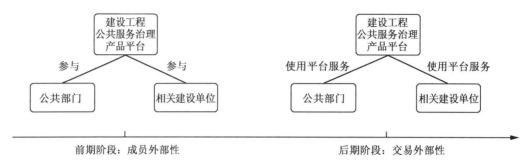

图 4-8 治理产品平台间接网络外部性

及部分建设单位接入平台,该部分成员的特点是,本就严格按照规范施工,积极承担社会责任。接入平台后,可以省去应付公共部门检查的精力,由现场设备自行获取数据。相关建设单位的涌入,并与已经接入的公共部门在平台空间内协同治理,间接提升了平台的价值。于是,更多的与建设工程公共服务治理相关的公共部门看到了平台的价值,也纷纷接入了平台。平台的成员网络外部性及其相互作用如图4-9所示。

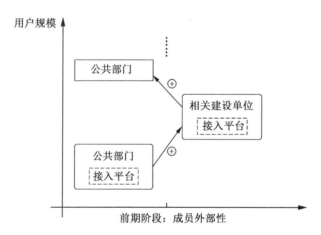

图 4-9 治理产品平台成员网络外部性及其相互作用

2. 直接网络外部性

直接网络外部性是指平台同边的用户之间的影响,当某一边成员的规模增加时,会影响同一边群体内其他使用者得到的效用[70]。建设工程公共服务治理产品平台的直接网络外部性表现为成员将双边平台作为一种治理工具。对于相关建设单位,同种类型成员使用治理产品平台工具的数量和频率增加时,其余成员会因为竞争加剧致使平台的吸引力变小,还是会跟随"潮流"一起加入呢? 现阶段掌握的信息与直接网络外部性的正负值之间的关系较弱,难以得出结论。同理,公共部门的直接网络外部性也难以判断。此处从经济学角度,构建治理产品平台理论模型,重点分析建设工程公共服务治理产品平台是否存在直接网络外部性、平台用户之间直接网络外部性的强弱关系以及直接网络外部性的内在机理。

(1) 模型基本参数假设

在广泛使用建设工程公共服务治理产品平台前,在一定区域内一般只会有一个作为"先行者"的治理产品平台建设方。因此假定市场上存在一个建设工程公共服务治理产品平台 A,该平台向参与方提供报警预警功能、执法线索留存等服务。

① 建设工程公共服务治理产品平台用户

假设存在两类用户公共部门 G 与相关建设单位 B。假定 G 方与 B 方参与者的总数量规模被标准化为 1,接入平台的两边用户的规模为 $n_i(i=G,B)$,$n_i \in [0,1](i=G,B)$。

治理产品平台企业 A 向 G、B 两方提供的服务效用用 $v_i(i=G,B)$ 来表示。因为治理产品平台向两边用户提供的服务内容相似,所以此处假设 $v_G=v_B=v$。同时假定 v 足够大,治理产品平台双边的成员存在接入平台的意愿。

② 治理产品平台的价格参数

平台企业一般有三种不同的收费形式:注册费、交易费和两步走收费[197]。注册费形式:成员在接入平台时,平台收取的固定费用。交易费形式:不收取注册费,平台根据用户完成交易的数量,向用户收取的按照一定比例的费用。两步走收费形式:平台既收取注册费,又收取交易费。

Roson 指出,当平台无法对各边成员的交易行为进行收费时,可不考虑成员之间的交易行为是否达成,直接收取固定的会员费用[63]。因为治理产品平台提供的服务是个持续性的活动,所以难以按交易次数来量化。同时,公共部门出资成立治理产品平台,财政资金支持从某种角度上也可当作一次性投资的注册费。所以,治理产品平台按注册费形式收费。假设治理产品平台向公共部门收取注册费 p_G,向相关建设单位收取注册费 p_B。

③ 治理产品平台的网络外部性

据上文分析可知,建设工程公共服务治理产品平台的成员之间存在间接网络外部性。平台一边接入的成员越多,越能吸引其他边的用户参与到平台中。假设治理平台两边的间接网络外部性为 $\lambda_i(i=G,B)$,λ_i 在 [0,1] 之间均匀分布。间接网络外部性越强,表示其他边成员数量的增加,提升治理产品平台对于本边的价值。假设治理产品平台双边成员的直接网络外部性为 $e_i(i=G,B)$,e_i 在 [0,1] 之间均匀分布。直接网络外部性的值越大,表示同边成员接入平台的数量越大,治理平台对于本边成员的价值越高。

平台的网络外部性效用与网络外部性强度和用户基数两个参数相关[175]。建设工程公共服务治理产品平台的网络外部性效用,意为治理产品平台双边用户的聚集为治理产品平台用户带来的满足感,与参与治理产品平台的成员数量及其网络外部性强度有关。故本书用 $(\lambda_G n_B + e_G n_G)$ 与 $(\lambda_B n_G + e_B n_B)$ 分别表示公共部门网络效应和相关建设单位的网络效应。

④ 其余参数

经济学中,边际成本指每增加生产或出售一件物品所需要增加的总成本[198]。《零边际成本社会》一书中指出,如果生产某产品和服务的能源和信息边际成本基本为零,那么产品和服务的总成本会均匀摊销在充分利用资源的过程中,且随着制造、提供产品和服务的数量递增,生产的边际成本趋向于零[199]。根据定义,建设工程公共服务治理产品平台的边际成本指平台每增加一种服务,平台所需增加的总成本。治理产品平台的边际成本为零,理由为:其一,平台各参与方在治理产品平台上使用的服务,功能相似、要求基本一致,所以平台新建、复制服务的成本基本为零;其二,根据互联网、物联网、信息化技术建立的开放式治理产品平台,具有资源互通、信息边际成本极低的特点,所以治理产品平台的边际成本也趋向于零。记为,治理产品平台向用户提供服务的边际成本 $f=0$。

(2) 模型构建与分析

u_G 和 u_B 分别表示公共部门和相关建设单位从治理产品平台得到的效用,即各成员加入公共服务治理产品平台而获得的价值。

综上,接入双边平台 A 的用户效用函数为:

$$u_G = v + \lambda_G n_B + e_G n_G - p_G \tag{4.1}$$

$$u_B = v + \lambda_B n_G + e_B n_B - p_B \tag{4.2}$$

由表达式(4.1)和(4.2)可知,满足 $u_G \geqslant 0$ 和 $u_B \geqslant 0$ 时,公共部门和相关建设单位将进入治理产品平台进行互动。此时接入治理产品平台的用户规模满足:

$$v + \lambda_G n_B + e_G n_G - p_G = 0 \tag{4.3}$$

$$v + \lambda_B n_G + e_B n_B - p_B = 0 \tag{4.4}$$

解得治理产品平台两边主体用户的规模满足:

$$n_G = \frac{e_B p_G + v\lambda_G - v e_B - \lambda_G p_B}{e_G e_B - \lambda_G \lambda_B} \tag{4.5}$$

$$n_B = \frac{e_G p_B + v\lambda_B - v e_G - \lambda_B p_G}{e_G e_B - \lambda_G \lambda_B} \tag{4.6}$$

治理产品平台建设及运营单位是借助市场力量构建的专业组织,通过向公共部门与

相关建设单位收取费用来获取利润 π:

$$\pi = p_G n_G + p_B n_B \tag{4.7}$$

治理产品平台的建设、运营主体为了寻求利润最大化,则

$$\max_{p_G, p_B} \pi = p_G n_G + p_B n_B \tag{4.8}$$

将式(4.5)和(4.6)代入式(4.8),并对 G 边与 B 边的最优收费水平进行一阶求导,得到治理产品平台对公共部门和相关建设单位的最优收费水平 p_G^*、p_B^*:

$$p_G^* = \frac{2v e_G e_B - v e_G \lambda_G + v e_G \lambda_B - v \lambda_G \lambda_B - v \lambda_B^2}{4 e_G e_B - (\lambda_G + \lambda_B)^2} \tag{4.9}$$

$$p_B^* = \frac{2v e_G e_B - v e_B \lambda_B + v e_B \lambda_G - v \lambda_G \lambda_B - v \lambda_G^2}{4 e_G e_B - (\lambda_G + \lambda_B)^2} \tag{4.10}$$

将式(4.9)和(4.10)代入式(4.5)与(4.6),得到最优收费水平下(均衡时)治理产品平台双边用户规模为:

$$n_G^* = \frac{(\lambda_G + \lambda_B - 2e_B)v}{4 e_G e_B - (\lambda_G + \lambda_B)^2} \tag{4.11}$$

$$n_B^* = \frac{(\lambda_G + \lambda_B - 2e_G)v}{4 e_G e_B - (\lambda_G + \lambda_B)^2} \tag{4.12}$$

又因为 n_G、n_B 表示治理产品平台各边市场份额,所以

$$0 \leqslant n_G \leqslant 1 \tag{4.13}$$

$$0 \leqslant n_B \leqslant 1 \tag{4.14}$$

结合上述分析,治理产品平台的间接网络外部性和直接网络外部性应当满足以下几种情况:

① 若 $4 e_G e_B - (\lambda_G + \lambda_B)^2 > 0$,则 $\lambda_G + \lambda_B \geqslant 2e_G$ 且 $\lambda_G + \lambda_B \geqslant 2e_B$;

② 若 $4 e_G e_B - (\lambda_G + \lambda_B)^2 < 0$,则 $\lambda_G + \lambda_B \leqslant 2e_G$ 且 $\lambda_G + \lambda_B \leqslant 2e_B$。

由前文对间接网络外部性的论述可知,治理产品平台的间接网络外部性的大小恒为正。然而,直接网络外部性的大小、正负等相关信息却难以推断。接下来对情况①和②展开论述,以探讨直接网络外部性的特性。

① 假设治理产品平台双边成员的直接网络外部性为正。

a. 当治理产品平台的间接网络外部性的值足够大时,那么 $\lambda_G + \lambda_B \geqslant 2e_G > 0$ 且 $\lambda_G + \lambda_B \geqslant 2e_B > 0$。此时可以推出间接网络外部性与直接网络外部性的强度满足:

$4e_G e_B - (\lambda_G + \lambda_B)^2 \leqslant 0$。结合公式(4.11)和(4.12)可推得,治理产品平台双边用户规模 $n_G^* \leqslant 0$ 和 $n_B^* \leqslant 0$。

b. 当治理产品平台的间接网络外部性的值为正,但数值不够大时,那么 $0 < \lambda_G + \lambda_B \leqslant 2e_G$ 且 $0 < \lambda_G + \lambda_B \leqslant 2e_B$。此时可以推出间接网络外部性与直接网络外部性的强度满足:$4e_G e_B - (\lambda_G + \lambda_B)^2 \geqslant 0$。此时结合式(4.11)和(4.12),可以推出治理产品平台的双边用户规模 $n_G^* \leqslant 0$ 和 $n_B^* \leqslant 0$。

综上所述,治理产品平台双边成员的直接网络外部性不可能全为正。

② 假设治理产品平台双边成员的直接网络外部性一正一负。

由于公共部门之间的职能分工较为明确,一般情况下不可能出现因竞争、利益冲突等导致直接网络外部性为负的情形。也就是说,相关建设单位的直接网络外部性为负,公共部门的直接网络外部性为正。基于此可以得知,$4e_G e_B - (\lambda_G + \lambda_B)^2 < 0$ 且 $\lambda_G + \lambda_B \leqslant 2e_G$ 和 $\lambda_G + \lambda_B \leqslant 2e_B$。治理产品平台的间接网络外部性为正,根据分析 $e_B < 0$,这与 $\lambda_G + \lambda_B \leqslant 2e_B$ 矛盾。

故治理产品平台双边成员的直接网络外部性一正一负的假设也不成立。

综上可推出建设工程公共服务治理产品平台的直接网络外部性均为负。

结论 在建设工程公共服务治理产品平台中,如果平台各边成员存在直接网络外部性,那么无论是公共部门还是相关建设单位,直接网络外部性均为负值。

将式(4.9)~(4.12)代入式(4.7),得到治理产品平台的最优利润 π 等于

$$\pi = \frac{(\lambda_G + \lambda_B - e_G - e_B)v^2}{4e_G e_B - (\lambda_G + \lambda_B)^2} \tag{4.15}$$

由于治理产品平台成员的直接网络外部性小于 $0(e<0)$ 且网络外部性满足 $4e_G e_B - (\lambda_G + \lambda_B)^2 > 0$,代入(4.15),得 $\pi > 0$ 且 $\frac{\partial \pi}{\partial \lambda} > 0$、$\frac{\partial \pi}{\partial e} < 0$,即说明治理产品平台的利润可以始终为正,且平台的利润会随着间接网络外部性的增强而增加,随着直接网络外部性的增强而减少。

4.3.1.3 价格结构非中性

1. 理解价格结构非中性的概念

非中性的定价策略是吸引某一方加入平台的手段,大多数平台将此作为筹码吸引其余成员加入[200]。从平台的角度来看,平台各边的成员群体通常被看作不同的市场。这在定价方面给予了双边企业一定的操作空间。一般企业会选择对某一边成员收取较低的费用以推动其用户规模的增加,进而吸引其余边成员支付更多的费用。此处将由平台提供补贴,被激起入驻兴趣的成员群体称为"被补贴方"[76],将能为平台提供持续性收入、

支持平台运行的群体称为"付费方"[76]。所以,企业需要做出战略性选择,选择哪一方为"被补贴方"以更好地发挥网络外部性的作用,促进平台的获利和成长。

艾斯曼等人在"双边市场的策略"中指出价格弹性反应、间接网络外部性、某边成员规模增加时的边际成本等,是平台在制定定价策略时应当考虑的原则[65,76,82]。此处宏观上考虑建设工程公共服务治理产品平台的定义及建设初衷,微观上结合经济学定价策略应考虑的原则,决定将公共部门和违规建设单位作为"付费方",将相关建设单位作为"被补贴方"。需要说明的是,治理产品平台不会对社会公众进行收费,所以仅考虑公共部门和相关建设单位在价格结构中的定位。

(1) 建设工程公共服务治理产品平台的建设初衷

建设工程公共服务治理产品平台是政务流程再造的产物,其建设初衷是利用数字化手段提高治理效率、借助互联网平台实现协同治理,是一个能提升公共价值的治理工具。为了保证治理流程的顺利重组,公共部门为相关建设单位、平台的建设和运营方提供了政策支持和财政补贴。建设工程公共服务治理产品平台吸引各成员加入、提供空间协同治理的服务,实际上是公共服务再造流程的落地过程。所以,从宏观上看,公共部门是"付费方",相关建设单位和平台的建设、运营方都是"被补贴方"。

建设工程公共服务治理产品平台是公共部门政务流程再造政策落地的渠道。公共部门提供给相关建设单位的政策含有激励和约束两方面的措施。其中,相关建设单位未按规定整改违规情况或违规情节较为严重时,会受到罚款等行政处罚。该部分罚金也可转化为治理产品平台的建设和管理资金。所以从某种意义上讲,违规建设单位也是"付费方"。

(2) 价格弹性反应

在经济学中,价格弹性是指一项产品或服务的价格改变时,对有意购买的消费者数量的乘数影响[76]。简而言之就是各边成员需求对价格的敏感度。高价格弹性反应指的是消费者对于价格的改变较为敏感,当产品或服务价格提高时,消费者数量明显减少。同时,当平台的价格降低时,这类成员也会大量涌入。低价格弹性反应的群体对价格变动的反应不大,所以向这类成员收费时,不会造成人员的大量流失。艾斯曼等人指出应当将高价格反应人群当作平台的"被补贴方",将对价格变动不敏感的另一类成员当作"付费方"。

在建设工程公共服务治理模式中,公共部门对价格的敏感程度相对较低,适合当作"付费方"。只要能使政府部门实现公共服务治理职能,适当地提高一些价格是可以接受的。而如果治理产品平台对相关建设单位收取的费用较低甚至免费,进入治理产品平台主体的数量就会成倍增加。所以,相关建设单位应被当作"被补贴方",对其收取较少的平台费用。

(3) 间接网络外部性

如果市场某边成员的规模，能够为市场另一方成员带来重要的外部性，那么通过低价吸引这一边成员的参与，对于平台来说是有利可图的[70]。根据间接网络外部性的定义，在建设工程公共服务治理产品平台中，间接网络外部性较强的一方，随着其他边成员规模的增加，本边获得的价值增量更大，即该边成员能在治理产品平台上凭借间接网络外部性获得更大的收益。因此，适合对治理产品平台上间接网络外部性较强的一方收取较高的费用。

对于建设工程公共服务治理产品平台而言，接入平台的相关建设单位越多，治理产品平台对公共部门的价值就越大。反之，在不施加任何外界因素影响下（如政策因素），接入平台的公共部门越多，治理产品平台对相关建设单位的价值也略有上升，但上升幅度远低于前者。也就是说，相关建设单位对平台引起的间接网络外部性要强于公共部门对于承接主体的间接网络外部性。因此，应当将公共部门作为"付费方"，将相关建设单位作为"被补贴方"。

(4) 某边成员规模增加时的边际成本

艾斯曼提出，如果某边的规模快速增加，使得平台用于服务该边用户产生的边际成本剧增，那么这类群体就应当被看作"付费方"[76]。否则就会违背平台爆炸式增长而获取盈利的原则[200]。

根据前文对边际成本的定义，此处治理产品平台一边成员规模增加时的边际成本的含义为：在建设工程公共服务治理产品平台上，某边每增加一位成员，平台为该新增用户所付出的总成本。对于公共部门，各个主体之间的职能不同，分管的公共服务内容不同，所以每一个新的部门在接入时，治理产品平台需要花费一定的时间和资金，根据需求为其量身打造新的功能。比如，现有水务局看到治理产品平台的价值想要接入，希望平台提供排污功能模块，用于监测建设单位在施工现场的建筑用水、排放污水等情况。治理产品平台需要根据其需求，构建水务局所需功能模块、平台展示区域，建设水务数据库，联系设备供应单位等。所以，公共部门规模增加的边际成本相对较高，应被当作"付费方"。

对于相关建设单位而言，他们在使用治理产品平台时根据实际建设需求，在产品平台提供的模块中选择适合自己服务。换句话说，不同单位使用的服务只是不同功能模块的组合，治理产品平台的总功能库没有变，并没有为每一个新增的建设单位花费成本去设计新的功能。所以，相关建设单位规模增加时的边际成本近似为零，远低于公共部门规模增加时的边际成本，应被当作"被补贴方"。

综合以上四点，建设工程公共服务治理产品平台的定价结构应适当向公共部门承接主体倾斜,其非中性价格结构的补贴路径如图4-10所示。

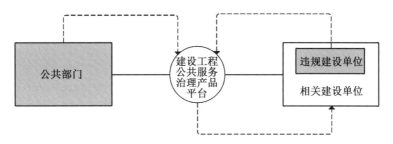

图4-10 治理产品平台非中性价格结构的补贴路径

治理产品平台为了获得更多的关注和利润,需要吸引各边用户加入平台中。定价方式是影响各边用户是否加入平台的重要因素。建设工程公共服务治理产品平台应采用差别化的定价结构,即向相关建设单位收取较少费用,向公共部门及违规建设单位收取较高的费用。

2. 制定治理产品平台盈利模式

平台运营方在建设工程公共服务治理模式中属于促进参与方协同治理的第三方主体。从公共管理角度来看,建设、运营治理产品平台的目的是提高治理效率,提升公共价值。从经济学角度来看,治理产品平台是理性的市场主体,依靠政策红利和财政补贴发展壮大。实现盈利是每个企业运转的目的,如何盈利也是任何企业都需思考、解决的问题。

多数成功的平台商业模式,通过在"需求引力"之间设置"获利关卡",获得有效盈利。"需求引力"指平台的需求互补性,"获利关卡"指平台设置的付费环节。平台的需求互补性带来的网络外部性,是平台模式存在和发展的根基。在网络效应达到高峰时设置获利关卡,以获得有效盈利[200]。

建设工程公共服务治理产品平台涉及相关方众多,所处市场环境复杂。但这同时也代表着治理产品平台能够多渠道收费,有多种盈利的可能。治理产品平台除了利用非中性的定价结构获取补贴外,还可以在以下这些环节设置获利关卡(图4-11):

(1)公共部门:新成员接入平台,需要契合自身行政管理需求的治理服务。平台可收取治理服务定制费。

(2)违规建设单位:可与公共部门协商,将治理产品平台作为行政罚款的官方缴纳渠道,抽取一定比例的行政处罚费用,用于支持平台的建设及运营。

(3)需要购买数字化设备的相关建设单位:治理产品平台可与正规设备供应商展开合作,建设单位通过平台渠道购买推荐设备获得优惠,治理产品平台从中获取一定比例的佣金。此处仅从平台角度考虑如何盈利,不将设备供应方当作平台参与者,也不具体考虑设备供应方应支付的注册费、广告费等问题。

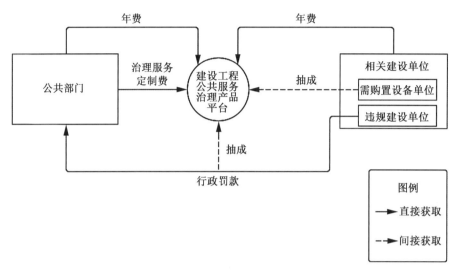

图 4-11 治理产品平台盈利模式

4.3.2 产品平台价格结构研究

4.3.2.1 平台化成本分摊及政策效应辨析

随着互联网平台的应用和建筑信息化的提出,平台化成为建筑业转型的方向,涉及建设项目质量成本进度管控、环境污染监管等。随着数字化工具和平台经济的发展,建设项目环境污染监管逐渐由线下人力监管转为线上的平台监管,走上监管平台化转型历程。平台化即互联网平台企业主导的、基于价值共创的数字基础设施的搭建过程[201]。在此基础上,界定建设项目环境污染第三方监管平台化的定义为:由市场驱动的第三方平台企业主导,基于各利益主体价值共创,为实现环境监管数据化、智能化和移动化,安装施工现场传感监控设备、平台统计分析软硬件、参与方平台接入通信等基础设施的过程。

建设项目环境污染第三方监管平台化主要由现实需求和政策扶持驱动。

(1) 现实需求层面。建设项目环境污染传统的监管方式为政府和市场维度的线下监管,该监管方式在实际运用中出现了失灵的情况。一方面,政府执法人员定期巡查的方式增强了企业的投机性,导致企业只有在巡查时才落实相关环保措施,应付执法人员的巡查。为了解企业的实际情况,政府展开了建设项目的不定期抽查。检查时间的不可预知性和随机性避免了企业提前准备的情况,提升了监管效率和效果。另一方面,由于企业的逐利性和环境监管治理的高成本支出,市场在建设项目环境污染监管中会采取搭便车的行为,无法实现有效的源头监管。在政府监管和市场监管双双失灵的情况下,亟须探寻其他的有效监管方式。考虑政企的信息不对称、环境的公共物品属性,现实需求催生了一种能有效克服信息不对称,实现实时监管施工现场环境、施工数据开放共享的监管方式——平台监管,推动着建设项目环境污染第三方监管平台化发展。

(2) 政策扶持层面。政府助力是建设项目环境污染第三方监管平台化顺利推行的重要驱动因素。首先,政府对平台监管持积极支持的态度,致力于利用数字工具实现监管线上化,创新政府环境监管模式。其次,在平台建设运营过程中,给予优惠政策,推动平台健康发展。最后,政府支持是推行建设项目环境污染第三方监管平台化的必要条件,若缺少坚实的制度保障,平台化举步维艰。如欧盟认为平台化会威胁产业创新和消费者权益,对平台进行严苛的监管,导致欧洲近年来都没有优势的平台兴起[202]。

在平台化过程中,会产生一系列的成本支出,但现有文献尚没有对平台化成本进行统一定义。本书结合平台化的概念,并参照肖迪等[203]、彭鸿广等[204]对供应链成本的定义界定平台化成本为:互联网平台企业在建设数字基础设施过程中产生的初始成本、不确定的运营成本、设施不被认可的风险成本。基于此,建设项目环境污染第三方监管平台的平台化成本包含:①平台建设成本,即从平台设想提出、需求分析、功能模块设计到性能测试优化等全过程的搭建成本。②平台运营成本。平台投入市场后,网站、设备的维护运营成本和通信沟通成本。③平台接入风险成本。此部分成本从平台的主要监管对象建设项目来考虑。项目接入平台不仅要支付传感监控设备的购置成本和通信对接成本,还要承担违规被发现的惩罚成本,这些成本虽然不是与平台开发直接相关的,但却是平台推广过程中必须面对的风险。建设项目环境污染第三方监管平台的平台化成本组成中,平台建设和运营成本是基础,接入风险成本是核心且攸关平台生存与发展。

由于平台化成本的存在,第三方平台企业建设运营平台面临很大的阻力。由于建设项目环境污染的负外部性和公共物品特征,第三方平台企业可寻求政府的帮助。建设项目环境污染第三方监管平台投入运营后,实时监管施工现场环境指标,可以节省政府的执法监管支出,提高政府监管效率;同时处于监管之下的建设项目环境管控力度更大、环保措施加强,提高了环境质量和社会生态福利。从政府自身和社会的效益来看,政府支持建设项目环境污染第三方监管平台的发展是有利可图的。政府可以通过给予第三方平台企业政策支持,分摊平台化成本,进而促进平台的健康发展。在此过程中,涉及的平台化成本承担和分摊需要政府和第三方平台企业各自做出决策,以实现双方、平台的共建共享共赢。考虑到政府和第三方平台企业在建设项目环境污染第三方监管平台化的过程均以利益最大化为目标,且各方的策略都依赖于对方的选择,本节从博弈的角度分析该过程中政府和第三方平台企业平台化成本的分摊,并探寻政府施行的最优政策。

1. 财政补贴下的政企博弈

(1) 模型假设

① 假设1:政府和第三方平台企业都是理性的。两方都以利益最大化为目标,其中政府追求社会福利最大化,企业追求自身利润最大化。

② 假设2:政府和第三方平台企业进行完全信息静态博弈。在实践中,政府和第三方平台企业所掌握的信息并不对称,即双方都无法真实地了解对方的决策信息。但在建设项目环境污染第三方监管平台成本分摊的博弈中,考虑到平台的优势及其能为双方带来的预期收益,双方对平台化的积极性和信息共享意愿高,将双方的博弈置于完全信息中。一方面,对政府而言,建设项目环境污染第三方监管平台化可以有效缓解政府与被监管项目的信息不对称,同时提升政府工作效率和公众环境福利。在平台建设中,政府的主动性很高,政府在与第三方平台企业的博弈中会全面了解企业的需求信息,做出符合社会利益最大化的决策。因此,政府的策略选择是在完全信息的知悉下完成的。另一方面,第三方平台企业基于现实市场状况、平台经济发展、自身利益产生平台化的想法,但受阻于平台化成本。同时考虑到企业的决策以政府发布的规定通告为基础,第三方平台企业会在政府出台相关政策后制定出满足自身利益的决策,故企业选择策略时的信息也是完全的。此外,政府和第三方平台企业的策略选择都是独立完成的,与策略环境中的其他人无关。

③ 假设3:行为策略。政府有"补贴"和"不补贴"两种策略;第三方平台企业有"积极合作建设"和"自行建设"两种策略。"补贴"表示第三方平台企业开发建设项目环境污染第三方监管平台时,政府为推进平台化进程和保障平台健康发展,在平台投入使用期间直接给予第三方平台企业一定的财政补贴;"不补贴"即政府不采取任何措施。"积极合作建设"表示第三方平台企业与政府合作推进建设项目环境污染第三方监管平台的建设,在平台需求和功能模块的设计等方面注重双方利益的考量,努力推进第三方监管平台化的健康发展;"自行建设"即第三方平台企业为占据相关市场,积极研判市场现实需求和发展方向,根据自身发展推进建设项目环境污染第三方监管平台化。

(2) 模型建立与分析

设政府的总收益为 X。政府采取"补贴"策略时所付出的财政补贴为 C_g,"不补贴"策略不产生任何成本。当第三方平台企业采取"积极合作建设"策略时,政府的收益为 R_{g1},此类收益包括双方合作开发中考虑的与政府效率、公众利益相关的功能模块节约的执法成本、提升的政府工作效率和公信力以及改善的环境质量。当第三方平台企业"自行建设"平台时,政府的收益为 R_{g2},此时因平台是第三方平台企业基于自身利益开发的,对与政府职能相关的功能考虑不多,但政府可以运用平台,利用平台的数据辅助决策,为政府带来执法成本的节约和效率的提高。因此数值上 $R_{g2} < R_{g1}$。由此得到不同行为策略下政府的收益函数为:

① 若第三方平台企业"积极合作建设",政府"不补贴":$X = R_{g1}$;
② 若第三方平台企业"积极合作建设",政府"补贴":$X = R_{g1} - C_g$;
③ 若第三方平台企业"自行建设",政府"不补贴":$X = R_{g2}$;
④ 若第三方平台企业"自行建设",政府"补贴":$X = R_{g2}$。

设第三方平台企业的总收益为 Y。第三方平台企业采取"积极合作建设"策略时成本为 C_{e1},采取"自行建设"策略时成本为 C_{e2},这两种成本均包含平台建设、运营、接入风险成本。相比于第三方平台企业自行建设的平台,与政府合作建设的平台考虑的功能和需求更多,涉及的利益主体也更广泛,成本也会更高,即 $C_{e1} > C_{e2}$。同时因接入风险成本的存在,C_{e1}、C_{e2} 的数值可能超过企业的收益。当政府采取"补贴"政策时,第三方平台企业的收益为 R_{e1},包含运营收益 R_e、财政补贴 C_g 以及因积极承担环境污染监管责任而获得的社会形象提升的额外收益 S_1。而当政府"不补贴"时,第三方平台企业的收益为 R_{e2},涵盖运营收益 R_e 和社会形象提升的额外收益 S_2。由此得到不同行为策略下第三方平台企业的收益函数为:

① 若政府"不补贴",第三方平台企业"积极合作建设":$Y = R_{e2} - C_{e1} = R_e + S_2 - C_{e1}$;
② 若政府"补贴",第三方平台企业"积极合作建设":$Y = R_{e1} - C_{e1} = R_e + C_g + S_1 - C_{e1}$;
③ 若政府"不补贴",第三方平台企业"自行建设":$Y = R_{e2} - C_{e2} = R_e + S_2 - C_{e2}$;
④ 若政府"补贴",第三方平台企业"自行建设":$Y = R_{e2} - C_{e2} = R_e + S_2 - C_{e2}$。

由此建立政府和第三方平台企业的得益矩阵表(表 4-4):

表 4-4 财政补贴下政府和第三方平台企业的得益矩阵表

		第三方平台企业	
		积极合作建设	自行建设
政府	补贴	$(R_{g1} - C_g, R_e + C_g + S_1 - C_{e1})$	$(R_{g2}, R_e + S_2 - C_{e2})$
	不补贴	$(R_{g1}, R_e + S_2 - C_{e1})$	$(R_{g2}, R_e + S_2 - C_{e2})$

由得益矩阵表 4-4 可知,若 $R_e + C_g + S_1 - C_{e1} < R_e + S_2 - C_{e2}$,博弈存在两个纳什均衡,分别为"不补贴,自行建设""补贴,自行建设"。"补贴,自行建设"的纳什均衡可以解释为:即使政府为建设项目环境污染第三方监管平台化提供了财政补贴,但由于第三方平台企业所得到的补贴无法覆盖合作开发增加的成本,此时企业选择自行建设,可获得更大的收益。若 $R_e + C_g + S_1 - C_{e1} > R_e + S_2 - C_{e2}$,即政府的财政补贴可以弥补成

本的增加,但此时的纳什均衡依旧为"不补贴,自行建设"。结合前两种情况的讨论,发现无论 $R_e+S_2-C_{e2}$ 和 $R_e+C_g+S_1-C_{e1}$ 的大小如何,都不存在"补贴,积极合作建设"的纳什均衡点,这与政府财政补贴的初衷相悖。

(3) 调整模型

在建设项目环境污染第三方监管平台持续健康发展的基础上,结合政府的利益成本权衡、平台化进程适应时代发展两方面对"补贴,积极合作建设"组合中政府策略进行分析。从政府的利益成本权衡来看,建设项目环境污染第三方监管平台化带来的收益包括环境质量和居民幸福指数的提升、公众身体健康水平和社会整体效率的提高等隐形收益。政府作为公众利益的代表,以维护社会安全和造福公众为己任。对政府来说,与建设项目环境污染监管平台化带来的无法估量的隐形收益相比,为推进平台化付出的有限成本对政府的影响较小。从平台化进程适应时代发展来看,建设项目环境污染第三方监管平台由数字经济发展和现实需求驱动,是符合社会进程的产物。建设项目环境污染第三方监管平台化应用大数据分析、云计算、物联网等技术,辅以传感器、视频监控等设备的现场安装,实时监管施工现场环境指标,推进了建筑业数字化改革和数据的开放、共享。相较于平台化推动行业数字化发展带来的未来预期收益,当下为平台建设的投资对政府的影响同样较小。在平台正常推进运行的基础上,政策"补贴"策略下的收益 R_{g1} 远远大于成本 C_g,博弈中的 C_g 可以忽略不计。由此得到调整后的得益矩阵表(表 4-5):

表 4-5 调整后的财政补贴下政府和第三方平台企业的得益矩阵表

		第三方平台企业	
		积极合作建设	自行建设
政府	补贴	$(R_{g1}, R_e+C_g+S_1-C_{e1})$	$(R_{g2}, R_e+S_2-C_{e2})$
	不补贴	$(R_{g1}, R_e+S_2-C_{e1})$	$(R_{g2}, R_e+S_2-C_{e2})$

由得益矩阵表 4-5 可知,若 $R_e+C_g+S_1-C_{e1}<R_e+S_2-C_{e2}$,博弈的纳什均衡为"不补贴,自行建设"。若 $R_e+C_g+S_1-C_{e1}>R_e+S_2-C_{e2}$,则纳什均衡为"补贴,积极合作建设"。相较于第一个"不补贴,自行建设"的均衡,第二个"补贴,积极合作建设"中的企业收益并没有显著降低,而政府收益却显著提升了($R_{g1}>R_{g2}$)。同时,"补贴,积极合作建设"策略下的社会整体收益为 $R_{g1}+R_e+C_g+S_1-C_{e1}$,明显大于"不补贴,自行建设"策略下的社会整体收益 $R_{g2}+R_e+S_2-C_{e2}$,此时,社会整体收益明显提高。因此,建设项目环境污染第三方监管平台建设推广的政企策略更倾向于"补贴,积极合作建设"。

然而,在财政补贴政策下,政府成本是否可以忽略是个值得深究的问题。上述认为"补贴"策略下收益 R_{g1} 远远大于财政补贴 C_g 的前提是:建设项目环境污染第三方监管平台持续健康发展,即平台在建设完成投入运营后,接入用户规模稳定增加,平台获得的收益可观。这个前提意味着平台化成本均被政府财政补贴、第三方平台企业成本所覆盖。但是,因平台接入风险成本的存在,财政补贴所分摊的平台化成本较高。为了解决财政补贴过高的问题,政府可采取不消耗财政资源的奖惩政策进行弥补,在降低财政补贴支出的基础上分摊平台化成本。但"补贴+奖惩政策"的方式是否比直接给予财政补贴方式更佳,需要进一步地分析。

2. 补贴+奖惩政策下的政企博弈

(1) 模型假设

① 假设1:政府和第三方平台企业都是理性的,两方都以利益最大化为目标。

② 假设2:政府和第三方平台企业进行完全信息静态博弈。

③ 假设3:行为策略。政府有"补贴+奖惩政策"和"补贴"两种策略;第三方平台企业有"积极合作建设"和"自行建设"两种策略。

"补贴+奖惩政策"策略表示:

a. 第三方平台企业开发建设项目环境污染第三方监管平台时,政府为推进平台化进程和保障平台健康发展给予第三方平台企业一定的财政补贴;

b. 在平台吸引建设项目接入时,政府给予项目参与单位一定的奖励,同时给予未响应加入平台的建设项目相应的惩罚,以达到弥补平台化成本中的平台接入风险成本、增加建设项目的接入规模间接提高第三方平台企业收益的目的。政府的"补贴"策略、第三方平台企业"积极合作建设"和"自行建设"的策略与4.3.2.1中"财政补贴下的政企博弈"的假设3一致。

(2) 模型建立与分析

设政府的总收益为 X。因奖惩政策不占用政府资源,在此处不产生成本,故政府采取"补贴+奖惩政策"策略时所付出的成本为 C_{g1},"补贴"策略下的财政支出为 C_g。在平台化成本固定(平台的建设规模、功能相同,建设运营成本固定;平台投入运营后的用户接入规模相同,由此产生的平台接入风险成本固定)的基础上,奖惩政策的实施有效弥补了平台接入风险成本,则"补贴+奖惩政策"策略下的 $C_{g1} < C_g$。当第三方平台企业采取"积极合作建设"策略时,政府的收益为 R_{g1};当第三方平台企业"自行建设"平台时,政府的收益为 R_{g2};同样的,$R_{g1} > R_{g2}$。由此可得到不同行为策略下政府的收益函数为:

① 若第三方平台企业"积极合作建设",政府"补贴+奖惩政策":$X = R_{g1} - C_{g1}$;

② 若第三方平台企业"积极合作建设",政府"补贴":$X = R_{g1} - C_g$;

③ 若第三方平台企业"自行建设",政府"补贴+奖惩政策":$X = R_{g2}$;

④ 若第三方平台企业"自行建设",政府"补贴":$X = R_{g2}$。

设第三方平台企业的总收益为 Y。第三方平台企业采取"积极合作建设"策略时成本为 C_{e1},采取"自行建设"策略时成本为 C_{e2},$C_{e1}>C_{e2}$。当政府选择"补贴+奖惩政策"策略时,第三方平台企业合作建设的收益为 R_{e1},包含运营收益 R_e+bn、财政补贴 C_{g1} 以及因积极承担社会责任而获得社会形象提升的额外收益 S_1,其中:b 为奖惩政策施行后每位接入用户为平台带来的净收益,n 为建设项目接入规模;而当政府采取"补贴"策略时,第三方平台企业合作建设的收益为 R_{e2},涵盖运营收益 R_e、财政补贴 C_g 和社会形象提升的额外收益 S_1。在平台化成本固定的基础上,第三方平台企业从政策中所获得收益 $C_{g1}+bn=C_g$。当政府选择"补贴+奖惩政策"或"补贴"策略时,第三方平台企业"自行建设"的收益为 R_{e3},由运营收益 R_e 和社会形象提升的额外收益 S_2 组成。由此可得到不同行为策略下第三方平台企业的收益函数为:

① 若政府"补贴+奖惩政策",第三方平台企业"积极合作建设":$Y=R_{e1}-C_{e1}=R_e+bn+C_{g1}+S_1-C_{e1}$;

② 若政府"补贴",第三方平台企业"积极合作建设":$Y=R_{e2}-C_{e1}=R_e+C_g+S_1-C_{e1}$;

③ 若政府"补贴+奖惩政策",第三方平台企业"自行建设":$Y=R_{e3}-C_{e2}=R_e+S_2-C_{e2}$;

④ 若政府"补贴",第三方平台企业"自行建设":$Y=R_{e3}-C_{e2}=R_e+S_2-C_{e2}$。

由此建立政府和第三方平台企业的得益矩阵表(表 4-6):

表 4-6　补贴+奖惩政策下政府和第三方平台企业的得益矩阵表

		第三方平台企业	
		积极合作建设	自行建设
政府	补贴+奖惩政策	$(R_{g1}-C_{g1},\ R_e+bn+C_{g1}+S_1-C_{e1})$	$(R_{g2},\ R_e+S_2-C_{e2})$
	补贴	$(R_{g1}-C_g,\ R_e+C_g+S_1-C_{e1})$	$(R_{g2},\ R_e+S_2-C_{e2})$

相较于第三方平台企业自行建设为政府带来的收益,政府与企业合作建设的社会收益远远大于前者。社会收益的极端差距使政府在"补贴+奖惩政策"或"补贴"政策的制定上,重点考虑企业的收益需求,即给予的政策最低也要弥补企业增加的成本,即 $R_e+bn+C_{g1}+S_1-C_{e1}>R_e+S_2-C_{e2}$、$R_e+C_g+S_1-C_{e1}>R_e+S_2-C_{e2}$。此时的纳什均衡为"补贴+奖惩政策,积极合作建设"。

与"补贴"的政府策略相比,"补贴+奖惩政策"可以降低财政补贴实际支出,而不用消耗政府财政资源的政策分摊平台化中的接入风险成本。此种方式不仅节约了政府成本,提高了政府收益,而且更符合建设项目环境污染第三方监管平台的核心运营模式。一方面,平台接入风险成本是第三方平台企业决定是否开发建设平台的首要考虑问题。

在做出建设平台的决策之前,第三方平台企业会重点对平台建成后用户规模的增加是否能突破临界容量的情况进行预测。如果预测显示接入规模突破的风险较高,企业会直接放弃或进行二次态势研判。另一方面,政府采取的奖惩政策可以有效降低此部分的风险。通过对接入、未接入的用户分别施行奖励、惩罚政策,提高用户的接入积极性,推进建设项目环境污染第三方监管平台的健康发展。当政府发现奖惩政策的施行可以有效降低财政补贴时,将再次探寻只施行奖惩政策的可行性及其对第三方平台企业决策的影响。

3. 奖惩政策下的政企博弈

(1) 模型假设

① 假设1:政府和第三方平台企业都是理性的,两方都以利益最大化为目标。

② 假设2:政府和第三方平台企业进行完全信息静态博弈。

③ 假设3:行为策略。政府有"奖惩政策"和"补贴+奖惩政策"两种策略;第三方平台企业有"积极合作建设"和"自行建设"两种策略。"奖惩政策"策略表示在平台吸引建设项目接入时,政府给予项目参与单位一定的奖励,同时给予未响应加入平台的建设项目相应的惩罚。政府的"补贴+奖惩政策"策略、第三方平台企业"积极合作建设"和"自行建设"的策略与4.3.2.1中"财政补贴下的政企博弈"和"补贴+奖惩政策下的政企博弈"的假设3一致。

(2) 模型建立与分析

设政府的总收益为 X。因奖惩政策不占用政府资源,在此处不产生成本,故政府采取"奖惩政策"策略时所付出的成本为0,采取"补贴+奖惩政策"策略时所付出的成本为 C_{g1}。当第三方平台企业采取"积极合作建设"策略时,政府的收益为 R_{g1};当第三方平台企业"自行建设"平台时,政府的收益为 R_{g2}。同样的,$R_{g1} > R_{g2}$。由此可得到不同行为策略下政府的收益函数为:

① 若第三方平台企业"积极合作建设",政府"奖惩政策":$X = R_{g1}$;

② 若第三方平台企业"积极合作建设",政府"补贴+奖惩政策":$X = R_{g1} - C_{g1}$;

③ 若第三方平台企业"自行建设",政府"奖惩政策":$X = R_{g2}$;

④ 若第三方平台企业"自行建设",政府"补贴+奖惩政策":$X = R_{g2}$。

设第三方平台企业的总收益为 Y。第三方平台企业采取"积极合作建设"策略时成本为 C_{e1},采取"自行建设"策略时成本为 C_{e2},$C_{e1} > C_{e2}$。当政府采取"奖惩政策"策略时,第三方平台企业的收益为 R_{e1},包含运营收益 $R_e + bn$ 和因积极承担社会责任而获得社会形象提升的额外收益 S_1;而当政府采取"补贴+奖惩政策"时,第三方平台企业的收益为 R_{e2},涵盖运营收益 $R_e + bn$、财政补贴 C_g 和社会形象提升的额外收益 S_1。bn 的解释与4.3.2.1中"补贴＋奖惩政策下的政企博弈"相同。当政府选择"奖惩政策"或"补贴＋奖惩政策"策略时,第三方平台企业"自行建设"的收益为R_{e3},由运营收益R_e和社会形象提升的额外收益S_2组成。由此可得到不同行为策略下第三方平台企业的收益函数为:

① 若政府"奖惩政策",第三方平台企业"积极合作建设":$Y=R_{e1}-C_{e1}=R_e+bn+S_1-C_{e1}$;

② 若政府"补贴＋奖惩政策",第三方平台企业"积极合作建设":$Y=R_{e2}-C_{e1}=R_e+bn+C_g+S_1-C_{e1}$;

③ 若政府"奖惩政策",第三方平台企业"自行建设":$Y=R_{e3}-C_{e2}=R_e+S_2-C_{e2}$;

④ 若政府"补贴＋奖惩政策",第三方平台企业"自行建设":$Y=R_{e3}-C_{e2}=R_e+S_2-C_{e2}$。

由此建立政府和第三方平台企业的得益矩阵表(表4-7):

表4-7 奖惩政策下政府和第三方平台企业的得益矩阵表

		第三方平台企业	
		积极合作建设	自行建设
政府	奖惩政策	$(R_{g1}, R_e+bn+S_1-C_{e1})$	$(R_{g2}, R_e+S_2-C_{e2})$
	补贴＋奖惩政策	$(R_{g1}-C_{g1}, R_e+bn+C_{g1}+S_1-C_{e1})$	$(R_{g2}, R_e+S_2-C_{e2})$

第三方企业只有合作的收益大于自行建设的收益时,才会与政府合作共建平台。此时,政府为了提高第三方平台企业与其合作的积极性,从平台运行后的用户入手。通过奖惩用户,吸引用户接入,间接提高第三方平台企业的收益,同时降低第三方平台企业面临的平台规模突破的风险。因此相比于自行建设,与政府合作共建的总收益$R_e+bn+S_1-C_{e1}>R_e+S_2-C_{e2}$,此时的纳什均衡为"奖惩政策,积极合作建设"。

由奖惩政策下的均衡结果发现,政府是否给予第三方平台企业直接财政补贴并不影响企业的选择。这与平台建设不同阶段的成本收益相关,平台的收益主要来自投入运营后用户的接入费或交易费;平台成本则包括建设成本和运营成本。倘若平台建成投入市场后,用户的反馈并不理想,平台无法实现用户规模积累。而用户规模的增加和临界容量的突破是实现平台效益的关键,此时的平台就失去了自身效益增长的驱动力,第三方平台企业获取的收益也不太乐观。但是,在政府奖惩政策的施行下,建设项目参与方为获取政策效应,争相接入平台,扩大平台规模的同时保证了第三方平台企业的收益。同时,更多建设项目的接入,意味着政府可以通过平台对其环境污染状况实施监管,有效减少了环境污染的发生,提高了监管效率和全社会的生态环境福利。

综上，建设项目环境污染第三方监管平台的开发推广对政府产生了巨大的效益。无论是从自身收益考虑，还是从社会福利出发，政府从监管平台化中所获取的效益远远大于第三方平台企业。从这个视角来看，政府应认识到第三方平台企业在平台化过程遇到的困难，并采取政策予以分摊平台化成本，以实现建设项目环境污染的监管效益、政府监管效能和社会生态福利的最大化。当政府决定对第三方平台企业给予补贴后，采用何种补贴或政策是一大挑战。

从以上三个博弈可以看出，对政府和第三方平台企业来说，建设项目环境污染第三方监管平台的平台化成本的最优分摊策略为：政府采取奖惩政策承担平台接入风险成本，第三方平台企业在合作中负责平台建设和运营成本。对政府而言，奖惩政策不消耗政府资源，而且与"补贴"和"补贴＋奖惩政策"策略相比，有其独特的优势。与"补贴"策略相比，"奖惩政策"在契合平台发展模式的同时，还为第三方平台企业和政府带来因用户规模增加产生的巨大收益；而与"补贴＋奖惩政策"策略相比，"奖惩政策"在实现巨大收益的基础上明显节约了财政补贴，减少了政府支出。同样的，对第三方平台企业来说，相比于"补贴"，"奖惩政策"的施行更多地考虑企业平台推广时的难点并对症下药，为企业打了一剂强心针，从源头上降低了平台退市的风险。而相比于"补贴＋奖惩政策"，"奖惩政策"直接可通过调节政策力度，弥补第三方平台企业在前者的策略下获取的财政补贴份额，依然解决了企业推广监管平台化过程中的核心问题，企业也是接受并积极参与的。

政策在平台的建设运营中至关重要，政策类别和力度都是平台关心的内容。建设项目环境污染第三方监管平台属于公共服务平台，所提供的服务具有公共物品属性，平台企业依靠自身无法充分利用平台的网络效应和吸引力。平台的建设和推广需要政府和平台企业的协同合作，在合作中共同分摊平台化成本，平衡政府与第三方平台企业的成本和收益，达到有利于双方的最优均衡。

在政府与第三方平台企业达成合作后，建设项目环境污染第三方监管平台建设完成后投入市场。虽然第三方平台企业和政府的追求不同，但其目标的实现都依赖于平台临界容量的突破和价格结构的设定。而在探讨平台价格结构之前，需要分析建设项目环境污染第三方监管平台的参与方、双边市场特征、参与方行为等平台模式，为价格结构的构建和分析奠定平台基础。

4.3.2.2 平台价格结构模型构建与分析

1. 模型假设与参数说明

（1）模型假设和变量设定

基于Armstrong定价模型，考虑交叉网络外部性，结合建设项目环境污染第三方监管平台的公共服务属性，在效用中引入基础性和差别化的奖惩政策。从施工污染责任方和社会公众两方的效用、平台的成本收益两方面着手,提出下面的模型假设和变量设定。

① 进行建设项目环境污染第三方监管平台模型构建和价格结构分析时,将与施工污染相关的建设、施工、监理等单位作为责任方一体考虑,随其参与的建设项目接入平台,各方内部的成本收益流转暂不讨论。

② 施工污染责任方和社会公众表示接入平台的两边,n_1 和 n_2 分别表示接入数量,双边用户的数量被标准化为1,且在区间[0,1]内服从均匀分布。建设项目与责任方之间存在多对多关系,为促进责任方数量统计的一致性,本书将 n_1 界定为接入平台的建设项目数量。项目的接入代表着责任方的同步接入。n_1 和 n_2 为效用 u_1 和 u_2 的函数,即 $n_1 = \varphi_1(u_1)$、$n_2 = \varphi_2(u_2)$,且用户数量均是效用的增函数,即 $\varphi'_i(u_i) > 0$,$\varphi_i(u_i)/\varphi'_i(u_i)$ 表示效用弹性因子。

③ α_1 表示施工污染责任方对社会公众的交叉网络外部性,即施工污染责任方的交叉网络外部性;α_2 表示社会公众的交叉网络外部性;β_1、β_2 分别表示施工污染责任方、社会公众的组内网络外部性。α_1、α_2、β_1、$\beta_2 \in [-1,1]$,-1、1 分别表示网络外部性的负向效果、正向效果极强。

④ u_{10}、$u_{11}(u_{12})$ 分别表示施工污染责任方接入平台获得的基础效用和差别化效用,差别化效用指施工福利、施工惩罚,$u_{10}, u_{11} > 0$,$u_{12} < 0$;p_1、p_2 分别表示获得施工福利、施工惩罚的比例。

⑤ u_{20}、u_{21}、u_{22} 分别表示位于获得不同效用的建设项目附近的社会公众获得的生态福利,假设 $u_{21} > u_{20} > 0 > u_{22}$。

⑥ P_1、P_2 分别表示平台向施工污染责任方和社会公众收取的注册费;S_1、S_2 分别表示平台向施工污染责任方和社会公众每次交易收取的交易费;t_1、t_2 分别表示施工污染责任方和社会公众在平台上的交易次数。假设两者的交易次数分别服从 $[0, T_1]$、$[0, T_2]$ 的均匀分布,T_1、T_2 为外生变量,仅受政策的影响。

⑦ f_1、f_2 分别表示平台为施工污染责任方和社会公众提供的固定成本;v_1、v_2 分别表示平台为双方每次交易提供的可变的服务成本;π 表示平台获得的利润;w 表示社会总福利。

(2) 参数说明

① 政策补贴 u_{10}。为避免施工污染责任方一次性支出过大拒绝接入平台,政府综合考虑自身能力、责任方的需求和政策可操作性,施行适当的鼓励政策。通过政策补贴,平衡其支出,提高其接入意愿。u_{10} 为所有接入的建设项目涉及的责任方均可获得的基础效用。

② 施工福利 u_{11}。平台根据设备监管及其反馈的数据统计分析后,将接入的建设项

目划分为不同等级,施工表现优良的建设项目,其施工污染责任方可获得在建项目和未来收益提升的福利。

③ 施工惩罚 u_{12}。与施工福利相对的效用,此部分效用为负。施工表现不佳的会获得相应惩罚,如停工整改、责令改正等。

④ 社会公众对施工污染责任方的交叉网络外部性 α_2。政府投资建设平台意味着带来基础数量的社会公众接入,政策出台前责任方不愿增加成本接入,此时不存在交叉网络外部性,即 $\alpha_2=0$。政策发布后,社会公众接入平台的数量增加,施工污染责任方为获得补贴和差别化施工政策支持,争相接入,此时产生交叉网络外部性。

⑤ 施工污染责任方的组内网络外部性 β_1。与未接入的责任方相比,接入的可获得增强自身市场竞争力和增加自身利润的政策支持。随着接入平台建设项目数量的增加,由于拥挤效应的存在,各责任方的差异逐渐缩小,单一企业获得的竞争力和利润相对减少,即 $\beta_1<0$。且 β_1 受政策补贴、施工福利及其比例、施工惩罚及其比例的综合影响。

⑥ 注册费 P_1。第三方平台利用传感、监控等设备进行监管,建设项目在接入平台前,责任方需购买相应设备和数据对接服务,此项支出视为该方的注册费。注册费由责任方中的建设单位支出,包含在安全文明施工费中。

⑦ 交易费 S_1、交易次数 t_1。第三方监管平台为施工污染责任方提供环境指标监测统计月报、传感及监控设备掉线故障信息、环境质量超标的整治节点及措施等,施工污染责任方为该服务付出的综合费用(包含通信费、维修费和环境整治费)视为该方的交易费。交易次数为各项数据服务的推送次数。

⑧ 生态福利 u_{20}、u_{21}、u_{22}[205]。生态福利由环境质量、公众的环境投诉率和由环境引起的就医率组成,如生态良好、环境优美、空气清新、天空蔚蓝,以及由此带来的投诉率降低、身体健康。社会公众所获得的生态福利与接入的建设项目(或责任方)的表现息息相关。根据施工现场环境指标监测值与标准值的对比,建筑工地可分为优良、适中和不佳三个等级,不同等级的施工环境管控力度和环境改善效果不同,其所带来的生态福利也不同。其中 u_{20}、u_{21}、u_{22} 分别表示位于施工表现适中、优良、不佳的建设项目周边的社会公众的生态福利。

⑨ 施工污染责任方对社会公众的交叉网络外部性 α_1。接入平台的建设项目数量增加,其环境污染被严格监管,周边整体环境得以改善,社会公众生态福利提升,即 $\alpha_1\in(0,1)$。

⑩ 社会公众的组内网络外部性 β_2。生态环境属于公共物品,具有非竞争性,即某一个人的使用并不会影响其他人的效用。由此可知,社会公众接入平台数量的增加,并不会影响其他公众的效用,则该方的组内网络外部性 $\beta_2=0$。

⑪ 注册费 P_2。 注册费可视为社会公众接入平台时一次性支付的费用,由平台建设运营费、环境污染防治费两部分组成。其注册费缴纳方式不同于一般双边平台的直接交易,而是通过政府部门间接缴纳至平台。平台开发使用过程政府投入从两方面考虑。一方面,平台由政府支持、社会组织承接开发运营,建设运营资金由政府支出;另一方面,若建设项目施工环境污染威胁到社会安全,政府还需投入环境污染防治费用。政府是社会公众的利益代表,其资金亦源于税收。在此基础上,政府对项目的直接投资可视为社会公众的间接投资,将政府投入的平台建设运营费用、环境污染防治费用均摊给社会公众,视为该方的注册费。

⑫ 交易费 S_2、交易次数 t_2。 建设项目施工造成环境污染后,平台将监测的异常数据同步给用户(包括违规方、社会公众、政府部门)。社会公众针对每次环境污染数据记录付出相应的环境污染防治费用,此部分视为该方的交易费。同时,交易费的缴纳与注册费一致,均通过政府间接给予平台。社会公众的交易次数即为平台监测并推送的环境污染数据记录条数。

⑬ 平台为施工污染责任方和社会公众提供的固定成本 f_1、f_2。 平台为施工污染责任方和社会公众提供数据信息服务需要配备人员、设备和宽带无线等,该项人工费、设备费、通信费等支出计入平台成本。

⑭ 平台为施工污染责任方和社会公众每次交易提供的可变成本 v_1、v_2。 平台为双方的交易过程提供的人工费、设备费、通信费等。

2. 模型构建

(1) 只收取注册费

在只收取注册费的定价方式下,建设项目环境污染第三方监管平台的参与方由政府、施工污染责任方和社会公众组成。其中,政府作为社会公众的利益代表,利用财政收入投资平台建设,并同步出台鼓励建设项目接入平台的政策;施工污染责任方通过一次性支付注册费的方式进驻平台,获取政府的政策补贴、施工福利、施工惩罚,同时接受平台为其提供的数据服务;社会公众随政府和建设项目接入,监督建设项目环境管控力度、查询项目监管数据,并对不合规行为进行投诉。从建设项目环境污染第三方监管平台的角度来看,平台收益包括:施工污染责任方一次性支付的注册费、社会公众通过政府间接支付的建设运营资金;成本为向双方提供的数据服务费,含人员费、设备费、通信费等。由此绘制只收取注册费方式下的建设项目环境污染第三方监管平台价格结构基础如图 4-12 所示。此外,结合模型假设和参数说明,构建该第三方监管平台的价格结构模型如图 4-13 所示。

施工污染责任方:获得由基础效用、差别化效用带来的政策期望效用,受到社会公众

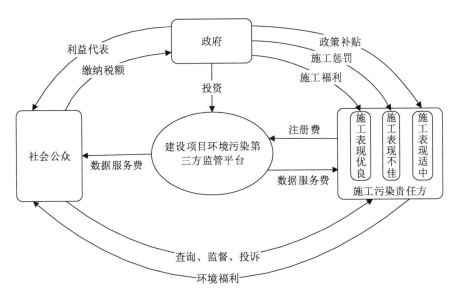

图 4-12 只收取注册费定价方式下价格结构模型基础

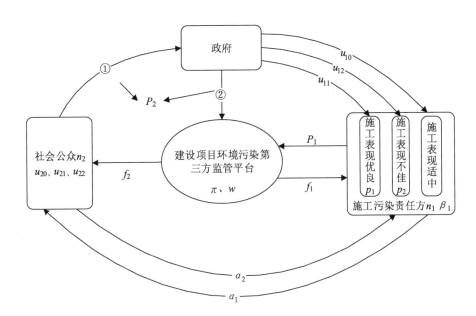

图 4-13 只收取注册费定价方式下价格结构模型

的正交叉网络外部性和同一边用户负组内网络外部性影响,其接入平台后获得的效用为:

$$u_1 = u_{10} + p_1 u_{11} + p_2 u_{12} + \alpha_2 n_2 + \beta_1 n_1 - P_1 \qquad (4.16)$$

其中:$u_{10} + p_1 u_{11} + p_2 u_{12}$ 为施工污染责任方的期望效用(表 4-8)。

表 4-8 施工污染责任方的政策期望效用

概率	$1-p_1-p_2$	p_1	p_2
基础、差别化效用 u	u_{10}	$u_{10}+u_{11}$	$u_{10}+u_{12}$
政策期望效用	$(1-p_1-p_2)u_{10}+p_1(u_{10}+u_{11})+p_2(u_{10}+u_{12})=u_{10}+p_1u_{11}+p_2u_{12}$		

社会公众：获得生态福利期望效用，受施工污染责任方正交叉网络外部性影响，其接入平台后获得的效用为：

$$u_2=(1-p_1-p_2)u_{20}+p_1u_{21}+p_2u_{22}+\alpha_1n_1-P_2 \tag{4.17}$$

其中：$1-p_1-p_2$、p_1、p_2 分别表示社会公众位于施工表现适中、优良、不佳的建筑项目周边的概率。$(1-p_1-p_2)u_{20}+p_1u_{21}+p_2u_{22}$ 为生态福利期望效用（表 4-9）。

表 4-9 社会公众的生态福利期望效用

概率	$1-p_1-p_2$	p_1	p_2
生态福利效用 u	u_{20}	u_{21}	u_{22}
生态福利期望效用	$(1-p_1-p_2)u_{20}+p_1u_{21}+p_2u_{22}$		

结合 $n_1=\varphi_1(u_1)$、$n_2=\varphi_2(u_2)$ 可得：

$$P_1=u_{10}+p_1u_{11}+p_2u_{12}+\alpha_2\varphi_2(u_2)+\beta_1\varphi_1(u_1)-u_1 \tag{4.18}$$

$$P_2=(1-p_1-p_2)u_{20}+p_1u_{21}+p_2u_{22}+\alpha_1\varphi_1(u_1)-u_2 \tag{4.19}$$

平台利润为：

$$\pi=n_1(P_1-f_1)+n_2(P_2-f_2) \tag{4.20}$$

将利润函数分别对 u_1 和 u_2 求一阶偏导数：

$$\frac{\partial \pi}{\partial u_1}=\varphi_1(u_1)[\beta_1\varphi_1'(u_1)-1]+[u_{10}+p_1u_{11}+p_2u_{12}+\alpha_2\varphi_2(u_2)+$$
$$\beta_1\varphi_1(u_1)-u_1-f_1]\varphi_1'(u_1)+\alpha_1\varphi_1'(u_1)\varphi_2(u_2) \tag{4.21}$$

$$\frac{\partial \pi}{\partial u_2}=\varphi_2(u_2)[p_2\varphi_2'(u_2)u_{22}-1]+[(1-p_1-p_2)u_{20}+p_1u_{21}+$$
$$p_2u_{22}+\alpha_1\varphi_1(u_1)-u_2-f_2]\varphi_2'(u_2)+\alpha_2\varphi_2'(u_2)\varphi_1(u_1) \tag{4.22}$$

令一阶偏导数为 0，得到平台利润最大化时的效用 u_1^{1*}、u_2^{1*}：

$$u_1^{1*}=u_{10}+p_1u_{11}+p_2u_{12}+\alpha_2n_2+\alpha_1n_1+2\beta_1n_1-f_1-\frac{\varphi_1(u_1)}{\varphi_1'(u_1)} \tag{4.23}$$

$$u_2^{1*} = (1-p_1-p_2)u_{20} + p_1 u_{21} + p_2 u_{22} + \alpha_1 n_1 + \alpha_2 n_1 - f_2 - \frac{\varphi_2(u_2)}{\varphi_2'(u_2)} \tag{4.24}$$

将其代入式(4.18)、式(4.19)得到利润最大化时的最优注册费组合为：

$$P_1^{1*} = f_1 - (\alpha_1 n_2 + \beta_1 n_1) + \frac{\varphi_1(u_1)}{\varphi_1'(u_1)} \tag{4.25}$$

$$P_2^{1*} = f_2 - \alpha_2 n_1 + \frac{\varphi_2(u_2)}{\varphi_2'(u_2)} \tag{4.26}$$

社会总福利为：

$$w = \pi + CS_1 + CS_2 \tag{4.27}$$

其中 CS_1、CS_2 分别表示施工污染责任方和社会公众的总剩余，且均满足包络定理 $CS_1' = \varphi_1(u_1)$，$CS_2' = \varphi_2(u_2)$。

同理，将社会福利函数分别对 u_1 和 u_2 求一阶偏导数，令一阶偏导数为0，得到社会福利最大化时的效用 u_1^{2*}、u_2^{2*}，将其代入式(4.18)、式(4.19)得到社会福利最大化时的最优注册费组合为：

$$P_1^{2*} = f_1 - (\alpha_1 n_2 + \beta_1 n_1) \tag{4.28}$$

$$P_2^{2*} = f_2 - \alpha_2 n_1 \tag{4.29}$$

（2）只收取交易费

此种定价方式下的价格结构基础和价格结构模型与只收取注册费的类似，需将注册费替换为交易费，固定成本替换成可变成本，并添加交易次数的变量。

施工污染责任方效用：

$$u_1 = u_{10} + p_1 u_{11} + p_2 u_{12} + \alpha_2 n_2 + \beta_1 n_1 - \frac{T_1}{2} S_1 \tag{4.30}$$

社会公众效用：

$$u_2 = (1-p_1-p_2)u_{20} + p_1 u_{21} + p_2 u_{22} + \alpha_1 n_1 - \frac{T_2}{2} S_2 \tag{4.31}$$

其中变量假设时，设定施工责任污染方和社会公众的交易次数 t_1、t_2 分别服从 $[0, T_1]$、$[0, T_2]$ 的均匀分布，各方的交易费用采用数学期望 $\frac{T_1}{2} S_1$、$\frac{T_2}{2} S_2$ 来表示。

结合 $n_1 = \varphi_1(u_1)$、$n_2 = \varphi_2(u_2)$ 可得：

$$S_1 = \frac{2}{T_1}[u_{10} + p_1 u_{11} + p_2 u_{12} + \alpha_2 \varphi_2(u_2) + \beta_1 \varphi_1(u_1) - u_1] \quad (4.32)$$

$$S_2 = \frac{2}{T_2}[(1-p_1-p_2)u_{20} + p_1 u_{21} + p_2 u_{22} + \alpha_1 \varphi_1(u_1) - u_2] \quad (4.33)$$

平台利润为：

$$\pi = \frac{\lambda T_1}{2} n_1 (S_1 - v_1) + \frac{\lambda T_2}{2} n_2 (S_2 - v_2) \quad (4.34)$$

其中 λ 表示施工污染责任方和社会公众的交易匹配概率（$\lambda \in [0,1]$），与平台的匹配技术水平相关。匹配可理解为建设项目环境污染的影响范围是有限的，一个施工污染信息提供给范围内的社会公众视为双方交易匹配。

将利润函数分别对 u_1 和 u_2 求一阶偏导数，并令一阶偏导数 $\frac{\partial \pi}{\partial u_1}$、$\frac{\partial \pi}{\partial u_2}$ 为 0，得到平台利润最大化时的效用 u_1^{1*}、u_2^{1*}：

$$u_1^{1*} = u_{10} + p_1 u_{11} + p_2 u_{12} + \alpha_2 n_2 + \alpha_1 n_2 + 2\beta_1 n_1 - \frac{\lambda T_1}{2} v_1 - \frac{\varphi_1(u_1)}{\varphi_1'(u_1)} \quad (4.35)$$

$$u_2^{1*} = (1-p_1-p_2)u_{20} + p_1 u_{21} + p_2 u_{22} + \alpha_1 n_1 + \alpha_2 n_1 - \frac{\lambda T_2}{2} v_2 - \frac{\varphi_2(u_2)}{\varphi_2'(u_2)} \quad (4.36)$$

将其代入式(4.32)、式(4.33)得到利润最大化时的最优交易费组合为：

$$S_1^{1*} = v_1 - \frac{2}{\lambda T_1}\left[\beta_1 n_1 + \alpha_1 n_2 - \frac{\varphi_1(u_1)}{\varphi_1'(u_1)}\right] \quad (4.37)$$

$$S_2^{1*} = v_2 - \frac{2}{\lambda T_2}\left[\alpha_2 n_1 - \frac{\varphi_2(u_2)}{\varphi_2'(u_2)}\right] \quad (4.38)$$

社会总福利为：

$$w = \pi + CS_1 + CS_2 \quad (4.39)$$

同理，将社会福利函数分别对 u_1 和 u_2 求一阶偏导数，令一阶偏导数为 0，得到社会福利最大化时的效用 u_1^{2*}、u_2^{2*}，将其代入式(4.32)、式(4.33)得到社会福利最大化时的最优交易费组合为：

$$S_1^{2*} = v_1 - \frac{2}{\lambda T_1}(\beta_1 n_1 + \alpha_1 n_2) \quad (4.40)$$

$$S_2^{2*} = v_2 - \frac{2}{\lambda T_2} \alpha_2 n_1 \quad (4.41)$$

(3) 两部分收费制

此种定价方式下的价格结构基础和价格结构模型在只收取注册费的基础上添加了与交易相关的参数和变量。

施工污染责任方效用：

$$u_1 = u_{10} + p_1 u_{11} + p_2 u_{12} + \alpha_2 n_2 + \beta_1 n_1 - P_1 - \frac{T_1}{2} S_1 \quad (4.42)$$

社会公众效用：

$$u_2 = (1 - p_1 - p_2) u_{20} + p_1 u_{21} + p_2 u_{22} + \alpha_1 n_1 - P_2 - \frac{T_2}{2} S_2 \quad (4.43)$$

结合 $n_1 = \varphi_1(u_1)$、$n_2 = \varphi_2(u_2)$ 可得：

$$P_1 = u_{10} + p_1 u_{11} + p_2 u_{12} + \alpha_2 \varphi_2(u_2) + \beta_1 \varphi_1(u_1) - u_1 - \frac{\lambda T_1}{2} S_1 \quad (4.44)$$

$$P_2 = (1 - p_1 - p_2) u_{20} + p_1 u_{21} + p_2 u_{22} + \alpha_1 \varphi_1(u_1) - u_2 - \frac{\lambda T_2}{2} S_2 \quad (4.45)$$

平台利润为：

$$\pi = n_1(P_1 - f_1) + n_2(P_2 - f_2) + \frac{\lambda T_1}{2} n_1(S_1 - v_1) + \frac{\lambda T_2}{2} n_2(S_2 - v_2) \quad (4.46)$$

将利润函数分别对 u_1 和 u_2 求一阶偏导数，并令一阶偏导数为 0，得到平台利润最大化时的效用 u_1^{1*}、u_2^{1*}：

$$u_1^{1*} = u_{10} + p_1 u_{11} + p_2 u_{12} + \alpha_2 n_2 + \alpha_1 n_2 + 2\beta_1 n_1 - \\ f_1 - \frac{\lambda T_1}{2} S_1 + \frac{\lambda T_1}{2}(S_1 - v_1) - \frac{\varphi_1(u_1)}{\varphi_1'(u_1)} \quad (4.47)$$

$$u_2^{1*} = (1 - p_1 - p_2) u_{20} + p_1 u_{21} + p_2 u_{22} + \alpha_1 n_1 + \alpha_2 n_1 - \\ f_2 - \frac{\lambda T_2}{2} S_2 + \frac{\lambda T_2}{2}(S_2 - v_2) - \frac{\varphi_2(u_2)}{\varphi_2'(u_2)} \quad (4.48)$$

将其代入式(4.44)、式(4.45)得到利润最大化时的最优费用组合为：

$$P_1^{1*} = f_1 - \frac{\lambda T_1}{2}(S_1 - v_1) - \beta_1 n_1 - \alpha_1 n_2 + \frac{\varphi_1(u_1)}{\varphi_1'(u_1)} \quad (4.49)$$

$$P_2^{1*} = f_2 - \frac{\lambda T_2}{2}(S_2 - v_2) - \alpha_2 n_1 + \frac{\varphi_2(u_2)}{\varphi_2'(u_2)} \quad (4.50)$$

社会总福利为:

$$w = \pi + CS_1 + CS_2 \quad (4.51)$$

同理,将社会福利函数分别对 u_1 和 u_2 求一阶偏导数,令一阶偏导数为 0,得到社会福利最大化时的效用 u_1^{2*}、u_2^{2*},将其代入式(4.44)、式(4.45)得到社会福利最大化时的最优费用组合为:

$$P_1^{2*} = f_1 - \frac{\lambda T_1}{2}(S_1 - v_1) - \beta_1 n_1 - \alpha_1 n_2 \quad (4.52)$$

$$P_2^{2*} = f_2 - \frac{\lambda T_2}{2}(S_2 - v_2) - \alpha_2 n_1 \quad (4.53)$$

表 4-10 为三种定价方式下的最优费用组合汇总。

表 4-10 最优费用组合汇总

定价方式	平台利润最大化	社会福利最大化
只收取注册费	$P_1^{1*} = f_1 - (\alpha_1 n_2 + \beta_1 n_1) + \dfrac{\varphi_1(u_1)}{\varphi_1'(u_1)}$ $P_2^{1*} = f_2 - \alpha_2 n_1 + \dfrac{\varphi_2(u_2)}{\varphi_2'(u_2)}$	$P_1^{2*} = f_1 - (\alpha_1 n_2 + \beta_1 n_1)$ $P_2^{2*} = f_2 - \alpha_2 n_1$
只收取交易费	$S_1^{1*} = v_1 - \dfrac{2}{\lambda T_1}\left[\beta_1 n_1 + \alpha_1 n_2 - \dfrac{\varphi_1(u_1)}{\varphi_1'(u_1)}\right]$ $S_2^{1*} = v_2 - \dfrac{2}{\lambda T_2}\left[\alpha_2 n_1 - \dfrac{\varphi_2(u_2)}{\varphi_2'(u_2)}\right]$	$S_1^{2*} = v_1 - \dfrac{2}{\lambda T_1}(\beta_1 n_1 + \alpha_1 n_2)$ $S_2^{2*} = v_2 - \dfrac{2}{\lambda T_2}\alpha_2 n_1$
两部分收费制	$P_1^{1*} = f_1 - \dfrac{\lambda T_1}{2}(S_1 - v_1) - \beta_1 n_1 - \alpha_1 n_2 + \dfrac{\varphi_1(u_1)}{\varphi_1'(u_1)}$ $P_2^{1*} = f_2 - \dfrac{\lambda T_2}{2}(S_2 - v_2) - \alpha_2 n_1 + \dfrac{\varphi_2(u_2)}{\varphi_2'(u_2)}$	$P_1^{2*} = f_1 - \dfrac{\lambda T_1}{2}(S_1 - v_1) - \beta_1 n_1 - \alpha_1 n_2$ $P_2^{2*} = f_2 - \dfrac{\lambda T_2}{2}(S_2 - v_2) - \alpha_2 n_1$

3. 模型均衡结果分析

(1) 注册费定价

从均衡价格公式来看,平台利润最大化目标下建设项目环境污染第三方监管平台的最优注册费组合与平台提供的固定成本、交叉网络外部性、组内网络外部性、用户规模和效用弹性相关,而社会福利最大化的最优费用与效用弹性无关(表 4-11)。

表 4-11　只收取注册费的最优费用组合

定价方式	平台利润最大化	社会福利最大化
只收取注册费	$P_1^{1*} = f_1 - (\alpha_1 n_2 + \beta_1 n_1) + \dfrac{\varphi_1(u_1)}{\varphi_1'(u_1)}$ $P_2^{1*} = f_2 - \alpha_2 n_1 + \dfrac{\varphi_2(u_2)}{\varphi_2'(u_2)}$	$P_1^{2*} = f_1 - (\alpha_1 n_2 + \beta_1 n_1)$ $P_2^{2*} = f_2 - \alpha_2 n_1$

具体影响效果如下：

① 平台提供的服务成本

无论目标是平台利润最大化，还是社会福利最大化，平台向施工污染责任方和社会公众收取的注册费均与平台的服务成本成正比。从成本效益的角度出发，平台所付出的成本越高，则对效益的预期也会随之提高。

② 交叉网络外部性

施工污染责任方的注册费 P_1 和社会公众的注册费 P_2 分别对交叉网络外部性 α_1、α_2 求一阶偏导数可得：$\dfrac{\partial P_1}{\partial \alpha_1} = -n_2 < 0$、$\dfrac{\partial P_2}{\partial \alpha_2} = -n_1 < 0$。可知建设项目环境污染第三方监管平台参与方的交叉网络外部性变化趋势与注册费的变化方向相反，即一方的交叉网络外部性强度越大，该方的注册费就越低。

③ 组内网络外部性

由施工污染责任方的注册费对组内网络外部性求导 $\dfrac{\partial P_1}{\partial \beta_1} = -n_1 < 0$ 可知，平台向施工污染责任方收取的费用与组内网络外部性成反比。该方的组内网络外部性强度越大，即组内网络外部性越小（因 $\beta_1 < 0$，强度越大，则数值越小），说明施工污染责任方之间的竞争强度越大，此时为稳定已接入的用户，平台应适当提高注册费。

④ 用户规模

由于 $\dfrac{\partial P_1}{\partial n_1} = -\beta_1 > 0$，因此施工污染责任方的注册费与该方的用户规模成正比。施工污染责任方的接入数量越多，为给已接入的用户提供更稳定高效的服务以及让未接入的用户意识到平台的重要性（一方面，平台可以为其带来超额的政策效用；另一方面，依赖平台，施工污染责任方也可实时监管项目，承担一份环境责任），平台收取的注册费随施工污染责任方接入数量的增加而增加。同时，由于 $\dfrac{\partial P_1}{\partial n_2} = -\alpha_1 < 0$、$\dfrac{\partial P_2}{\partial n_1} = -\alpha_2 < 0$，因此平台向一方收取的注册费与对方的用户规模成反比。如社会公众的规模越大，平台为稳定该方的用户，需要扩大施工污染责任方的规模，会降低向该方收取的注册费。同理，社会公众的注册费变化趋势与之相同。

⑤ 效用弹性

平台利润最大化时,施工污染责任方和社会公众向平台缴纳的注册费与效用弹性成正比。效用弹性 $\frac{\varphi_i(u_i)}{\varphi'_i(u_i)}$,$(i=1,2)$ 表示平台参与方的接入数量对效用变动做出的反应敏感程度。若该方用户的效用弹性变大,说明其对效用变动更敏感,平台为维持一定的收益对该方收取的费用相应较高。

(2) 交易费定价

从均衡价格公式来看,平台利润最大化和社会福利最大化的施工污染责任方和社会公众向平台缴纳的交易费的大小都与平台所付出的可变成本、交叉网络外部性、组内网络外部性(仅施工污染责任方)、用户规模和双方的交易匹配概率有关(表4-12)。此外,平台利润最大化的交易费还与效用弹性相关。

表 4-12 只收取交易费的最优费用组合

定价方式	平台利润最大化	社会福利最大化
只收取交易费	$S_1^{1*} = v_1 - \dfrac{2}{\lambda T_1}\left[\beta_1 n_1 + \alpha_1 n_2 - \dfrac{\varphi_1(u_1)}{\varphi'_1(u_1)}\right]$ $S_2^{1*} = v_2 - \dfrac{2}{\lambda T_2}\left[\alpha_2 n_1 - \dfrac{\varphi_2(u_2)}{\varphi'_2(u_2)}\right]$	$S_1^{2*} = v_1 - \dfrac{2}{\lambda T_1}(\beta_1 n_1 + \alpha_1 n_2)$ $S_2^{2*} = v_2 - \dfrac{2}{\lambda T_2}\alpha_2 n_1$

其中,交叉网络外部性、组内网络外部性、用户规模、交易匹配概率的具体影响如下:

① 交叉网络外部性

由于 $\dfrac{\partial S_1}{\partial \alpha_1} = -\dfrac{2}{\lambda T_1} n_2 < 0$、$\dfrac{\partial S_2}{\partial \alpha_2} = -\dfrac{2}{\lambda T_2} n_1 < 0$,因此建设项目环境污染第三方监管平台中施工污染责任方(或社会公众)所需支付的交易费与该方交叉网络外部性强度的变化趋势相反。如施工污染责任方对社会公众的交叉网络外部性 α_1 越大,意味着其接入数量对社会公众效用的正向效果越大,施工污染责任方成为平台积极吸引的一方;则为吸引施工污染责任方接入,间接增加社会公众的效用以同步吸引该方进驻,平台向施工污染责任方收取的交易费越低。此外,双方交叉网络外部性对交易费的影响强度取决于对方用户规模和交易匹配概率。

② 组内网络外部性

由 $\dfrac{\partial S_1}{\partial \beta_1} = -\dfrac{2}{\lambda T_1} n_1 < 0$ 可知,无论是平台利润最大化,还是社会福利最大化,施工污染责任方向平台支付的交易费与该方的组内网络外部性成反比,即组内网络外部性越小(因组内网络外部性是负的,数值越小说明负向效果越明显),平台向其收取的交易费越高。这种变化趋势与组内网络外部性的作用机理相关。首先,组内网络外部性通过施工

污染责任方的竞争力度、差别化程度影响该方的接入数量;其次,因施工污染责任方的接入数量是平台所重视的用户积累,为在稳定当前用户的基础上促使更多参与方的进驻,平台会考虑各方的影响适当提高交易费;最后,组内网络外部性的变化效果直接体现在交易费的大小中。

③ 用户规模

由 $\frac{\partial S_1}{\partial n_1}=-\frac{2}{\lambda T_1}\beta_1>0$、$\frac{\partial S_1}{\partial n_2}=-\frac{2}{\lambda T_1}\alpha_1<0$、$\frac{\partial S_2}{\partial n_1}=-\frac{2}{\lambda T_2}\alpha_2<0$ 可知,用户规模对交易费用的影响与只收取注册费类似。唯一不同的是,在收取交易费的背景下,用户规模对双方交易费的影响强度还与交易匹配概率相关。交易匹配概率越大,影响效果越显著。

④ 交易匹配概率

平台利润最大化的施工污染责任方和社会公众的最优交易费分别对交易匹配概率求导得:$\frac{\partial S_1}{\partial \lambda}=\frac{1}{\lambda^2}\cdot\frac{2}{T_1}\left[\beta_1 n_1+\alpha_1 n_2-\frac{\varphi_1(u_1)}{\varphi'_1(u_1)}\right]$、$\frac{\partial S_2}{\partial \lambda}=\frac{1}{\lambda^2}\cdot\frac{2}{T_2}\left[\alpha_2 n_1-\frac{\varphi_2(u_2)}{\varphi'_2(u_2)}\right]$。双边用户的交易费随匹配概率的变化方向均无法直接得出,需要分情况讨论,各情况说明和变化方向见表 4-13 所示。

表 4-13 平台利润最大化下平台双方交易费与匹配概率的关系

平台双边参与方	变化方向	情况说明
施工污染责任方	$\left[\beta_1 n_1+\alpha_1 n_2-\frac{\varphi_1(u_1)}{\varphi'_1(u_1)}\right]<0$ $\rightarrow \frac{\partial S_1}{\partial \lambda}<0$	施工污染责任方的交易费与匹配概率成反比。组内网络外部性和效用弹性带来的负向作用大于交叉网络外部性的正向效果。即使交易匹配概率增大,平台的技术和数据匹配能力得以提升,施工污染责任方的用户规模也会随之减少。平台为维持双边用户的稳定,对施工污染责任方收取的交易费应适当降低
	$\left[\beta_1 n_1+\alpha_1 n_2-\frac{\varphi_1(u_1)}{\varphi'_1(u_1)}\right]>0$ $\rightarrow \frac{\partial S_1}{\partial \lambda}>0$	施工污染责任方的交易费与匹配概率成正比。与上述情况相反,在匹配概率提高的背景下,施工污染责任方的接入数量和效用主要由交叉网络外部性决定。平台在权衡自身利润最大化的目标下,提高该方的交易费是可接受的
社会公众	$\left[\alpha_2 n_1-\frac{\varphi_2(u_2)}{\varphi'_2(u_2)}\right]<0$ $\rightarrow \frac{\partial S_2}{\partial \lambda}<0$	社会公众的交易费与匹配概率成反比。交叉网络外部性和效用弹性产生的效果相反。当交易匹配概率增大时,由于交叉网络外部性的效果被效用弹性抵消并超越,社会公众所付出的环境污染防治费用在效用弹性主要作用下减少
	$\left[\alpha_2 n_1-\frac{\varphi_2(u_2)}{\varphi'_2(u_2)}\right]>0$ $\rightarrow \frac{\partial S_2}{\partial \lambda}>0$	社会公众的交易费与匹配概率成正比。交叉网络外部性带来的加强效果大于效用弹性的削弱效果。随着匹配概率的提升,平台的技术匹配能力提高,社会公众的环境污染防治费用针对性更强、改善效果更佳。为获取进一步的改善,该方交易费的支付意愿提升,平台即可顺势提高交易费

社会福利最大化的两方交易费对交易匹配概率求导得：$\frac{\partial S_1}{\partial \lambda} = \frac{1}{\lambda^2} \cdot \frac{2}{T_1}(\beta_1 n_1 + \alpha_1 n_2)$、$\frac{\partial S_2}{\partial \lambda} = \frac{1}{\lambda^2} \cdot \frac{2}{T_2}\alpha_2 n_1 > 0$。由交易费的一阶偏导数可知，社会公众的交易费与交易匹配概率成正比。交易匹配概率越大，直观的感受是社会公众所付出的环境污染防治费用针对性强、改善效果好；但另一方面也突出了平台监管到的建设项目环境污染行为增加，即交易匹配的基数增大。环境污染行为的增加，意味着社会公众要付出的环境污染防治费用更多。与社会公众不同的是，施工污染责任方的交易费与匹配概率的关系无法直接判断。因施工污染责任方的组内网络外部性和交叉网络外部性的正负性相反，$\beta_1 n_1 + \alpha_1 n_2$ 的正负性难以判断，需要进行分类讨论。如果 $|\beta_1 n_1| > |\alpha_1 n_2|$，那么 $\frac{\partial S_1}{\partial \lambda} = \frac{1}{\lambda^2} \cdot \frac{2}{T_1}(\beta_1 n_1 + \alpha_1 n_2) < 0$，施工污染责任方向平台支付的交易费与匹配概率的变化趋势相反。此时，对施工污染责任方来说，组内网络外部性引起的接入数量减少程度大于交叉网络外部性所带来的数量增加程度，为吸引更多的参与方加入，平台不得不向该方收取较低的交易费，以促使该方的用户规模增加。反之，如果 $|\beta_1 n_1| < |\alpha_1 n_2|$，那么 $\frac{\partial S_1}{\partial \lambda} = \frac{1}{\lambda^2} \cdot \frac{2}{T_1}(\beta_1 n_1 + \alpha_1 n_2) > 0$，交叉网络外部性的作用强度大于组内网络外部性，施工污染责任方的数量呈现增长趋势。此时，平台在权衡后，可提高该方的交易费，以实现平台自身的利润最大化。

（3）两部分收费制定价

两部分收费制定价方式下的最优费用组合相比于只收取注册费的，在原有影响因素如提供服务的固定成本、交叉网络外部性、组内网络外部性(仅存在于施工污染责任方)、用户规模、效用弹性(仅存在于平台利润最大化时)的基础上，增加了与交易相关的交易费、交易成本和交易匹配概率(表4-14)。因此，前者对平台收取费用的影响效果与前文分析相同，本部分不再赘述，只重点阐述与交易相关的因素影响效果。

表4-14 两部分收费制的最优费用组合

定价方式	平台利润最大化	社会福利最大化
两部分收费制	$P_1^{1*} = f_1 - \frac{\lambda T_1}{2}(S_1 - v_1) - \beta_1 n_1 - \alpha_1 n_2 + \frac{\varphi_1(u_1)}{\varphi_1'(u_1)}$ $P_2^{1*} = f_2 - \frac{\lambda T_2}{2}(S_2 - v_2) - \alpha_2 n_1 + \frac{\varphi_2(u_2)}{\varphi_2'(u_2)}$	$P_1^{2*} = f_1 - \frac{\lambda T_1}{2}(S_1 - v_1) - \beta_1 n_1 - \alpha_1 n_2$ $P_2^{2*} = f_2 - \frac{\lambda T_2}{2}(S_2 - v_2) - \alpha_2 n_1$

根据均衡价格公式,无论是平台利润最大化,还是社会福利最大化,平台向施工污染责任方和社会公众收取的注册费均与交易匹配概率、交易费成反比,而与平台为双方每次交易提供的服务成本成正比。一方面,交易费和服务成本的影响效果是显而易见的。如果平台向双方收取的交易费越多,为了吸引更多的参与方加入平台,自然要收取更少的注册费。同理,平台为每次交易付出的成本越高,会通过收取更高注册费的方式平衡成本收益。另一方面,交易匹配概率的提高,说明施工污染责任方和社会公众在第三方监管平台上协同治理建设项目环境污染取得了良好的效果,为激励更多的参与方加入共创洁净安全的环境,平台向双方收取的注册费随之降低。

综上,针对只收取注册费、只收取交易费、两部分收费制的不同定价方式下的平台利润最大化和社会福利最大化目标的均衡结果,重点探讨最优费用组合中涉及的参数影响效果,并结合第三方监管平台特征和参与方的行为做出解释说明。但在建设项目环境污染第三方监管平台的建设和运营过程中,奖惩政策的作用不可忽视。

4. 政策对价格结构的影响

政策是施工污染责任方效用的主要来源,是促进平台持续性发展和突破临界容量的重要因素。若没有政策支持,施工污染责任方的效用为 $u_1 = \beta_1 n_1 - P_1$(假设中已界定没有政策补贴时 $\alpha_2 = 0$)。此时若要吸引建设项目和施工污染责任方接入,平台必然要对其进行补贴,即降低 P_1,甚至使其为负。社会公众未获得明显的生态福利,也不愿接入,平台无法实现双边用户数量的增加。反之,若政府对接入的建设项目和责任方提供政策补贴:一方面,该方效用大幅增加,补贴带来的经济效益远超过付出成本,选择接入的建设项目数量快速增长;另一方面,建设项目和责任方的不断接入减少了施工环境污染,社会公众获得生态福利,其接入平台的意愿得以提升,该方的接入数量也趋于增加。双边用户规模得以积累,且在政策的作用下一举突破临界容量。

虽然在价格结构的均衡结果中,并没有政策效用的直接参与,但政策为施工污染责任方带来的效用会直接影响该方用户规模。施工污染责任方只有在效用大于 0 时,才会选择接入平台。在其效用函数中直接反映为政策带来的效用大于其向平台支付的费用。从价格结构的均衡结果来看,在不同的定价方式下,最优费用组合均受双边用户规模、交叉网络外部性和施工污染责任方的组内网络外部性影响。

(1)政策对施工污染责任方最优费用的影响

无论建设项目环境污染第三方监管平台采取哪种定价方式,$\alpha_1 n_2 + \beta_1 n_1$ 都是影响最优费用的参数组合。本节在阐述三种收费方式下最优费用受政策影响之前,明确政策对 $\alpha_1 n_2 + \beta_1 n_1$ 中各参数的作用方向及路径。

参数 1:施工污染责任方的用户规模 n_1。n_1 随政策补贴 u_{10}、施工福利 u_{11}、获取施

工福利比例 p_1 的增加而增加，随施工惩罚 u_{12}、获取施工惩罚比例 p_2 的增加而减小。激励性政策（u_{10}、u_{11}、p_1）力度的加大，$u_{10} + p_1 u_{11}\uparrow \Rightarrow u_1 \uparrow$，又 $n_1 = \varphi_1(u_1)$ 且 $\varphi'_i(u_i) > 0, (i=1,2)$ 施工污染责任方的用户规模是所获效用的增函数，则 $u_1 \uparrow \Rightarrow n_1 \uparrow$。

参数 2：施工污染责任方的组内网络外部性 β_1。β_1 随 u_{10}、u_{11}、p_1 的增加而削弱，随 u_{12}、p_2 的增加而增强，具体说明见表 4-15 所示。

表 4-15　政策对施工污染责任方组内网络外部性的影响

影响效果	说　明
$u_{10}\uparrow(u_{11}\uparrow)\Rightarrow u_1\uparrow\Rightarrow n_1\uparrow\Rightarrow\beta_1\downarrow$	政策补贴或施工福利的力度加大使未接入平台的施工污染责任方发现接入的收益大于成本，选择接入平台。但由于建设市场的竞争关系，平台中接入的项目数量增多，施工污染责任方通过平台获得的政策效用差异化程度下降，组内网络外部性所带来的负向效果增大。因组内网络外部性小于 0，故随着政策补贴和施工福利力度的加大，组内网络外部性减弱
$u_{12}\uparrow\Rightarrow u_1\downarrow\Rightarrow n_1\downarrow\Rightarrow\beta_1\uparrow$	施工惩罚与施工福利作用相反，对组内网络外部性的影响也相反
$p_1\uparrow\Rightarrow u_1\uparrow\Rightarrow n_1\uparrow\Rightarrow\beta_1\downarrow$	接入平台的建设项目中环境监测指标优异者可申请获取施工福利。为鼓励施工污染责任方在环境监管和治理中尽快落实文件要求，设定某一时间段内可获得施工福利的企业比例。该比例增大意味着参与方的数量增多，责任方之间的差异化程度缩小，组内网络外部性同步增强，相应数值变小
$p_2\uparrow\Rightarrow u_1\downarrow\Rightarrow n_1\downarrow\Rightarrow\beta_1\uparrow$	获得施工惩罚的比例增大，监管力度增强，施工污染责任方之间的竞争效应加大。相对于该类工地，未获得施工惩罚的项目责任方效用增大（竞争关系中一方受到处罚，另一方的效用则相对增大），施工污染责任方的组内网络外部性增强（但仍小于 0）

参数 3：施工污染责任方的交叉网络外部性 α_1。α_1 随 u_{10}、u_{11}、p_1 的增加而增强，随 u_{12}、p_2 的增加而削弱。交叉网络外部性强度与用户规模呈正相关，则有 $u_{10}\uparrow(u_{11}\uparrow、p_1\uparrow)\Rightarrow u_1\uparrow\Rightarrow n_1\uparrow\Rightarrow\alpha_1\uparrow$、$u_{12}\uparrow(p_2\uparrow)\Rightarrow u_1\downarrow\Rightarrow n_1\downarrow\Rightarrow\alpha_1\downarrow$。

参数 4：社会公众的用户规模 n_2。n_2 随 u_{10}、u_{11}、p_1 的增加而增加，随 u_{12}、p_2 的增加而削弱。作用路径及效果为：$u_{10}\uparrow(u_{11}\uparrow、p_1\uparrow)\Rightarrow u_1\uparrow\Rightarrow n_1\uparrow\Rightarrow\alpha_1\uparrow\Rightarrow u_2\uparrow\Rightarrow n_2\uparrow$、$u_{12}\uparrow(p_2\uparrow)\Rightarrow u_1\downarrow\Rightarrow n_1\downarrow\Rightarrow\alpha_1\downarrow\Rightarrow u_2\downarrow\Rightarrow n_2\downarrow$，即社会公众的用户规模与激励性政策力度成正比、与约束性政策力度成反比。

通过明确 $\alpha_1 n_2 + \beta_1 n_1$ 中四个参数受政策的影响，发现除 β_1 之外，其他三个参数 α_1、n_2、n_1 均与激励性政策力度呈正相关，与约束性政策呈负相关。因此，政策力度变动引起的参数组合 $\alpha_1 n_2 + \beta_1 n_1$ 的正负，影响着施工污染责任方最优费用的变化方向和幅度。其中，$\alpha_1 n_2$ 为交叉网络外部性效用，$\beta_1 n_1$ 为组内网络外部性效用。

① 只收取注册费。由前文的分析可知，政策主要通过 $\alpha_1 n_2 + \beta_1 n_1$ 影响建设项目环

境污染第三方监管平台向施工污染责任方收取的注册费大小，由均衡结果可知，$\alpha_1 n_2$ 和 $\beta_1 n_1$ 对最优注册费的作用方向相反（注册费与 $\alpha_1 n_2$ 成正比，与 $\beta_1 n_1$ 成反比）。当激励性政策力度加大，交叉网络外部性带来的效用增加，组内网络外部性的效用减少，即 $u_{10}\uparrow (u_{11}\uparrow、p_1\uparrow)\Rightarrow \alpha_1 n_2\uparrow、\beta_1 n_1\downarrow$。当 $\Delta\alpha_1 n_2 > \Delta\beta_1 n_1$ 时，施工污染责任方的注册费 P_1^* 下降。施工污染责任方的用户规模随政策补贴、施工福利和获得施工福利比例的增加而扩大，建设项目环境污染第三方监管平台为获取更高的交叉网络外部性效应，会倾向于降低该方的注册费，通过规模效应实现平台收益。反之，当 $\Delta\alpha_1 n_2 < \Delta\beta_1 n_1$ 时，平台向施工污染责任方收取的注册费 P_1^* 将提高，此时激励性政策的作用主要表现为组内网络外部性效用增强，限制该方用户的增长。平台无法通过规模效应获取收益时，就会采取提高价格的方式，借助更高的价格实现利润。当约束性政策的力度加大时，$u_{12}\uparrow (p_2\uparrow)\Rightarrow \alpha_1 n_2\downarrow、\beta_1 n_1\uparrow$，该项变动引起的注册费的变化与激励性政策力度加大相反，即 $\Delta\alpha_1 n_2 > \Delta\beta_1 n_1$ 时，施工污染责任方向平台缴纳的最优注册费提高；反之则降低。

② 只收取交易费。采用此种定价方式时，政策力度的变动不仅会影响 $\beta_1 n_1 + \alpha_1 n_2$，还与交易次数 T_1 相关。激励性政策或约束性政策力度的变化引起的 $\beta_1 n_1 + \alpha_1 n_2$ 的变动对平台收取的交易费的影响效果与只收取注册费时相同，此处不再单独阐述。在 $\beta_1 n_1 + \alpha_1 n_2 - \dfrac{\varphi_1(u_1)}{\varphi_1'(u_1)} > 0$ 的情况下，当激励性政策力度加大时，施工污染责任方在第三方监管平台上的交易次数减少，平台向其收取的交易费降低，即 $u_{10}\uparrow (u_{11}\uparrow、p_1\uparrow)\Rightarrow T_1\downarrow \Rightarrow S_1^*\downarrow$。施工污染责任方在平台上的交易次数为经监管平台发现，向责任方推送的环境超标数据记录数。当政策补贴、施工福利和获得施工福利比例的惠及力度和项目增加时，施工污染责任方为获取该项高额效用，积极完善施工现场环境管控措施，降低环境污染的发生可能性，则建设项目环境污染第三方监管平台实时采集的环境污染超标数据量同步减少。平台为鼓励更多的施工污染责任方加强环境污染监管和治理，会适当降低施工污染责任方的交易费，以吸引更多建设项目和责任方接入，获取规模收益。相反的，约束性政策所带来交易费的变化与力度成正比，即 $u_{12}\uparrow (p_2\uparrow)\Rightarrow T_1\uparrow \Rightarrow S_1^*\uparrow$。

③ 两部分收费制。此类情形下建设项目环境污染第三方监管平台向施工污染责任方收取的注册费和交易费相辅相成，此消彼长，共同构成平台的价格机构。政策类型和力度的变动对注册费、交易费组合的影响不仅体现在参数变化上，还与注册费和交易费的分配方式、比例相关，其作用路径和效果需结合实际具体分析。

(2) 政策对社会公众最优费用的影响

① 只收取注册费。政策力度变动引起 $\alpha_2 n_1$ 的变化具有一致性，即当政策补贴、施工福利及获取施工福利比例增加时，α_2 和 n_1 均增加，则 $\Delta\alpha_2 n_1 > 0$，社会公众的注册费均

减少。相应的解释为：当政策支持力度加大时，施工污染责任方为获取更高的效用，选择接入平台，该方的用户规模增加。随着建设项目的接入数量增多，处于平台监管之下的施工环境污染发生概率降低，社会公众的周边环境质量得以改善，个人身体健康水平提高，其付出的环境污染防治费降低，注册费随之减少。社会公众的环境福利提升，为谋求更好的生态环境，更多的社会公众加入平台，共同维护和创造安全干净的宜居环境。该方扩大的用户规模产生跨边网络效应，进一步增大施工污染责任方接入平台获取的效用，形成环境改善的正反馈链条。施工惩罚和获取施工惩罚比例的作用效果与前者相反，即该两项的增大会引起注册费的增加。

② 只收取交易费。政策力度的变动除了引起 $\alpha_2 n_1$ 的变化，还会影响交易次数 T_2，其引起注册费的变化方向与 $\alpha_2 n_1$ 相反。当政策补贴、施工福利及获取施工福利比例增加时，$\alpha_2 n_1$ 增大，T_2 减少，平台向社会公众收取的交易费降低。该过程一方面说明对施工污染责任方有利的政策力度加大，影响 $\alpha_2 n_1$ 作用于交易费的路径和效果与注册费类似，即社会公众享受的环境质量提升，付出的环境污染治理费用降低；另一方面说明激励性政策的惠及力度加大，施工污染责任方获取该项优惠积极完善施工现场环境管控和环境污染治理措施，从源头上降低环境污染的发生可能性。建设项目环境污染第三方监管平台实时采集的环境污染超标数据量降低，社会公众收到的平台推送记录减少，则社会公众在平台上的交易次数减少。此时，第三方监管平台会降低交易费以吸引更多的社会公众协同监管和治理建设项目环境污染。结合激励性政策对 $\alpha_2 n_1$ 和 T_2 的作用效果来看，随着优惠力度的加大，社会公众所缴纳的交易费相对减少。相反，施工惩罚和获取施工惩罚比例的约束性政策力度的加大会增加社会公众向建设项目环境污染第三方监管平台缴纳的交易费。

③ 两部分收费制。此类情形下建设项目环境污染第三方监管平台向社会公众收取的注册费和交易费相辅相成，此消彼长，需针对具体情况具体分析。

4.3.3 产品平台适用范围

在确定了治理平台非中性的价格结构等运行机制之后，需了解治理产品平台的适用范围。本书从建设工程公共服务治理平台生命周期角度，对治理产品平台进行划分。明晰建设工程公共服务治理产品平台各发展阶段特点，以确保治理产品平台用户规模达到成功的门槛——突破临界容量。

基于创新散播理论，结合成员对新产品的采纳过程和创新传播模型，知接入平台的成员及其占比为：勇于尝试的创新者（2.5%）、初期采纳者（13.5%）、早期多数人口（34%）、后期多数人口（34%）、落后者（16%）[200,206]。五类成员在潜在平台市场中呈钟形分布[206]。

建设工程公共服务治理参与者接受治理产品平台的过程类似于市场成员对新平台的采纳过程。借助成员对新平台的采纳意愿分布模型,发现建设工程公共服务治理产品平台参与者也可分为五类:

(1)创新者:包括勇于尝试的公共部门及试点建设单位、施工单位。这类主体多参与建设工程公共服务治理流程再造,具有创新精神。但在治理流程参与者群体中占比较小。

(2)初期入驻平台成员:这类成员在治理产品平台建立初期,认识到治理产品平台的价值和发展前景。他们受到平台模式运行机制的影响和平台管理手段的诱惑,在简单评估风险后,投身进入平台。

(3)早期跟随入驻成员:这类成员受平台运行机制与激励手段的影响,且观察到初期入驻成员的实际效益后跟随入驻,是参与者的主要组成部分,也是平台突破临界容量的关键。

(4)后期跟随入驻成员:这类成员和第三类一样,在治理产品平台运行机制和激励手段的推动下,在前期先入部门或企业获益的诱惑下,同时平台风险及价值逐渐明朗,这类成员也迅速入驻。不过,这一类成员与第三类成员相比,更为保守。

(5)保守者:这类成员不愿或干脆不加入治理产品平台,在总参与者中占比较小。

结合建设工程公共服务治理产品平台参与者占比的钟形特征,根据成员分类及占比,可知治理产品平台累计用户增长曲线呈"S"形。图4-14中实线表示实际入驻参与者,虚线表示入驻参与者的最低数量,当实线曲线高于虚线时,参与者才愿意加入平台。

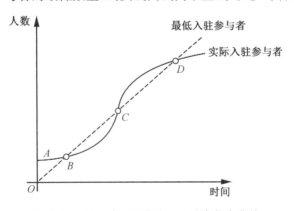

图4-14 治理产品平台实际入驻参与者曲线

实线与虚线的三个交点B、C、D,表示治理产品平台的三个均衡状态[200],实线与虚线的相互交错也体现了治理平台动态的生命周期,主要分为三个阶段。

(1)治理产品平台萌芽期

$A \rightarrow B$是治理产品平台的萌芽期,多数参与者保持观望状态,不敢贸然加入。但是由于建设工程公共服务治理流程刚刚经过重组,平台处于建设初期。治理产品平台是政务流程再造的结果组件,用于改变公共服务传统治理流程,旨在借助技术手段提高治理效率、消除治理碎片化现象。建设工程公共服务流程再造的牵头部门、平台试点建设单位和施工单位会接入治理产品平台。此时,虽然入驻平台参与者的预期数量为零,但是仍有创新者愿意尝试,治理产品平台具有一定的活力。

一般来说,在这个时期,入驻治理产品平台的公共部门数量多于相关建设单位数量。通常是几个公共部门指定了施工单位,对平台进行试用。治理产品平台还处于"内测"阶段,尚未大规模推广使用。根据前文对治理产品平台运行机制的分析,结合这个阶段的特点,发现此时治理产品平台尚不成熟,刚形成或尚未制定差别化定价,且网络外部性的作用微弱。保障治理产品平台存在并运营的是主体间的需求互补性。

治理产品平台参与方的情况是一对一(一个公共部门对一个试点施工单位)或多对一(多个公共部门对一个试点施工单位)。可能存在愿意尝试入驻平台的建设单位,为了方便分析,此处暂时不予考虑。治理产品平台模式于萌芽期的平台市场结构如图4-15、图4-16所示。

图 4-15 治理模式萌芽期平台市场结构(一对一)

图 4-16 治理模式萌芽期平台市场结构(多对一)

(2)治理产品平台成长期

$B \to C$ 是治理产品平台的成长期。B 点均衡状态对于治理产品平台来说,市场占有率太小,实际入驻平台的参与者数量少于平台运营的最低数量,治理产品平台发展进入瓶颈期。此处,公共部门提供激励和约束政策、治理产品平台提供非中性的价格结构,以推动"被补贴方"加入。一定数量的建设单位在诱因的吸引下进入平台,并充分发挥间接网络外部性,进而更多的公共部门加入治理产品平台。通过采取策略吸引用户(特别是跟随入驻类成员)加入,将用户规模由 B 点提升至临界规模 C 点,以保证治理平台存在和发展。所以在成长期,网络外部性尤其是需求互补性和价格结构非中性发挥了重要的作用。

这个阶段，治理产品平台两边的成员在运行机制和平台策略的指引下，陆续加入平台。治理产品平台参与方的情况是多对多（多公共部门对应多相关建设单位）。治理产品平台模式在成长期的平台市场结构如图 4-17 所示（m 为正整数）。

图 4-17　治理模式成长期平台市场结构

（3）治理产品平台成熟期

C 点之后是治理产品平台发展的成熟期。突破临界容量之后，参与者源源不断涌入平台。治理产品平台此时不需花费过多金钱、精力，用户规模会在各边之间的网络外部性相互作用下自然增加，治理产品平台空前活跃，直到 D 点才有所缓和。此时的治理平台充满活力，平台的间接网络外部性促使治理产品平台茁壮成长，需求互补性、价格结构非中性起辅助作用。治理产品平台的运营方无须过多干预用户规模的增加，只需关注已经进入的平台成员，保证治理产品平台提供的服务质量即可。

值得注意的是，因为建设工程公共服务治理产品平台具有一定的区域性，治理产品平台状态达到 D 点后，平台市场接近饱和，治理产品平台稳定运行。根据治理参与者的分类，此处近似认为临界容量用户规模占总用户规模的 84%，即除去保守者，其余参与者均接入平台。这里暂时不考虑平台衰退期、治理产品平台成员多重归属的问题。治理产品平台模式在成熟期的平台市场结构如图 4-18 所示（n 为正整数，且大于成长期的 m）。

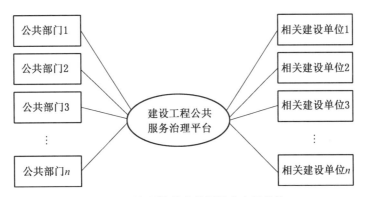

图 4-18　治理模式成熟期平台市场结构

第 5 章 构建建设工程公共服务网络化平台治理模式

网络化治理理论已较为广泛地运用到公共服务治理等各种项目中,并取得了积极成效。建设工程是传统行业,工程项目体量大、数量多,与社会各参与主体紧密相连,是城市治理内容中的重要一环。建设工程公共服务治理具有动态性和复杂性,加之传统治理模式不能满足现实治理需求,所以采取网络化治理模式解决建设工程公共服务治理问题极具现实意义。本章将信息技术作为公共部门治理变革的推动力量,结合网络化治理理论,构建建设工程公共服务网络化平台治理模式。

5.1 建设工程公共服务网络化平台治理模式的内涵

5.1.1 建设工程公共服务网络化治理的概念

按照参与主体的地理范围和主体特征,网络化治理可分为全球网络化治理、国家网络化治理和地方政府网络化治理[111]。地方政府是中央政府之外的其他各级政府的统称。地方政府网络化治理是在一定的运行机制下,地方政府通过行政授权、购买公共服务等合作手段与其他社会组织(包括企业、社会团体等)一起为实现公共利益最优化而采取的协同活动[111]。因为建设工程公共服务治理具有地域性特征,所以本书所指的公共服务网络化治理,均是地方政府网络化治理,在正文中简称网络化治理。

网络化治理改进了传统科层式治理模式和新公共管理模式,在公共部门和市场之间提供灵活的结构,采取多元主体的合作共治方式提供公共服务[116]。结合建设工程的内涵,建设工程公共服务网络化治理的定义为:在建造和改造固定资产过程中,公共部门通过行政授权、购买公共服务等手段与非政府组织联结互动,为实现公共利益最优化而采取的协同活动。

5.1.2 建设工程公共服务网络化平台治理模式的定义

"网络化"在建设工程公共服务网络化平台治理模式中具有双重性质,其既是"因"又是"果"[207]。"因"体现在以下三点：①互联网信息流动速度快、透明度高、企业合作成本低，网络可以促进治理主体合作共治；②网络帮助建立治理主体之间的沟通协调渠道，使他们无视时间、空间进行合作；③网络技术是治理平台成立的基础，以治理平台为抓手可以促进治理模式的升级。"果"是指在网络技术和合作理念的共同指引下，公共部门和社会力量形成网络状的治理结构。

在网络化"因"的指引下，在治理主体的互动中，建设工程公共服务治理模式不断发生自我循环，实现自我演进。结合建设工程公共服务网络化治理的定义，建设工程公共服务网络化平台治理模式是指：在建造和改造固定资产过程中，公共部门通过行政授权、购买公共服务等手段，与相关建设单位、治理平台联结互动，为实现公共利益最优化而采取的协同治理模式。

5.1.3 网络化平台治理模式的构成基础

5.1.3.1 政策环境基础

政策层面，"放管服"改革对建设工程公共服务的治理提出了新的要求，需要减轻传统治理模式的监管压力，将政府从传统治理模式中解放出来。政府不再全权提供公共服务，而作为协同治理的推进者、治理结果的监督者，促进各方协作提升公共价值。同时，十八届三中全会《中共中央关于全面深化改革若干重大问题的决定》中引入"第三方治理"概念后，我国在公共管理领域积极开展第三方治理探索，并取得一定的成效[208]。

在建设工程公共服务治理方面，国务院于2018年出台《打赢蓝天保卫战三年行动计划》，就建设工程环境污染监管问题给出指导性意见。行动计划指出，由住房和城乡建设部牵头、生态环境部参与，加强扬尘综合治理，建设单位、渣土车运输企业需要参与治理，与当地有关主管部门联网[209]。各地区针对管辖区域建设工程公共服务治理状况出台相应规章制度。如南京市生态环境局于2021年3月出台南京市2021年度大气污染防治实施方案，指出南京市建委、交通运输局、生态环境局等需按职责相互合作，建设项目按规定接入平台，环境污染问题于平台交办[210]。

不难发现，政府部门支持建设工程公共服务治理模式的创新，提倡公共部门与非政府组织一起，解决治理难题，共同提升社会公共价值。政策中出现了第三方治理和平台的概念。平台，作为公共服务治理第三方，受到政策因素的大力支持。

5.1.3.2 治理主体基础

建设工程公共服务网络化治理的参与者有公共部门、相关建设单位和建设工程公共服务网络化治理平台。

1. 公共部门

从根本上看,公共部门依旧是公共服务的供给者。公共部门在建设工程公共服务网络化治理中各司其职,城乡建设委员会统筹建设工程相关的公共服务,建筑质量安全监督站审查安全建设,生态环境局监督扬尘噪声污染防治,城市管理局力图消除黑渣土车带来的公共安全隐患。公共部门在政务流程再造的过程中发起治理网络,逐步成为公共服务的购买者,委托专业人员建立网络化治理平台,为网络化治理平台的建设提供制度保障,为网络化平台治理模式的运行提供政策、资金、技术等方面的支持。公共部门通过激励和约束政策鼓励非政府主体加入,促进多主体共治。

2. 相关建设单位

相关建设单位是建设工程公共服务网络化治理的市场力量。在建设工程公共服务网络化治理过程中积极承担社会责任,响应绿色、安全生产,享受公共服务网络化治理政策红利。

3. 建设工程公共服务网络化治理平台

建设工程公共服务网络化治理平台是治理流程再造的成果之一,由公共部门牵头策划,由政府财政资金支持成立,并选择有计算机、互联网、建设工程相关知识背景的专业人员建造、运营平台。网络化治理平台是技术平台和平台模式的综合体,是具体措施(网络技术)与抽象效应(网络外部性)之间相互作用的产物[211]。该种产物是一种创新型的治理工具,同时具有现实和虚拟属性的空间和场所[70]。在网络化治理平台的需求互补性和网络外部性影响下,公共部门等治理流程参与主体入驻平台。网络化治理平台建设和运营企业站在市场角度,采用非中性的价格结构,吸引更多的相关方加入平台,起到极其重要的聚集作用。

与此同时,网络化治理平台不提供实质性的产品,原则上不进行公共服务网络化治理相关的具体工作,而是为保证用户群体之间的协同工作提供网络化治理相关的服务,起到一个"第三方"的作用[70]。建设工程公共服务网络化治理平台需要"第三方"的原因在于:公共部门与相关建设单位之间关于公共服务的相关治理内容,只有约定俗成的或者不正式的制度安排,而一个涉及多方的合作或博弈必须有明确的制度安排[70],这正是传统模式中所缺少的。所以建设工程公共服务网络化治理平台以"第三方"的身份存在,为平衡双方利益,制定平台使用规则并做出制度安排。

5.1.4 平台使用场景下的数据增值价值创造

结合"平台堆栈"中三类平台资产的概念、数据管理框架中三层次及社会经济平台中与价值创造联系紧密的重要互动关系,从工地现场数据中创造价值所需的各部分平台组件,如图 5-1 所示[212]。

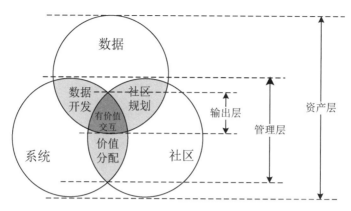

图 5-1　数据增值价值创造所需组件关系示意图

数据共享平台所依赖的三类核心资产组成了平台的资产层,它们分别是便利的系统、利益相关者组成的社区以及与社区相关的数据。三个管理任务组件为组织社区,在利益相关者、社区和系统之间分配价值以及将数据开发为信息,它们的共同目的是通过支持跨平台有价值的交互来创造价值。平台通过对资产的高效管理所期望达到的结果便是有价值的交互,这是第七个也是中心组成要素。当这些组件以一定方式组合,可以形成一个分层次多任务的韦恩图,揭示平台如何释放数据更高维增值价值的机理。

1. 资产层:利益相关者社区

社区的存在是因为相比于各利益相关方孤立地追求效益,数据共享平台给各参与方提供了一个释放数据价值的更有效的机制。平台通过让利益诉求一致或相近的利益相关方彼此匹配,降低了他们从数据中实现价值的边际成本[213]。平台构建了一个市场化自由交易的场所,所有的参与方均是一个数据供给源同时也是消费商,平台模式下的数据价值就在从数据开发中获得的收益与实现该输出结果的差值中产生。越庞大的利益社区关系网意味着更大体量的市场与更多创造价值的机会,平台吸纳并精心经营的利益相关者社区自然也就成为其关键性的底层资产。

2. 资产层:便利的系统

每一个平台都有自己独特设计的系统管理数据,利益相关者社区中价值互动的效率是衡量平台系统有效性的重要指标[214]。系统的目标不仅仅是为利益相关者匹配有价值的互动,还有最小化他们的短期搜寻成本。环境污染第三方监管平台系统针对将工地现场监测数据上报至公共部门辅助监督的流程开发,为各利益相关方关系社区的建设奠定了网络主干基础,建立起数据在不同参与主体间流动的优化通道。系统背后蕴藏的算法也是平台企业能有效利用特定类型数据创造价值的工具性资产。

3. 资产层：社区中的数据

当数据能够产生非数据结果时，例如工地现场环境污染监管的指标数据能成为反映施工企业项目现场管理水平的信息，数据就充当了一种资源。当数据经深加工成为便于存储交换且能满足不同利益诉求方的要求时，数据就成为一种经济商品，如政府公共部门需要真实记录施工现场扬尘、噪声等污染检测指标的动态数据；建筑垃圾回收商关注每个项目完工后可能的废料量和意向回收价格等数据。当数据作为价值存储的手段或促进部分利益相关方之间的价值交换时，其就被视为一种货币，如环境污染数据本身对平台企业并无作用，但当平台方掌握了施工方与公共部门之间的数据供求对接关系时，可以用经过加工的数据换取补贴、服务费等收益。

当更多不同的数据共享平台交换数据时，数据也可以创造增值价值[215]。反映项目施工现场真实情况的监管数据可以为建筑企业保险评估分析等工作提供决策依据，数据可以在多主体间流动甚至可以跨越相关行业进行联动，这是正向交换，生成的数据可以供外部平台使用以直接获取收益。当然平台也能从其他平台购入数据，当购入成本低于内部自主开发相同数据成本时，这类反向交换也能带来收益，如监管平台接入建筑垃圾回收商数据的成本小于提供买卖双方匹配服务的效益时，数据流动能带来潜在正向收益。

4. 管理层：社区组织

框架的第二层管理层所包含的三项任务反映了平台主要面临的管理挑战：如何建立一个利益相关者社区，让他们在数据需求上有相似的同方向目标；如何恰当开发数据，形成一套标准化流程，以满足不同参与方的可能需求；如何合理分配数据带来的价值，确保平台正常运转的同时激励入驻用户继续参与数据价值创造过程。

如果不同利益相关者所构成的社区目标过于分散，那么所需数据的代价也将相应高昂；相反，如果社区目标过于集中，那么围绕数据成功交互所产生的利益信号将无法吸引足够多的潜在利益相关方。不同利益相关者对数据的需求有所差异，由此产生不同效用，如政府公共部门需要工地现场实时数据辅助环境污染监管；施工方想要通过主动分享数据获取政策补贴或是为实现自身数字化变革先行尝试。故平台组织社区的管理任务不仅是区分各种利益诉求以提供更好的数据开发服务，还在于营造畅通且包容的社区氛围，让各参与方主动挖掘业务数据广泛共享创造增值价值的潜力。

5. 管理层：数据开发

数据若按照过于精细的目标合集开发，它将不再对拥有相似目标但目前不完全一致的利益相关群体有价值；同样，未充分开发的数据也无法帮助平台参与方降低其开发成本，导致企业决策时看不到足量收益而做出放弃加入平台社区的选择。

环境污染监管平台作为典型的数据分享平台，应包含数据生成、获取、存储等价值链工序,以支持价值创造过程[216]。但数据增值价值创造必须超越这些工序。平台参与方使用系统开发的数据,以降低获取相同成果的个人成本,或以相同成本能获得更多成果[215]。如接入平台的施工方,系统假设其有回收项目现场建筑垃圾的想法,当下一次存在建筑垃圾回收交易时,该施工方可以收到提示信息以帮助平台确认或修改这一假设。通信理论把施工方的这种反馈称作校正信号(Correction Signal),它允许用于改正向所有利益相关方传递数据的过程[217]。这种数据驱动下的关系网络优化让一个行为主体的价值创造过程渗入社区中的其他相关方。

数据开发也能发生在各个市场,这在多边平台上尤为明显。利益相关者都在为平台提供各种数据源,平台系统通过"建议价格""推荐关键词"等方式促使每个参与方安排好自己的数据,尽可能实现多数群体的利益最大化。这种直接或间接数据开发激发了需求侧的规模经济,尽管最后数据的扩展应用因人而异,但利益相关方出于潜在的交互个人利益而自愿分享并加工数据的这样一种协作式开发行为,仍是围绕数据构建生产功能所需的核心组成部分。

6. 管理层:价值分配

当社区中的利益相关者进行自由的数据交互时,系统会收集双方在所有成功和失败交易中所采取的完整路径,这让平台系统建立了对各社区参与方偏好更完整的理解。这种价值创造机制描述了两种市场:其一为社区与系统之间的内部价值创造市场;其二为以利益相关方各种选择为特征的外部市场。系统可以利用全面的理解优势在这两个市场之间进行套利,直至达到帕累托最优点[215]。系统背后的平台方必须分得一些价值以保障正常运营,同时利益相关者也更愿意加入服务费更低的平台。平台方对数据价值的提取不足会导致其没有足够资源来收集、整理用户信息;然而过度的提取又会削弱平台吸引用户积极参与的效益削弱效益。因此,在价值的帕累托有效分配之前,保证利益相关者和平台方的共赢协作,是平台模式下创造价值的关键性管理任务。

7. 输出层:价值创造是平台数据共享的结果

有价值的交互是监管平台数据共享框架的中心,是跨越数据基本价值实现增值价值创造的核心要求,其位于图5-1正中心,是底层资产与有效管理方式共同作用的最好结果。各利益相关方遵从数据共享平台的目标聚集在一起,要产生有价值的交互需要管理决策充分调动平台底层资产,每个管理任务必须考虑其所跨越资产的性质。在图5-1中表现为颜色较深的管理层是底部资产层的交集,如价值分配位于系统与社区的交集部分。而现实中平台在进行收益分配时,既要考虑保证系统维护和平台自身正常运转的效益,这是平台稳步持续发展的基础和拓展服务范畴的动力,又要保证利益相关者在广泛的价值创造过程中交互、合作、竞争、使用或交易数据的可观收益,这是平台吸引用户流量以维持活力的必然要求。

5.2 构建建设工程公共服务网络化平台治理模式

5.2.1 网络化平台治理模式的运行机制

5.2.1.1 信任机制与信任体系

随着对公共服务需求的提高,公共服务治理的目标具有复杂、多元、动态的特性。这些目标无法由某一个组织独立实现[123],进而产生了合作。这种合作具有高不确定性和高风险性。信任既是合作的前提,又是成功合作的产物,信任机制是网络化治理中的重要机制保障[123]。

在网络平台中,信任机制包含主体信任、技术信任和制度信任。其中,制度信任是技术信任和制度化机制的后置结果,在其他机制的影响下产生或湮灭。此处认为信任机制仅包含主体信任和技术信任。结合建设工程公共服务网络化治理平台的特点,对两种信任定义如下:主体信任是指公共部门、非政府部门与治理平台之间的非功利性、情感性的托付。比如:相关治理单位信任公共部门,相信加入治理行列能获得政府承诺的显性支持(如财政补贴)和隐性福利(如建设信用增加)。技术信任包括两方面:一方面是公共部门与非政府组织相信网络化治理平台建设及运营方拥有的信息技术过硬,能够提供公共服务治理所需功能;另一方面是相信网络化治理平台维护的物联基础设施能够搜集治理指标。

信任具有不确定性和风险性,光依靠共同目标和信仰是不够的,还需要有共同的义务和预期。所以培育建设工程公共服务网络化平台治理模式中的信任机制,既要弘扬治理相关者利他的一面,又要约束行动者自利的一面[123]。应从下面两点出发,培育信任机制。

1. 针对主体信任

主体信任是治理网络各节点之间的信任。建设工程公共服务治理的主体信任不会凭空产生,既需要依靠治理网络组织和制度的建立[110],又需要以伦理道德为依托,指引治理主体的思想素质和行为素质。所以,一方面,主体信任依托建立约束、激励制度和加强互动协商两种方式获得(这两种实现方式在下文中详细叙述);另一方面,需要在思想和文化上对公共部门及非政府组织人员进行深层次的价值观教育,使治理参与者生成以公共利益增值为本位的根本目标,并将该思想渗透于日常的工作中。在此基础上,各成员尤其是社会力量才能积极履行义务,在建设工程领域提升社会公共价值的目标才能得以实现。

2. 针对技术信任

技术信任的建立应从两方面着手。第一,在建设工程中使用信息技术,有效提高治理质量和效率。采取先进信息技术与物联网设备,加快建设问题发现、处理速度,形成事件处理闭环,提高治理效率,使得治理相关方切实感知先进技术对治理形式的改进作用。第二,减小信息技术使用的风险性,保障技术使用安全性。在以新技术为工具转型升级的同时,治理技术平台应将治理平台接口标准化,增强各类相关方接入的易用性;把握信息接入和流出的关卡,保障信息使用的安全性与可维护性。

国内学者对于信用体系的研究大多集中在金融领域,其理论研究建立在狭义的信用定义之上。狭义的信用指的是货币借贷和商品买卖中延期付款或交货的总称,是以偿还为条件的价值运动的特殊形式,包括银行信用、商业信用、国家信用和消费信用[218]。近年来,有关信用体系的研究已经突破了狭义的信用,并延伸到了广义的信用。吴晶妹认为,社会信用体系的建设对应的是广义的信用,即进行诚信道德文化建设、社会活动管理合规建设和经济交易践约建设[219]。张丽丽和章政揭示了数字社会中"数据皆信用、信用皆数据"的基本现实[220]。

不同学者对于信用体系的内涵解释有所不同,不同领域内信用体系的内涵也不一致。曾小平将信用体系定义为:信用体系是根据信任的要求和特点,按照信任的功能、性质和内在联系对信任进行分类、分级,并与外部管理和中介体系共同构成的一个有机联系的整体[221]。周文凯认为信用关系、信用主体、信用制度三者紧密结合构成了信用体系[222]。总的来说,信用体系是一套保证经济良性运转的社会治理机制,它通过有机地整合各种与信用建设有关的社会力量,以信用法律法规为依据,以信用第三方中介机构为主体,以合法有效的信用信息为基础,惩治失信行为,使信用主体自觉地遵守信用,从而提高整个社会的信用水平[223]。

本书以渣土车真实信用体系构建为窗口,反映建设工程公共服务环境信用的研究框架。

1. 渣土车真实信用体系定义

本书渣土车真实信用体系是指建立渣土车智慧监管平台监管渣土车实时动态,利用现代信息技术收集渣土运输过程中有关渣土车司机和车辆真实的、不可篡改的行为数据,对渣土车运输行为加以激励约束,让渣土运输企业主动地遵守信用的一种规范机制。

2. 渣土车真实信用体系构建原则

(1)科学性和相关性

科学性是指渣土车真实信用体系指标的选取要有一定的依据,每一个指标都要有明确的内涵,且在后续计算中能够统一计算口径。相关性是指渣土车真实信用体系指标能够真实地反映渣土车运输行为的信用状况,指标数值的高低能够反映出渣土车的信用水平。

(2)实用性和可操作性

渣土车真实信用体系是渣土车智慧监管平台的重要功能之一,指标体系的设置不能过于复杂,最终得到的结果要能够应用到实际情况中去。渣土车真实信用体系指标的获取要相对容易,即可以利用车载终端设备获取所需指标的数据。

(3) *层次性和系统性*

层次性是指构建渣土车真实信用体系时要保证体系的构架层次清晰,设计简洁明了。系统性是指各指标之间能够互相补充和互相配合,且不重复和冲突,能够很好地反映渣土车真实信用体系的整体情况。

3. 渣土车真实信用体系指标选取

(1) *基于渣土车管理有关政策进行选取*

以《南京市渣土运输管理办法》为例,政府有关部门对渣土车管理的重点集中在渣土运输企业的管理、渣土车三证(即查验车辆安全证、准运证和通行证)的获取、渣土车的违规标准和惩罚措施上[224]。《南京市渣土运输管理办法》规定渣土车违规行为有:无证运输,未按规定路线、时间、速度和密闭方式运输,以及闯红灯、私自拆除限速设备和卫星定位装置等[224]。由于在不同的道路上,渣土车限速的标准不同,渣土车的超速行为可以分为普通道路超速和高速道路超速。

(2) *基于渣土车智慧监管平台功能进行选取*

渣土车智慧监管平台具有实时监控车辆位置和车辆行驶过程的功能,平台通过车载终端设备收集有关驾驶员不良行为、车辆违章行为的数据,并形成违规渣土车的管控指令。平台可以提供的报警数据有八类,分别是车辆偏离原定路线、普通路超速、高速超速、盲区有障碍物、驾驶员抽烟、分神、接打电话和疲劳驾驶。平台具有使用数据搜索和数据统计的功能,设置相关限制条件,即可查询各类报警数据。

4. 渣土车真实信用体系指标内涵和获取途径

通过对渣土车管理有关政策和渣土车智慧监管平台功能的研究,并结合渣土车真实信用体系指标构建原则,可以总结出影响渣土车真实信用体系评价的因素包括驾驶员行为和车辆行为两个方面。本书将渣土车真实信用体系分成三个层级,评价指标体系如表5-1所示。第一层是目标层,第二层是两个一级指标,第三层是八个二级指标。

表 5-1 渣土车真实信用评价指标

目标层	一级指标	二级指标	指标内涵
渣土车真实信用体系 U	驾驶员行为 U_1	抽烟 u_{11}	驾驶员在行车过程中抽烟
		分神驾驶 u_{12}	驾驶员在行车过程中左顾右盼、不专心
		疲劳驾驶 u_{13}	驾驶员在行车过程中打哈欠、闭眼
		接打电话 u_{14}	驾驶员在行车过程中接打电话

(续表)

目标层	一级指标	二级指标	指标内涵
渣土车真实信用体系 U	车辆行为 U_2	离线位移 u_{21}	渣土车行驶路线与规定路线不一致
		普通道路超速 u_{22}	渣土车普通道路行驶速度超过 50 km/h
		高速道路超速 u_{23}	渣土车高速道路行驶速度超过 70 km/h
		右侧盲区 u_{24}	渣土车右侧盲区存在碰撞危险

渣土车真实信用指标的获取途径如下：

（1）驾驶员行为指标

驾驶员行为指标是指驾驶员在驾驶渣土车时的动作、精神状态等，包括抽烟、接打电话、疲劳驾驶和分神驾驶四个二级指标。驾驶员行为监测需要使用驾驶员状态智能摄像头自动捕捉驾驶员的不良驾驶行为，车载终端系统会将摄像头捕捉到的驾驶员不良行为信息上报到渣土车智慧监管平台。平台收到报警后会控制驾驶员提示器发出提醒，并限制渣土车的行驶速度。

（2）车辆行为指标

车辆行为指标是指渣土车行驶时的速度、位置信息、视野盲区情况等，包括离线位移、普通道路超速、高速道路超速和右侧盲区四个二级指标。通过车载 GPS 或者北斗设备可以实现对渣土车车辆位置的实时、全过程监控，若渣土车的行驶路线与原定路线不一致，渣土车智慧监管平台会收到报警信息，并下发控制车辆速度的指令。渣土车行驶时的速度、右侧盲区情况等行为数据可以通过速度监测仪和右侧盲区智能摄像头采集。当渣土车超速时，会产生报警信息，平台会对车辆限速。当渣土车启动后，若有人进入车辆右侧盲区预警区时，车内司机会收到对盲区内行人避让的提醒，而车外的人也会收到远离车辆的声光提醒。

5. 渣土车真实信用体系指标权重确定

通过收集并统计渣土车一个月的各类报警数据，形成数据样本，可用 CRITIC 权重法分析各个指标的权重。用 x_{ij} 表示第 i 个样本的第 j 项评价指标的数值，原始指标数据矩阵为：

$$\boldsymbol{X} = \begin{bmatrix} x_{11} & \cdots & x_{1n} \\ \vdots & \ddots & \vdots \\ x_{m1} & \cdots & x_{mn} \end{bmatrix} = [x_{ij}]_{mn} \quad (i=1,2,3,\cdots,m; j=1,2,3,\cdots,n) \quad (5.1)$$

（1）归一化处理

首先，为了统一计算口径，需要对指标进行归一化处理。归一化处理可以分为正向化处理和逆向化处理。

正向指标代表所用指标值越大越好，应用正向化处理：

$$x'_{ij} = \frac{x_{ij} - \min x_j}{\max x_j - \min x_j} \tag{5.2}$$

逆向指标代表所用指标值越小越好，应用逆向化处理：

$$x'_{ij} = \frac{\max x_j - x_{ij}}{\max x_j - \min x_j} \tag{5.3}$$

（2）指标变异性

指标变异性用标准差表示，记 S_j 为第 j 项指标的标准差。标准差越大的指标越能反映更多的信息，因此指标分配的权重越多，标准差公式如下所示：

$$\begin{cases} \bar{x}_j = \frac{1}{m} \sum_{i=1}^{m} x_{ij}, \\ S_j = \sqrt{\dfrac{\sum_{i=1}^{m}(x_{ij} - \bar{x}_j)^2}{m-1}} \end{cases} \tag{5.4}$$

（3）指标冲突性

指标冲突性用相关系数表示，记 r_{ij} 为评价指标 i 与 j 之间的相关系数。冲突性越强的指标，反映的信息重复性越高，因此指标分配的权重越少，冲突性公式如下所示：

$$R_j = \sum_{i=1}^{m}(1 - r_{ij}) \tag{5.5}$$

（4）信息量

C_j 表示第 j 项指标的信息量，指标的信息量越大，指标在整个体系中的作用越大，分配的权重越多，信息量公式如下所示：

$$C_j = S_j \sum_{i=1}^{m}(1 - r_{ij}) = S_j R_j \tag{5.6}$$

（5）权重计算

W_j 表示第 j 项指标的客观权重，公式如下：

$$W_j = \frac{C_j}{\sum_{j=1}^{n} C_j} \tag{5.7}$$

由于报警次数越少，渣土车真实信用水平就越好，因此报警数据要先经过逆向化处理。经计算后，CRITIC 权重法计算结果如表 5-2 所示：

表 5-2 CRITIC 权重法计算结果

指标	指标变异性	指标冲突性	信息量	权重%
抽烟 u_{11}	0.239	2.187	0.523	8.92
分神驾驶 u_{12}	0.257	2.483	0.638	10.88
疲劳驾驶 u_{13}	0.286	2.248	0.643	10.97
接打电话 u_{14}	0.249	1.963	0.489	8.34
离线位移 u_{21}	0.234	3.907	0.914	15.59
普通道路超速 u_{22}	0.345	3.171	1.094	18.66
高速道路超速 u_{23}	0.256	3.51	0.899	15.33
右侧盲区 u_{24}	0.282	2.35	0.663	11.31

6. 渣土车真实信用体系模型构建

结合以上渣土车真实信用体系指标选取、权重确定等步骤后,构建的渣土车真实信用体系如图 5-2 所示。渣土车真实信用体系中综合评价分数为 $C=\sum W_j \cdot x'_{ij}$,综合评价得分越高,代表渣土车的真实信用水平越高。

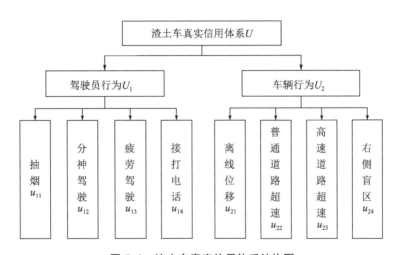

图 5-2 渣土车真实信用体系结构图

5.2.1.2 互动协商机制

建设工程公共服务网络化平台治理模式中,治理相关方通过谈判、协商等方式,对公共服务进行共同治理,取代了传统模式中一部分的行政处罚等强制手段,有助于实现治理主体之间的良性互动。建设工程公共服务网络化平台治理模式的互动协商机制具有价值协同和信息共享互动两条动态法则。信息共享互动机制促进资源共享、责任共担,帮助调整治理主体之间的关系，通过信息、资源的交换和分享，在共同利益基础上维护集体的行动。价值协同机制引导公共服务治理参与方树立共同战略目标，拉近权力距离，为各参与者提供平等的合作空间，共同合作共创价值。

建设工程公共服务网络化平台治理模式互动协商机制的建立，应从信息共享互动机制和价值协同机制两方面入手，以提高公共服务治理效力。

1. 促进信息共享互动

信息技术最突出的特征是互动频率高。采用建立网络平台等信息技术手段，能加强治理相关方之间的信息沟通，促进资源的快速流动。一方面，通过信息技术工具改进治理模式，整合资源与信息，用数字化网络技术支持主体间互动协商，提高治理效率；另一方面，技术变革与治理理论相结合，推动公共部门以新型的网络化治理模式治理公共服务。

2. 提高价值协同

公共部门是建设工程公共服务网络化治理中的关键力量，首先应破除官本位思想，积极响应"放管服"号召，向社会力量放权。公共部门需承认社会力量在公共服务中的作用和地位，接受并主动与非政府组织处于平等治理环境，借助专业力量提高资源利用效率和公共服务效能，共同提供公共服务。同时公共部门之间打通交互壁垒，不同部门横向之间加强协同，减少重复工作、及时填补治理漏洞。

建设工程公共服务网络化治理平台的建立，不仅方便相关方沟通协作，而且创造出平等交互的空间，畅通主体之间的交流，形成扁平化的网络组织形式。网络化治理技术平台是新型治理模式实现的重要抓手，通过网络化治理平台的打造，实现分散式发现问题、实时反馈问题、及时回应整改问题、溯源式治理和全过程问责，有效提高治理效率[225]。

5.2.1.3 制度化机制

制度化机制规范网络主体的行为规则，促进了治理相关方的交互，从而降低了交易成本，提升了网络化治理的性能[35,128,130]。网络化平台治理模式中制度化机制是指，通过制定规章制度，明确治理路径和奖惩形式，激发主体治理积极性，调动治理责任感。制度化机制有助于实现权力共享、责任共担，提高公共服务治理效力。建设工程公共服务制度化机制的运转需要多个治理主体的共同努力，应根据自身特点，为网络化平台治理模式制定约束和激励制度。

1. 从公共部门角度

首先，公共部门为了建设工程公共服务网络化治理平台的建立和顺利运营，应在牵头建立平台的同时提供政策鼓励和财政支持。其次，公共部门针对非政府组织，应采用正向激励政策和适当的管理手段（如接入建设单位分级管理等），鼓励相关方接入平台，加入治理网络。然后,公共部门应发挥一定的带领作用,制定建设工程公共服务网络化治理标准,对违规建设单位给予相应惩罚,督促各主体规范自身行为,承担社会责任。最后,公共部门应主持建立建设工程公共服务承接主体信用库,对本地区相关建设单位的信用分进行计算、排名,并将信用库与全国信用信息共享平台连接,共同推进实施守信联合激励和失信联合惩戒工作,共同加强社会信用体系建设。

2. 从治理平台角度

平台运营方一方面为了扩大平台市场,突破临界容量,另一方面为了充分发挥自身中介价值及为治理网络扩容,需采取差别化定价、利用网络外部性等平台运行机制,增加用户规模。但是无论什么样的情境,只要有人或组织聚集,就有可能产生不良行为,进而引发负的网络外部性。平台中的负外部性不仅会影响交易的质量、平台规模,还会影响经济效率[82]。在应对负网络外部性问题上,因为平台运营方与公共部门相比,能够直观、迅速地监控平台参与者的不良行为,快速地采取应对措施,所以私人管制非常重要且切实有效[82]。平台能够担任许可授权的角色,注重对平台参与方的筛选,通过保证平台交易质量,提高平台的网络外部性[70]。比如广告支撑型媒体,他们在选择广告商时并不一定会选择出价最高的投标者,而是以不会冒犯读者为标准选择广告内容。需要说明的是,如果平台无法将一边成员(通常是买方)的福利内生化,那么平台就没有动机和理由管制、苛求其余成员(通常是卖方)。所以从某个角度看,一些平台是有许可授权能力的管制机构的[70]。

建设工程公共服务网络化治理平台的建设定位是作为第三方治理工具,支持建设工程公共服务治理相关的工作,提供集成服务,同时提供互动协同空间,促成参与者之间的合作,以共创价值。所以,入驻网络化治理平台的相关建设单位的质量和各边规模同等重要。网络化治理平台是需求协调型的第三方平台,如果盲目追求用户规模的增加,而不注意接入成员的质量,会导致监管不力、公共服务治理效能降低等问题,对网络化治理平台的定位以及重组政务流程的实施产生负面的影响。比如,某些建设单位仅仅是为了变成分级管理中的第二级,即为了获得信用分增加等特权,但不积极履行义务而加入平台,想要"不劳而获"。此时网络化治理平台就应当设立管制式策略,构建用户过滤机制,以维护建设工程公共服务网络化治理的高标准、高效力。需要说明的是,公共部门的考核、管理、评估工作较为繁复,牵扯相关方众多,此处不予考虑,管制式策略仅针对公共服务承接主体。

建设工程公共服务治理流程再造后,公共部门依据激励和约束政策对相关建设单位采取分级管理的手段。此处基于分级管理的措施,结合平台第三方的功能定位,制定以下几项管制式策略:

(1)健全分级管理考核评定标准。全面公布公共服务承接主体"权利清单""责任清单"。公开标准的数量、规模、边界、时限等相关参数,明确平台检查审核方式和考核评定标准。

（2）建立分类管理数据库，根据评定标准设立主体红黑榜。记录积极履行社会责任或有损社会公共价值的主体行为，并将行为结构化成相关数据，进行汇总排名绘制红黑榜。奖赏"红榜"成员，大力惩戒"黑榜"成员。加大对失信、违规行为的曝光和惩戒力度，适当提高"黑榜"成员升级标准。

将网络化治理平台作为违规建设单位缴纳罚款的渠道。通过平台缴纳罚款的理由为：一是利用网上通道一站式办理，可减少行政审批环节，及时记录罚款缴纳状态、停工剩余时限等信息；二是行政处罚公开化、透明化，违规信息留档留痕，同时缩小公共部门不公正执法的空间；三是公共部门可与平台商定，将一定比例的罚款金额拨付给平台，作为平台的建设和管理资金，以提高平台运营商的积极性，支持平台功能的不断优化和升级。

5.2.2 网络化平台治理模式的适用范围

当建设工程公共服务治理满足以下特征时，适用于网络化平台治理模式。

1. 建设工程公共服务治理传统模式失灵

传统模式中，虽然公共部门投入大量资金和人力，在规章制度和行政命令中提供公共服务，但依旧不能满足社会公众日益增长的需求，在建设工程公共服务治理方面心有余而力不足。

2. 以提升公共价值为目标提供公共服务

网络化治理的对象是公共服务，治理的关注点和落脚点是提升社会公共价值。各主体需要从社会公共安全保障、生态环境保护等方面出发，提供包含扬尘减排、打击黑渣土车等治理内容，一定程度上解决现阶段建设工程领域存在的问题，增进人民福祉。

3. 存在多元治理主体和扁平化的治理结构

网络化治理明确了政府和社会的定位，呼唤社会各界共同治理公共服务。建设工程公共服务传统模式失灵，证明了单一主体治理公共服务存在困难，权力距离过远，信息、资源流动渠道闭塞。建设工程公共服务治理亟待社会各界的广泛参与，需要构建平等的合作空间。

4. 存在治理网络平台

网络化治理是信息化技术飞速发展的产物。治理平台是网络化平台治理模式的运行基础，其技术平台与产品平台共存的特性，为网络化治理赋能，提高治理效率。

5.2.3 网络化平台治理模式的实现流程

为了描述建设工程公共服务网络化平台治理模式的治理流程，假设治理模式中有城乡建设委员会和城市管理局两个公共部门，它们在各自领域内提供建设工程公共服务。

城乡建设委员对扬尘和噪声污染进行管理,城市管理局对渣土车进行管理。在运行机制等多重因素影响下,多个建设单位(N个)接入平台。平台作为治理服务的供给中心,聚集治理信息和治理资源集,为治理结果提供数据增值服务,为基层物联设备提供运维服务。利用赋时Petri网,构建建设工程公共服务网络化平台治理模式的实现流程(表5-3)。

表5-3 建设工程公共服务网络化平台治理模式的实现流程

库所	参与者或资源存放场所	变迁	活动	时延
P1	某施工项目	T1	开展施工活动	t_1
P15	某施工项目	T18	开展施工活动	t_{18}
PN	某施工项目	TN	开展施工活动	t_N
P2	建设单位	T2	进行项目建设	t_2
P3	公共服务网络化治理平台	T3	实时监测扬尘(噪声)污染排放情况,与治理标准比对,检测结果合格	t_3
P3	公共服务网络化治理平台	T4	实时监测扬尘(噪声)污染排放情况,与治理标准比对,检测结果不合格,发出预警,通知施工单位项目负责人	t_4
P4	违规施工单位	T5	及时整改扬尘(噪声)排放情况	t_5
P5	公共服务网络化治理平台	T6	在规定时间内减排成功	t_6
P5	公共服务网络化治理平台	T7	在规定时间内减排失败	t_7
P6	城乡建设委员会	T8	向施工单位下发整改通知书,违规情况严重给予行政处罚	t_8
P7	违规施工单位	T9	整改并回复	t_9
P8	公共服务网络化治理平台	T10	治理结果录入扬尘(噪声)数据库,生成图表供各方查阅	t_{10}
P9	渣土运输单位	T11	运输建筑垃圾	t_{11}
P10	公共服务网络化治理平台	T12	监测渣土车出入场地是否冲洗,与治理标准比对,检测结果合格	t_{12}
P10	公共服务网络化治理平台	T13	监测渣土车出入场地是否冲洗,与治理标准比对,检测结果不合格,发出报警,通知渣土运输单位负责人	t_{13}
P11	城市管理局	T14	向渣土运输单位下发整改通知书,违规情况严重给予行政处罚	t_{14}
P12	违规渣土运输单位	T15	整改并回复	t_{15}
P13	公共服务网络化治理平台	T16	治理结果录入渣土车监管数据库,生成图表供各方查阅	t_{16}
P14		T17	虚变迁	

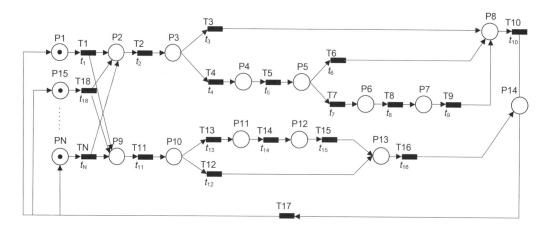

图 5-3 建设工程公共服务网络化平台治理模式实现流程的赋时 Petri 网

5.2.4 网络化平台治理模式对比传统模式

5.2.4.1 建设工程公共服务治理传统模式特征及弊端

建设工程公共服务治理传统模式是未经改造的治理模式。该模式的成立基础有两个。一是治理主体基础。传统治理模式中,建设工程公共服务基本由公共部门提供,无其余力量介入,存在静态的治理主体边界。众部门各司其职,依靠公职人员在官僚体制结构中进行治理工作,在预期范围内接受上级的领导[123]。在治理过程中,治理工作常存在交叉现象,不同部门之间鲜有合作。二是政策环境基础。传统治理模式中只有部分公共服务相关基础政策,在这类政策中提到建设工程公共服务治理相关问题,如《中华人民共和国大气污染防治法》。无专门针对建设工程公共服务的规章,少有激励及约束制度,无建设工程公共服务治理标准。

建设工程公共服务治理传统模式组成要素分析如下:

1. 传统模式的适用范围

传统模式的治理对象是建设工程公共服务。建设工程公共服务治理传统模式特指未进行改造、未使用治理平台的公共服务治理模式,是一个具有通用性的基础模式。

2. 传统模式的运作机制

建设工程公共服务的运作机制主要为权威整合机制,依靠政府强制力保证实施。公职人员在官僚体制结构中进行治理工作,在预期范围内接受上级的领导[123],公共部门之间少有沟通。

3. 传统模式的实现流程

从实现手段来看,建设工程公共服务治理传统模式以人工巡检为实现手段,公共部门调查人员携带记录仪、检测仪等手持设备进入建设项目现场进行调查。每日巡检建设项目数量较少,巡检周期时间长,花费人力、时间成本较高,监管呈现碎片式状态。

传统模式中,治理对象是公共服务,治理项目的具体内容根据公共部门职能而定。以城乡建设委员会和城市管理局为例,城乡建设委员会针对建设工程的公共服务主要为扬尘和噪声污染治理;城市管理局对市政建设、城市绿化等方面进行城市管理,在建设工程领域为渣土车管理。利用赋时 Petri 网,构建传统模式的实现流程(表 5-4、图 5-4)。

表 5-4 建设工程公共服务治理传统模式实现流程的状态和事件表

库所	治理状态	变迁	治理活动	时延
P1	施工单位	T1	进行项目建设	t_1
P2	城乡建设委员会	T2	抽查建设项目扬尘(噪声)污染排放情况,若合格,记录巡检情况	t_2
		T3	抽查建设项目扬尘(噪声)污染排放情况,向施工单位下发整改通知书,违规情况严重给予行政处罚	t_3
P3	违规施工单位	T4	整改并回复	t_4
P4	城乡建设委员会	T5	备案归结	t_5
P5	城乡建设委员会	T6	虚变迁	
P6	城市管理局	T7	抽查建设项目渣土车管理情况,若合格,记录巡检情况	t_7
		T8	抽查建设项目渣土车管理情况,向渣土运输单位下发整改通知书,违规情况严重给予行政处罚	t_8
P7	违规渣土运输单位	T9	整改并回复	t_9
P8	城市管理局	T10	备案归结	t_{10}
P9	城市管理局	T11	虚变迁	

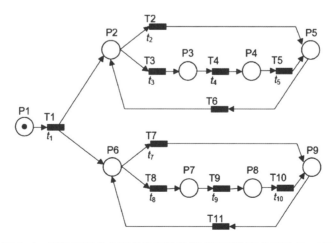

图 5-4 建设工程公共服务治理传统模式实现流程的赋时 Petri 网

传统模式并未借助市场力量,依靠政府强制力保证实施,类似于传统科层式治理模式。根据传统模式的内涵和相关理论基础,总结出传统模式存在以下弊端:

1. 治理主体过于单一

公共部门是唯一治理主体,需要依靠公务人员对建设工程公共服务治理情况进行监督。公共部门通过增设机构、扩充基层管理队伍来满足治理需求,造成公共职能部门臃肿。同时公共服务治理不借助于非政府组织力量,弱化了政府的整合、协调能力,使得治理成本高昂、效率低下。

2. 治理主体缺乏联系与协作

公共部门内,信息流、资源流在某职能系统内部纵向流动,无法跨越公共部门之间的阻隔。公共部门之间缺乏沟通导致完整治理流程被割裂,公共部门治理工作离散、不成系统。同时,主体之间缺乏合作,相似公共服务治理工作重复多次,造成政出多门、多头管理等弊端,造成治理资源的极大浪费。如图 5-4,城乡建设委员会治理子流程 T2~T6,与城市管理局治理子流程 T7~T11 相比,除了治理主体不同,其余内容基本一模一样,治理效率极低。

3. 相关政策不够完善

传统模式中,缺乏针对建设工程公共服务治理的政策,缺少专业性、系统性的治理标准。同时,传统模式缺少激励和约束政策,未形成借助市场力量进行治理的意识和范式,难以指引非政府组织加入治理行列。

4. 实现手段过于落后

建设项目分布广泛,依靠人工线下巡检,治理成本过高、效率过低。人工巡检不能实现实时监管,治理流程碎片化、离散性大,造成治理盲区。依靠手持设备、执法仪等设备进行抽查,缺少数字化、自动化治理手段。抽查结果需人工记录、导出,数据缺乏结构化。

5.2.4.2 两种治理模式对比及网络化平台治理模式优缺点分析

为全面了解建设工程公共服务网络化平台治理模式的优缺点,须与建设工程公共服务治理传统模式做对比,网络化平台治理模式是有序且高级的建设工程公共服务治理模式。根据前文叙述,两种模式对比结果如表 5-5 所示。

表 5-5 建设工程公共服务治理传统模式与网络化平台治理模式对比

	传统模式	网络化平台治理模式
理论基础	传统官僚式治理	网络化治理
治理目标	依法行政	提供公共服务,提升公共价值
治理权力分布	垂直一体化	治理权力相对分散

(续表)

	传统模式	网络化平台治理模式
政府角色	设计、执行公共服务,以政治利益为单一目标	提供相关政策,协调治理网络权力分布,营造基于政治、经济、社会等各领域的价值观
组织形态	以公共部门为中心的层级治理体系	网状治理结构
治理边界	刚性、静态边界	柔性、可渗透动态边界
治理任务基础	公共部门功能导向	建设工程公共服务供给项目导向
决策依据	基于国家规章制度的实质理性	基于信任、制度、协商的合作理性
决策轨迹	自上而下,决策传输距离较远	共同协商,传输距离较近
治理机制	权威整合机制	信任、互动协商、制度化机制
治理规范	行政命令	协商、公共部门政策、治理平台互动规则
信息化程度	低	高
运作资源	公共部门人力	各方治理主体协作力量

综合来看,构建建设工程公共服务网络化平台治理模式应充分发挥其以下优势:

1. 参与主体各显专长

建设工程公共服务网络化平台治理模式的参与者由公共部门和社会力量构成,每个主体在网络中各司其职、发挥核心优势承担建设工程公共服务治理的一部分。此举一方面可以发挥各主体专业化的优势,提升公共服务治理水平;另一方面可以充分利用、整合现有资源,降低治理成本[226]。

2. 治理能力较强

建设工程公共服务网络化平台治理模式能够弥补传统模式的缺陷,解决部门冗余、政出多门的问题,消除治理碎片化的现象。建设工程公共服务网络化平台治理模式通过政务流程再造,新建双边平台,为各参与方提供交互空间。各方集聚于平台之上各司其职,共享治理信息,整合治理工作以减少重复内容,提供复杂性、相互依赖性和动态性的公共服务[122]。

3. 治理结构扁平化

建设工程公共服务治理涉及多方:生态环境局、城市管理局等公共部门,建设单位、施工单位等相关建设单位,及非营利性组织、社会公众等。建设工程公共服务治理需要也亟待社会各界的广泛参与,其中治理平台是相关方的协作枢纽。平台治理机制调动相关方积极性,技术平台充当交互枢纽,提升相关方的协作配合度,组织并形成合作伙伴之间纵向、横向的行动线,有助于各方在治理中共享权力、共担责任。

4. 使用先进信息技术

建设工程公共服务网络化平台治理模式在建设工地安装物联设备,自动获取线下数据,代替人工作业。开发平台集成数据和治理功能,将线下流程电子化,实现建设工程公共服务"一站式"治理,促进建设工程公共服务治理向数字化、精细化、智能化发展。

5. 治理平台从经济学角度建设运营

建设工程公共服务治理平台不仅是数字平台,而且具有平台模式的特征。借助平台模式运行机制(需求互补性、网络外部性、价格结构非中性),并作为第三方治理平台在模式中采取一定管制措施。这样有助于保障平台的建设与运营,为建设工程公共服务网络化平台治理模式的成功打下基础。

建设工程公共服务网络化平台治理模式也存在以下不足需要克服:

1. 基本目标难协同

建设工程公共服务网络化治理的根本目标清晰,但参与者各自的基本治理目标和利益诉求有所区别,组织价值观存在很大差异[136,226],且网络的规模越大,参与者越多,目标的一致性就越难实现。

2. 治理力度难把握

建设工程公共服务网络化平台治理模式是一个"折中"的模式,解决了公共服务简单外包的碎片化问题和公权力滥用的专制问题[110]。"折中"的程度主要表现在公共部门对建设工程公共服务治理的参与程度和管制力度上。疏于治理可能会导致治理参与方私欲膨胀,损害公共利益;治理过度会增大权利距离,重回传统官僚式治理阶段[114,198]。如何控制治理力度,是考验网络管理能力的难题,把握不佳极易影响治理网络以及治理模式的稳定性。

网络化平台治理模式中,各主体平等共治。除了公共部门之外,还有一些参与者也是网络管理力量,如治理平台的建设及运营方。在建设工程公共服务治理模式中,公共部门极有可能不愿交换信息、分享权力,造成权利不均衡问题,阻碍平等治理网络的形成。

5.3 建设工程公共服务网络化平台治理模式的评价方法

5.3.1 评价指标的选取和测量

国内外治理理论认为,治理效果是地方政府治理能力的体现,可用于衡量治理模式的有效性,也可用于考察治理水平和质量[227]。治理效果体现在具体的合作成果中,如再造政务流程的效率,新建治理联盟的关系紧密度等[228]。

国内外对治理效果的评估包含以下几个方面内容:治理结果的创新性[229],方案的综合能力[230]，利益相关者对治理效果的贡献程度及对决策过程的影响[231]，治理结果是否解决治理问题[229]，治理结果的时间稳健性[128]；达成治理成果的成本使用情况。国内外对治理效果评价角度的划分大致有三类：基于主体的、基于内容的、基于目标的[232]。多数治理效果的评价方法从主体出发，且主体的选择多为基层政府[232]。这种方法具有指标量化简单、操作性强的优势，但忽略了非公共部门主体对治理成果的影响[229]。

公共服务治理效果可反映治理模式的优劣，评估治理水平的高低[233]。公共服务网络化平台治理模式治理效果的测量不同于单一组织的测量[234]，应从利益相关者角度出发，对网络化平台治理模式进行考评[235]。由于建设工程公共服务治理主体的多样性，本书以治理效果为基点，从多主体视角出发，构建建设工程公共服务网络化平台治理模式的评价方法。

1. 公共部门角度

建设工程公共服务网络化平台治理模式的建立初衷是改进公共服务传统供给模式，提高治理效率。从模式的定义出发，流程是模式的微观实现方式，流程的运行结果就是主体采用该种模式能获得的成果。所以对模式的评价，可以近似等价于对实现流程成果的评价。借鉴政务流程再造理论中政务流程周期时间这一指标，从实现流程的时间成本角度，对传统流程和治理平台流程进行对比，用"治理流程时间成本减少量"这一量化指标评估平台治理模式的优劣。

2. 第三方治理平台角度

第三方机构参与公共服务治理的目的为：其一，承担社会责任，为公共价值的提升贡献主体力量；其二，以盈利为目的，一边依靠市场化运营机制，向相关建设单位收取费用，一边接受政府支持，享受政策、财政红利。第三方治理组织参与治理是一种公私合作的必然要求，也是"政府失灵"和居民对公共服务供给诉求规模增大带来的必然结果[232]。

此处从两个角度出发，选择第三方治理平台相关的评价指标。第一，将建设工程公共服务网络化治理平台当作以盈利为目的的理性社会资本力量。评价网络化平台治理模式时考虑治理平台的经济效益，选择"治理平台投资利润率"直观评价第三方机构的资本效益[232]。第二，第三方治理机构具有平台属性，平台突破临界容量是平台模式成功、稳定发展的标志。为了指标的易用性，此处将接入平台的用户规模与市场用户总数相除，以百分比的形式展现。

3. 相关建设单位角度

相关建设单位是建设工程公共服务承接主体，是网络化平台治理模式的重要参与方，也是必不可少的公共服务供给主体。为测量平台模式下相关建设单位的参与度和参与意愿，选择"平台相关建设单位规模"为量化指标。

综上，可以选择"治理流程时间成本减少量""治理平台投资利润率""平台用户规模"

"平台相关建设单位用户规模"作为量化指标。从前文可知,建设工程公共服务治理平台利用价格结构非中性,向市场收取费用,治理平台用户规模越大,获得的财务收入就越高。同时接入用户增加带来的边际成本约等于零,即用户规模增加,成本基本不增加。所以,治理平台用户规模与治理平台的投资利润率之间呈正相关。基于以下两点原因,在"治理平台的投资利润率""平台用户规模""平台相关建设单位用户规模"三者中选择"治理平台的投资利润率"作为定量指标:第一,学界没有推算平台临界规模的方法,平台用户规模多大为优秀的评价标准难以界定;第二,平台用户规模、治理平台投资收益率均与网络化平台治理模式优劣呈正相关,平台用户规模与治理平台投资收益率同向变化。

构建建设工程公共服务网络化平台治理模式的评价方法需从多主体角度选择指标,指标及其说明、评价标准、获取方法如表 5-6 所示。

表 5-6　建设工程公共服务网络化平台治理模式的指标说明、评价标准及获取方法

评价指标名称	指标说明	单位	评价标准	获取方法
治理流程时间成本减少量	反映治理模式改进程度, 公式为:(网络化平台治理模式实现流程周期时间)-(传统模式实现流程周期时间)	天	>0 为优	调研获取时延、赋时 Petri 网模拟获得周期时间
治理平台投资利润率	考察治理平台是否盈利, 公式为:投资收益率(ROI)=(年利润或年均利润/投资总额)×100%	%	>13.7% 为优	治理平台财务报表

注:13.7% 为规模以上服务业企业的平均利润率[236]。

5.3.2　评价方法

根据网络化平台治理模式的治理效果指标,构建建设工程公共服务网络化平台治理模式的评价方法。下面是评价的具体步骤。

1. 网络化平台治理模式判别

首先确定研究对象,判别其是否属于建设工程公共服务网络化平台治理模式。从以下几个方面进行基础识别:

(1)模式的治理对象为建设工程公共服务,能够提升社会公共价值。

(2)模式中要存在技术平台,平台和相关方借助信息技术提供公共服务。

(3)平台应是治理网络的一部分,作为枢纽连接治理相关方。

(4)模式参与方应包括政府部门、相关建设单位与治理平台,公共服务治理需借助市场力量,治理权力分布相对均衡。

2. 实地调研

对符合模式特征的平台型企业进行调研,获取平台企业年利率、投资总额等数据;对

政府部门负责公共服务的人员进行实地访谈,了解传统流程与新模式流程,获得政务流程持续时间等具体数据。

3. 数据处理分析

(1) 根据调研数据,算得平台型企业投资收益率。

(2) 根据传统流程与网络化平台治理模式新流程,借助赋时 Petri 网构筑流程模型,求得新旧流程花费时间,进而得出治理流程时间成本减少量。

4. 模式评价

根据数据处理结果与指标评价标准,评估建设工程公共服务网络化平台治理模式优劣。

5.3.3 网络化治理下监管绩效提升影响因素识别及模型构建

基于4.2.3.3节提出的平台治理下监管绩效提升影响因素识别思路"互联网平台基于多元技术的利用实现组织集成和资源整合,改变了信息传输过程,从而推动了信息资源的开发和利用,在提高信息质量的同时提升了监管绩效",本部分将进一步识别平台作用路径中的关键因素,梳理各因素间的影响关系和不同治理模式下信息质量的变化,提出研究假设,构建理论模型,为建设工程公共服务网络化平台治理模式评价提供监管绩效视角的补充。

5.3.3.1 影响因素识别

1. 技术利用程度

本书提出将"技术利用程度"列为平台治理下建设项目环境污染监管绩效提升影响因素,"技术集成程度"特指"信息通信技术利用程度",包括信息通信相关硬件、软件、技术以及人员的利用。

信息通信技术(Information and Communications Technology,ICT),从字面意思看,可以看作信息技术(Information Technology,IT)和通信技术(Communications Technology,CT)的总称。本书借鉴和引用熊小倩对信息通信技术内涵的论述:在信息角度,提供信息采集、传输、存储、加工、显示、复制、预测服务;在通信角度,提供人人通信、人物通信和物物通信服务的相关技术[237]。目前,新兴的 ICT 技术已涵盖 5G、物联网、大数据、云计算、人工智能、区块链等多项技术。

过去半个多世纪,信息通信技术的飞速发展,掀起了新一轮的信息革命,不仅推动了许多新兴产业的发展,而且对传统产业的发展与变革产生了深远的影响。

随着全球变暖、水污染、空气污染等一系列的环境问题日益突出,互联网平台与信息通信技术在环境监管领域的重要作用引起了世界各国政府和学者的关注。理论研究方面,Li 等指出,信息通信技术的应用对于改善环境质量具有重要价值[238]。Granell 等指出,信息通信技术通过促进环境监督,提升治理和服务的智能性和精确性,弥补了传统环境治理模式的缺陷[239]。实践应用方面,2020 年,联合国利用互联网技术,对各种污染事件的影响进行在线预测[240]。美国政府利用信息通信技术,构建了一个环境信息生命周期框架和个人环境质量监测平台。Wonohardjo 等绘制了一张污染地图,可以使用移动互联网技术动态检测一氧化碳污染[241]。

同时,信息通信技术也对建筑业发展产生了巨大影响。理论研究方面,Lu 等通过回顾 145 篇相关期刊文章,归纳了建筑行业中常见的信息通信技术(Web、无线、VR/AR、EDI/EDMS 以及 BIM),以及信息通信技术对建筑业五个维度的影响,分别为组织信息效率、组织决策、组织协作、组织绩效和组织行为学[242]。实践应用方面,各国建筑行业的信息通信技术投资水平均呈现逐年增加态势,其中澳大利亚和法国的信息通信技术投资占建筑业增加值和固定资产投资额的比例处于世界领先地位,而中国的投资水平仍然较低[237]。国家住房和城乡建设部于 2022 年 1 月 19 日印发了《"十四五"建筑业发展规划》,提出"打造建筑产业互联网平台。加强物联网、大数据、云计算、人工智能、区块链等新一代信息技术在建筑领域中的融合应用"[243]。

此外,信息通信技术的发展更进一步推动了政府治理方式、手段和理念的创新[244]。理论研究方面,Delport 等认为信息通信技术对于智慧政务建设至关重要[245]。Mohammed 等对云计算技术进行了深入的研究,认为云计算可以进一步提升政府服务平台的效率和适用性[246]。实践应用方面,当前已有多个国家和地区制定了数字战略。在这些国家中,美国政府于 2012 年发布《大数据研究和发展计划》,随后英、法、日等国纷纷出台各自的"数据发展规划及战略",力图将其运用于社会治理。近几年来,中国政府一直在大力推进"数字中国""国家大数据"等相关战略,"十四五"规划提出:加强数字政府建设,提升公共服务、社会治理等数字化智能化水平。种种迹象表明,将大数据、云计算、物联网等信息通信技术引入公共治理已是国际共识。

在此背景下,利用互联网平台将信息通信技术与建设项目环境污染治理结合起来,对于提高政府治理水平、提高建设项目环境污染监管绩效,促进建筑业可持续发展具有重要意义。

综上所述,本书将信息通信技术列为平台治理下建设项目环境污染监管绩效提升影响因素之一。

2. 组织集成程度

集成指将两个或两个以上的集成要素或子系统按一定规则组合形成一个有机整体的行为和过程[247]。组织集成指伴随着人主动的集成行为而表现出的不同组织资源要素按一定规则形成一个有机组织体的过程。一些学者把集成看作是"组合"的过程,强调多部门间的交流、合作与协作,追求实现要素协同[248]。因此,本书通过平台治理下政府与企业、政府各个监管部门以及各项污染治理业务的协同性提升反映"组织集成程度"的提升。

众多研究表明,集成化对促进各行各业发展至关重要。早在20世纪90年代初,我国著名科学家钱学森便把处理复杂系统的方法命名为综合集成法[249]。公共治理领域,Gil-Garcia等提出,技术与业务的低融合度是当前政府信息化建设的当务之急[250]。周建安提出,集成管理模式可以有效实现多种管理手段的协调,有利于资源配置和政府部门管理效能提升[251]。公司治理领域,陈宁和章雪岩认为,集成是企业信息化战略的核心[252]。项目治理领域,高歌与温雯提出从组织、业务过程、目标控制三方面实现项目组织集成化管理,进而实现项目管理效应倍增[253]。

本书认为,平台是当前资源集成程度最高、资源开发和利用效率最高的组织结构。理论研究方面,李存金等指出"互联网＋"的本质就是集成创新,它通过对组织集成的影响,为各资源要素的整合与协同提供支撑[248]。Marmura指出,互联网平台有助于将社会治理主体从单一的管理转变为多元的协作[254]。Lin指出,互联网平台使得污染治理方式实现了由被动管理向前瞻性管理、粗放化向精细化、碎片化向集成化的转变,极大地提高了治理效率[255]。Mohammed等认为,将云计算技术与政府服务平台结合起来,可以进一步提高政府服务质量[256]。实践应用方面,董事尔等通过实例说明了在工程项目中采用平台进行信息集成化管理的可行性与优越性[257]。王宏起等建立了以综合优势理论为基础的区域科技资源共享平台集成管理框架[258]。张豪等从信息、技术与管理、资本与技术三方面设计了哈尔滨工业大学常州研究院产业合作平台的集成化运行机制[259]。

综上所述,本书将组织集成列为平台治理下建设项目环境污染监管绩效提升影响因素之一。

3. 信息质量

"信息"一词自被提出,就被诸多学科广泛使用[260]。信息论的创始人和奠基者Shannon指出,信息是对事物运动状态或存在方式的不确定性的描述,通信过程即消除不确定性的过程[261]。这一思想在学术界得到了广泛的认同和应用。在高度信息化和智能化的今天,信息在人类生产生活中具有举足轻重的地位[262]。根据治理理论,治理模式的选择,核心在于信息的可观察性、可证实性和执行成本[263]。而作为信息载体的数据,《经济学人》杂志将其比作"21世纪的石油"[264],中国将其列为第五类生产要素[265],研究学者将其视为第一治理要素[266]。信息和数据的重要性不言而喻。

基于此,众多学者开展了信息和数据对创造行业价值的重要性研究,包括新兴经济体[267]、制造业和媒体、医疗保健、银行、旅游和酒店等[268]。这些研究衍生出了诸多概念,如"信息/数据质量""大数据管理能力""大数据分析能力""数据驱动型洞察""数据诊断性"等。这些概念作为数字经济时代的前沿观点值得诸位学者关注,但其作为相关研究的分支内容在此不做赘述。

本书选取"信息质量"这一信息领域的核心概念,作为进一步讨论的因素。根据Strong 等的定义,信息质量指在生产上符合生产规范、使用上满足信息使用者的用户期望的程度[269]。信息质量是信息创造价值的基础,其重要性不言而喻。然而,信息量的爆炸式增长导致信息的失真、噪声、侵权等问题日益突出,人们难以获取有用信息,也难以获取高质量的信息。

由4.2.3.3节传统及平台治理下监管信息传输模型对比可知,不同治理模式下监管元素和过程的不同,会造成监管过程中信息质量的差异。监管人员巡查与监测设备24 h监控、纸质档案存储和云存储、线下与线上交流等方面的差别,都会影响到监管信息的信息质量。

综上所述,本书将信息质量列为平台治理下建设项目环境污染监管绩效提升影响因素之一。

5.3.3.2 研究因素关系假设

1. 技术利用程度与组织集成程度

平台利用各种技术设备与功能,可以有效地促进政府与企业、政府内部各监管部门之间的交流协作与业务协同。通过结构化的综合布线系统和 Web 技术,将独立的设备及其背后的各个组织(如城乡建设委员会、生态环境局、城市管理局等政府监管部门和相关建设单位)集成到相互关联的系统中,即可实现资源整合和业务协同。例如,通过平台对城乡建设委员会所有的建设项目信息(项目位置、五方主体信息等)、生态环境局所有的环境信息(国控点数据、气象数据等)、城市管理局所有的工程车辆信息(运输公司、车辆、准运证等)进行数据集成;通过平台将涉及多个部门的污染治理违规行为惩处和申诉流程结合在一起,提高了流程的效率。

李飞等指出信息通信技术是使工程项目集成化管理得以顺利开展的重要保障[270]。姚国章等着重阐述了大数据技术在整合和使用公共信息资源方面的作用[271]。Lu 等指出,信息通信技术的应用能够使多个功能协同工作,从而为各部门协作提供更有效和无缝的工作流程,加强各参与方的交流与合作[242]。如 Web 技术可以利用网络将不同用户连接起来,从而帮助用户开展交流与协作。Demiralp 等认为 RFID 技术的应用极大地方便了建筑行业的信息收集、交换与存储,提高了项目协作和项目绩效[272]。

据此提出假设1:信息通信技术利用对于组织集成程度具有推动作用。

2. 技术利用程度与信息质量

在采用信息通信技术的环境监管模式中,物联网、大数据、云计算等新型信息通信技术的出现,使得数据传输的准确性、及时性、完整性等均获得了极大的提升[273]。例如,射频识别、无线局域网、传感器、激光扫描仪、条形码等数据采集技术或设备可以提高获取信息的速度和准确性。通过互联网平台对大气质量等环境信息进行动态监控,能够获得环境质量和污染数据的相关性和变化规律,分析区域污染现状和空间分布特征,预测污染趋势[274]。技术利用还可以提高信息的应用水平,促进各个领域的环境信息与资源的共享联动[275]。在为政府提高环境监管效率和环境监管执法效能提供信息支持的同时[276],降低信息传播和共享的成本[277],提高信息的可获取性。

利用信息通信技术,一方面可以实现快速收集、实时传输和交互处理环境污染治理信息资源,从而增强环境治理的效能,促进有关部门的参与,构建政府与企业间公开、透明的交流平台。另一方面,把监管信息从实物载体中解放出来,以电子信息为载体实现无纸化传输和互联网办公,从而降低治理成本[278]。最后,通过信息和资源共享优化资源利用效率,实现资源的有效利用[279]。网络化平台治理模式可以通过提高信息通信技术的利用水平,提高监管信息的质量。

据此提出假设2:信息通信技术利用对于信息质量的提升具有推动作用。

3. 组织集成程度与信息质量

大数据研究领域的学者认为,数据质量不仅取决于原始数据本身,还取决于数据收集与处理的过程和方式[280]。与合作伙伴合作,常常能更好地发挥各方在数据获取及利用上的作用[281],例如将来自不同学科和实践领域的多个参与者聚集在一起,可以挖掘未被充分探索的数据关系[282]。Janssen等基于合作的分析视角[283],将这种由各种组织的参与导致的活动流,称为"大数据链"[280]。大数据链以数据来源为起点,以做出基于数据的决策为终点,包括数据收集、数据准备、数据分析和决策的步骤和转移点。在大数据链中,数据的数量和质量的提升可以通过多种途径实现,如增加元数据、把选定的数据集转换为机器可读和链接的数据、消除噪声等[284]。

黄杰指出,信息化不仅指先进信息技术利用的过程,还是各项信息资源开发和利用的过程[285]。平台通过整合各个组织资源,实现了信息资源开发和利用效率最大化[286]。魏立认为,信息化能够实现政府行政组织结构的扁平化,有利于组织结构和业务流程的重组;缩短了信息传递的时间,增强了信息的及时性和可靠性[287]。董事尔等提出,利用云平台实现项目信息集成化管理,可以有效地解决信息的准确性及时性问题,实现信息共享并降低信息不对称[257]。龚炜搭建了一个政府信息资源数据交换平台,实现了政府信息资源的有效整合,促进了各部门之间的信息交流[288]。

如果说,平台使用的信息通信技术驱动了数据链上各个节点的发展,平台带来的组织集成则是将所有的数据链连接起来,让各项资源得以高效流动,彼此协同,从而提高信息质量。

据此提出假设 3：信息系统集成对于信息质量的提升具有推动作用。

4. 信息质量与监管绩效

建设项目环境污染监管问题往往涉及多要素构成的子系统（即单个建设项目）及由多个子系统构成的复杂系统，而信息是使系统内部一切要素和多个子系统之间建立关联的唯一纽带[92]，也是影响组织绩效的关键因素[263]。

众多学者强调了信息或数据质量的重要性。以"信息"为关键词的相关文献中，D&M 信息系统成功模型的众多研究都论证了，信息质量对组织绩效具有显著影响[289]。例如 Petter 等在研究信息系统成功时，注意到高质量的信息是取得积极成果的基础[290]。Gharib 等认为，信息质量是组织成功的关键因素，低质量的信息会对组织绩效产生负面影响[291]。Nisar 等对疫情期间巴基斯坦线上学习满意度进行调查，发现在开发学生线上学习系统和激励学生利用线上学习设施方面，信息质量越高，在线学习的效果就越好[292]。以"数据"为关键词的相关文献中，Ghasemaghaei 认为，数据速度、数据量和数据类型的丰富有助于政府识别、使用和分析数据，并挖掘数据的价值[293]。例如，分析大数据可以帮助管理者提取数据中的规律，并运用数据模型进行解读，管理者可以利用从多方渠道收集到的数据预测未来发展，以及其他利益相关者可能采取的行动。通过使用先进的大数据分析技术，可以获得更好的数据洞察力[264]。Shi 等注意到，大数据使管理者能够基于证据而不仅仅是直觉做出决定，从而提高组织效率和有效性[294]。而在公司治理中，为了能够通过数据分析获得更有价值的业务见解，常常需要高质量的数据[295]。

低质量信息会降低监管绩效[296]。如下所示，不同维度的信息质量都会对监管绩效产生影响。

信息准确性、可靠性与及时性可能正向影响监管绩效。借助准确、可靠和实时追踪的噪声和扬尘数据，管理者能够更准确地掌握建设项目环境污染治理情况，及时发现和处理问题。Wahyudi 等认为，高质量数据有助于管理者成功地从数据中获取价值，但低质量数据（如有偏差的、不可信的、不准确的数据）不利于管理者从数据中提取有价值的信息[297]。Filieri 指出，管理者获得的完整、及时、准确的数据越多，越有助于从这些数据中提取有价值的信息[298]。

信息完整性可能正向影响监管绩效。当监管人员拥有更多、更详细的污染治理信息时，便能够全面地掌握建设项目环境污染治理情况，例如获取施工工地噪声值超标时段工地的噪声值数据及视频回放，有助于监管人员对施工单位违规行为做出正确的判断。Jorge 等认为，当管理者分析与切身利益相关的数据时，往往可以获得更有价值的见解[299]。Kyoon 等指出，洞察力生成于特定情境，而不反映所处情境的洞察力是没有相关性的[300]。

信息易获取性可能正向影响监管绩效。较高的信息易获取性能够使监管人员更轻松、便捷地获取所需的资料,并且在单位内部与外部展开信息分享,从而使各监管部门以及相关建设单位对治理情况和问题有更深刻了解,以便更好地开展合作。Mi 注意到,分享让每一个人都能理解、解释和重新处理信息[301]。

信息表达形式可能正向影响监管绩效。一致、明确且清晰直观的数据能够帮助监管人员快速抓取重点信息和关键问题,从而提高和改善监管工作。Obeidat 还表示,可视化工具可以让数据展示更加清晰、容易理解,并且帮助管理者更好地识别、解释和分析数据[302]。

据此提出假设 4：信息质量提升对于监管绩效提升具有推动作用。

根据上述理论分析,总结平台治理下监管绩效提升影响因素研究假设如表 5-7 所示。

表 5-7　平台治理下监管绩效提升研究假设

假设	描述
H1	技术利用程度对组织集成程度具有显著正向影响关系
H2	技术利用程度对信息质量具有显著正向影响关系
H3	组织集成程度对信息质量具有显著正向影响关系
H4	信息质量对监管绩效具有显著正向影响关系

5.3.3.3　因素维度划分及理论模型

1. 信息质量维度分析

(1) 信息质量的定义

20 世纪 60 年代起,学者们在数据质量的研究基础上开始了对信息质量的研究,共经历了三个阶段的发展过程。信息质量与数据质量的研究相互交织,涉及领域从统计学逐渐扩展到管理学、计算机科学等诸多领域。

第一阶段,早期学者多将准确性作为信息质量的关键指标,认为信息质量就是信息描述客观事物的准确程度[303]。第二阶段,随着研究的深入,关键指标从信息准确性转向信息效用。Ballou 等[304]从信息使用者角度出发,将信息质量定义为"适于使用"。这一定义虽然拓展了信息质量的含义,但也使得信息质量更难量化评估。第三阶段,Strong 等将高信息质量定义为生产上符合规范、使用上满足用户期望[269]。高质量的信息应在符合客观实际的同时,满足使用者需求[305]。

目前,信息质量维度的划分和评估还没有唯一的广泛认同的标准。Lee 等指出,应根据信息使用者和信息内容,建立不同的信息质量评价系统[306]。基于研究领域的不同理解和研究问题的需要,在前人研究的基础上选取各自的、恰当的评估指标是当前学者普遍采用的方法。

（2）基于文献分析法的信息质量影响因素识别

运用文献分析法识别信息质量影响因素。以 Web of Science 和知网的数据库为文献来源，以"信息质量""数据质量""information quality""data quality"为关键词进行文献搜集、阅读和比较，从中识别信息质量影响因素。其中，国内外各学者对信息/数据质量的评价指标归纳如表 5-8 所示。

表 5-8　信息/数据质量影响因素识别

文献	维度	指标
Gharib 等，2019[291]		可访问性（Accessibility）、准确性（Accuracy）、可信性（Believability）、可信度（Trustworthiness）、完整性（Completeness）、及时性（Timeliness）和一致性（Consistency）
Taleb 等，2017[307]	内容质量	准确性、可信性、一致性、完备性
	情景质量	有效性、关联性、时效性、可验证性
	评级质量	
Jorge 等，2016[299]	情境充分性	完整性、一致性、机密性、精确性
	时间充足性	可信性、时间性、有效性、易理解性
	操作充分性	
Toivonen，2015[308]	数据质量	完整性、可靠性、准确性、一致性、可解释性
	数据使用质量	可访问性：系统可用性、交互可用性、安全性 有用性：可解释性、及时性、响应
Abdullah 等，2015[309]	数据内容和结构	准确性、完整性、一致性、完备性
	可用性和有用性	有效性、及时性、可访问性
Wang 等，1996[310]	固有质量	正确性、客观性、可信性、声誉
	情境质量	相关性、增值性、及时性、完整性、数据量
	表达质量	可解释性、易理解性、简明性、一致性
	可访问质量	可访问性、访问安全
胡千代等，2021[311]	数据源	可靠性、规范性
	数据集	真实性、准确性、时效性、完整性、一致性、可追溯性、可理解性、安全性、可用性
	数据环境	适配性、完善性、易用性
邵艳红，2019[312]	数据内容	准确性、完整性、客观性
	数据表达	易理解性、机器可读性、一致性
	数据效用	相关性、时效性、可用性
	用户体验	可获取性、安全性、交互性

(续表)

文献	维度	指标
李晓彤等,2018[313]	内在质量	准确性、时效性、规范性、唯一性
	情景质量	完整性、开放性
	表征质量	可理解性、一致性
莫祖英,2018[314]	原始质量	规范性、安全稳定性、达到率、完整性、无误性、描述框架、实时性、一致性
	过程质量	准确性、一致性、置信度、有效性、适用性、存取效率、集成性、预处理效率、合理性、安全性、清洗粒度、实时性
	结果质量	价值性、建模能力、分析方法、准确性、直观性、易理解性、分析效率
王仙雅等,2017[315]	信息内在质量	客观性和单一性
	信息情境质量	相关性和及时性
	信息形式质量	易理解性和冲突性
	信息获取质量	易获得性
陈武,2017[316]		完整性、一致性、规范性、及时性
查先进等,2010[317]	信息资源内容	正确性、完整性、相关性、新颖性
	信息资源表达形式	准确性、易用性、精简性、标准化程度
	信息资源系统	完备性、可获取性、快速响应性、可靠性
	信息资源效用	可用性、适量性、利用率、价值增值性

基于上述文献,可以得出信息质量各个评价维度在文献中出现的频率及其对质量评估的重要性。尽管在评估信息质量的维度方面并无普遍的一致意见,但是大部分学者认为,这些维度包括:准确性、可靠性(同可信性、可信度)、完整性、及时性(同时效性)、一致性、简明性(同直观性)、易理解性(同可理解性)、易获取性(同可访问性、可用性)。

(3) 基于流程分析法的信息质量影响因素筛选

建设项目环境污染监管信息传输基础模型包含"真信源、信源载体、信道、信宿、信馈"5个元素组成的元素链和信息"产生、筛选、采集、加工、传输、存储、表达、应用和反馈"9个事件组成的事件链。本书提出,传统及平台治理模式下信息传输过程各元素和事件的差异,将影响监管系统内各类监管信息资源开发和利用的程度,进而影响信息质量。

综上所述,本书对传统及平台治理模式下的信息传输过程要素与事件进行了比较,并识别转型过程中变化显著的信息质量维度,下面是其主要内容。

① 信息筛选

在传统监管模式下,污染监管的信源及载体常常需要人工观测和感知,例如施工工地是否有污浊的空气、出入车辆的前后轮是否清洗干净、施工工地是否将污水排入雨水管道等,但由于人力所限,所采用的监管指标通常较为模糊,信源往往无法完全或完整传递信息,即监管人员无从得知判断扬尘治理效果的指标是否全面、哪些指标与扬尘治理相关度最高。基于以上原因,在不同的建设工程中,环境污染监管情况的记录也往往缺乏统一的格式和标准,无法对其进行横向比较和判断。

在平台监管模式下,污染监管信源及载体指标需要经过专家的讨论,由建筑、城管、水务等相关部门协商后共同拟定,如表示空气污染状况的 $PM_{2.5}$(细颗粒物)、施工现场出入车辆前后轮需各冲洗至少 30 s、排入雨水管道的水体浊度等,监管信息的完整性有望获得进一步的提升。同时,在指标的筛选、平台建设等方面,平台各方都通过《设备接入标准》《平台使用规则》等文件对监管指标的表现形式和意义的认知取得了共识。

因此,在筛选过程中,信息的准确性、完整性可能发生了改变,筛选过程影响因素识别如表 5-9 所示。

表 5-9　筛选过程影响因素识别

元素	事件	传统治理模式	平台治理模式	因素识别
信源载体	信息筛选	监管人员筛选出监管人员所需日常巡检或抽查的监管信息的过程	监管人员筛选出平台所需监测和传输的监管信息的过程	信息完整性 信息准确性

② 信息采集

在传统监管模式下,监管人员常常需要亲自到施工现场,通过耳听、目测或者较为传统的便携测量设备判断环境污染治理情况。而由于听觉、视觉、体力等方面的局限性,监管人员采集到的监管数据往往比较有限且粗糙,存在监管准确性低、不稳定性高、数据缺失等问题。

在平台监控模式下,将录音机、摄像机、传感器等安装在接入平台的施工工地或运输车辆上,仪器会依据设定程序感知和获取现场相关信息。相较而言,数据完整性和准确性更高,错误率更低。当然,因为技术发展的限制,实际应用中也存在机器收集到的数据比人类的准确度低得多的情况。比如工地出入车辆的前后车轮都要冲洗至少 30 s 这一指标,现在的图像识别和机器学习技术还远远达不到人工识别的精度。

因此,在采集过程中,信息的准确性、可靠性、完整性可能发生了改变,采集过程影响因素识别如表 5-10 所示。

表 5-10　采集过程影响因素识别

元素	事件	传统治理模式	平台治理模式	因素识别
信道	信息采集	由监管人员通过巡检或抽查获取信息的过程	由监管人员主动上传或通过平台获取信息的过程	信息准确性 信息可靠性 信息完整性

③ 信息传输

在传统监管模式下，信道仅能依靠监管人员定期和不定期的实地检查及群众举报，存在寻租、疏于监管、举报滞后等问题，从而导致信道不畅通。

在平台监管模式下，通过信息传输设备及技术，可将安装在施工现场的录音机、摄像机或传感器等获取的现场信息实时上传至平台，从而提高了信息的及时性。Froese 的研究表明，如果充分利用信息通信技术，那么就能降低从物理世界到人类世界的信息衰减[318]。因此，使用信息通信技术能够更好地保障采集的数据的完整性，并将信息在不同的主体之间进行传输所造成的损失降到最低。

因此，在传输过程中，信息的及时性和完整性可能发生了改变，传输过程影响因素识别如表 5-11 所示。

表 5-11　传输过程影响因素识别

元素	事件	传统治理模式	平台治理模式	因素识别
信道	信息传输	信息在以人员为主的要素间传递的过程	信息在以设备为主的要素间传递的过程	信息及时性 信息完整性

④ 信息存储

在传统监管模式下，大部分的污染监管资料都是以纸质方式储存的，存在被篡改、丢失、保存时间短等问题。同时，纸质的存储形式，导致在特定项目的特定监管数据被需要时，难以快速地查找和获取，大大降低了数据的可靠性和易获取性。

在平台监控模式下，利用云计算技术和区块链技术对历史监控数据进行存储，并对其进行固化，极大地提高了监控信息的可信度和安全性。平台使用各方也可依据权限随时获取实时数据和历史数据，提高了信息的易获取性。

因此，在存储过程中，信息的准确性、可靠性和可获取性可能发生了改变，存储过程影响因素识别如表 5-12 所示。

表 5-12　存储过程影响因素识别

元素	事件	传统治理模式	平台治理模式	因素识别
信宿	信息存储	监管人员将信息以纸质形式存储到本地的过程	平台将信息以电子化形式存储到本地或云端数据库的过程	信息准确性 信息可靠性 信息可获取性

⑤ 信息加工及表达

在传统监管模式下，通常仅由监管人员对收集到的监管信息进行记录，并对其进行初步的分析和整理。由于工程项目数量多、规模大、分布广、污染源复杂，传统的人力和简单的计算机技术往往难以充分挖掘监管数据价值，不能通过直观的方式展现，造成信息的易理解性降低,信息价值受到影响。

在平台监控模式下,采用大数据技术与专用数据库相结合的方式,对工程项目的基本信息、进度、过程等进行实时采集,并对数据进行深度挖掘,形成数据分析报告和专题图表,使监管信息更加简洁、清晰、易于理解。

因此,在加工及表达过程中,信息表达形式可能发生了改变,加工及表达过程影响因素识别如表 5-13 所示。

表 5-13 加工及表达过程影响因素识别

元素	事件	传统治理模式	平台治理模式	因素识别
信宿	信息加工	监管人员对信息进行分析并处理的过程	平台对信息进行分析并处理的过程	信息表达形式
信宿	信息表达	监管人员对信息记录材料进行整理、统计,并输出分析报告的过程	平台将信息从数据库中提取、进行可视化处理,并展现在平台终端的过程	

⑥ 信息应用及反馈

在传统监管模式下,信宿部门因职能重叠、接收信息驳杂、监督力度不一、针对性差,从而导致信源来源多样的问题。另外,由于针对违规污染行为缺乏有效的闭环管理,信馈系统还会出现反馈不及时的问题。

在平台监管模式下,采用了智能监控系统,可以加强对施工项目扬尘、噪声等污染物的监控,从而实现对污染源的有效控制。通过平台可以及时生成预警信息,并通过短信通知施工单位现场负责人和设备运行管理人员,便于企业及时采取相应的应急处理措施,有效地控制和处理超标的污染物,避免进一步的污染。处理完毕后,还可将报警处理的结果及时上传至平台,保证了信息的及时性。

因此,在应用及反馈过程中,信息及时性可能发生了改变,影响因素识别如表 5-14 所示。

表 5-14 应用及反馈过程影响因素识别

元素	事件	传统治理模式	平台治理模式	因素识别
信宿	应用过程	监管人员查看、分析并运用经人力加工的信息的过程	监管人员查看、分析并运用经平台加工的信息的过程	信息及时性
信馈	反馈过程	企业方、政府方针对自行获取的信息做出的决策、执行等事件	企业方、平台、政府方针对平台供给的信息做出的决策、执行等事件	

基于上述分析,本书拟从信息准确性、信息可靠性、信息及时性、信息完整性、信息可获得性、信息表达形式等六个维度度量建设项目环境污染监管信息质量的变化。

2. 监管绩效维度分析

建设项目环境污染监管部门作为政府部门,建设项目环境污染监管绩效隶属政府绩效的范畴,为构建建设项目环境污染监管绩效衡量维度,依据"3E"政府绩效评估模型,本书拟构建建设项目环境污染监管绩效的测量维度如下:

建设项目环境污染监管效果。建设项目环境污染监管效果是指建设项目环境污染监管部门污染监管的工作完成情况及效果,辖区内建设项目环境污染治理状态达到既定目标的程度。建设项目环境污染监管部门主要通过监控各项数据了解辖区污染治理形势及污染监管状态。

建设项目环境污染监管效率。建设项目环境污染监管效率决定着建设项目环境污染监管工作开展是否高效无差错。其效率不仅体现为在规定的时间内按要求全面完成监管任务,还要求监管过程保证较低的差错率,监管过程应具备科学全面的记录,具有可追溯性。

建设项目环境污染监管成本。建设项目环境污染监管投入的不足会影响建设项目环境污染监管效果,过量的投入会导致资源的浪费,使建设项目环境污染监管失去科学意义。建设项目环境污染监管成本主要指政府在监管工作中所投入的人力及时间成本。

3. 平台治理下监管绩效提升影响因素理论模型构建及指标清单

根据上述分析构建平台治理下监管绩效提升影响因素理论模型及指标清单如图5-5和表5-15所示。

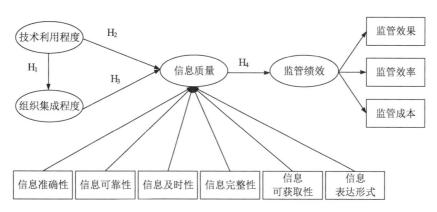

图 5-5 平台治理下监管绩效提升影响因素模型理论模型

表 5-15 平台治理下监管绩效提升影响因素模型指标清单

二阶	一阶	编号	释义	支撑文献
	技术利用程度	TU	技术设备、功能及人员应用程度	Shamim 等,2019[319]
	组织集成程度	OI	政企协同、政府部门协同、业务协同程度	

(续表)

二阶	一阶	编号	释义	支撑文献
信息质量 IQ	信息准确性	IQ_1	信息与真实情况相符的程度	Gharib 等，2019[291]；Wang 等，1996[310]
	信息可靠性	IQ_2	信息被视为真实可信的程度	
	信息及时性	IQ_3	信息在时间范围内有效的程度	
	信息完整性	IQ_4	执行任务所需的必要信息完整的程度	
	信息可获取性	IQ_5	信息易于获取、使用和共享的程度	
	信息表达形式	IQ_6	信息一致、明确、清晰直观的程度	
监管绩效 SP	监管效果	SP_1	污染监管的工作完成效果	耿浩，2015[320]
	监管效率	SP_2	污染监管工作开展是否高效无遗漏	
	监管成本	SP_3	污染监管工作的人力及时间成本	

针对上述构建的平台治理下监管绩效提升影响因素理论模型及指标清单，可以从统计学角度定量验证因素间关系假设的合理性，例如编者在书外采用了基于主成分的结构方程模型（Components-based SEM，PLS-SEM）。首先基于对 PLS-SEM 应用的系统性梳理做本书应用说明；其次基于平台治理下监管绩效提升理论模型，通过问卷调查进行样本数据收集；再其次构建 PLS-SEM 二阶模型，基于不相交两阶段法对二阶模型分别开展反应性测量模型、形成性测量模型与结构模型估计与评价，验证理论模型的有效性；最后根据研究结果进行假设验证、中介效应分析和重要性-绩效分析，并根据优先级为平台治理下监管绩效进一步提升提供以下政策建议：

（1）优先信息质量提升工作：优先提升噪声值、扬尘值及车辆出场冲洗数据的准确性。如通过选取监测精度更高、受环境影响更小的监控设备和更优的识别算法，避免后期的人工复合工作。在有余力的情况下，尝试通过区块链等技术进一步提升信息可靠程度；借助 Power BI 实现更清晰直观的数据呈现；积极推进数据开放，提升政府内部各级和各监管部门的信息交流程度和面对公众的信息透明程度。

（2）强化技术利用提升工作：优先提升先进技术设备与技术功能的应用程度。积极引进新兴设备与技术，尝试通过技术升级与更新进一步提升技术利用程度。如针对目前信息化程度相对较弱的建设项目污水排放监管工作，通过技术攻关提升所选水质监测设备性能，实现建设项目排水管道内水位、流速、流量、电导率、浊度等参数的精准及实时采集，推进污水排放监管工作。

（3）重视组织集成推进工作：优先提升政府内部各监管部门协同程度。进一步明确城乡建设委员会、生态环境局、城市管理局等政府内部各监管部门的职责分工和权限划分。加强各部门基于日常工作目标、经验的分享与交流，针对疑难问题集中讨论共同解决。需要多主体参与的流程归拢责任主体，事先明确处理程序和决策机制，精简不必要的流程事项与环节。

第 6 章 建设工程公共服务平台治理模式案例分析——以"南京模式"为例

6.1 案例选择

建设工程包含建筑工程、土木工程等,建设项目数量多、类型多、地址分散。工程建设过程中存在施工环境扰民、安全事故易发等问题。建设工程公共服务处于专业分散化、过程零散化、信息碎片化的治理状态。为弥补公共服务传统治理模式存在的不足,南京政府着手推进城乡建设工程领域突出问题专项治理工作。在现实需求的推动下,在工程信息技术的支持下,南京政府改进了以行政命令为主的建设工程公共服务传统治理模式,创新性建立了一种平台治理模式——"南京模式"。新模式聚集了治理主体,促进网络主体常态化沟通和协作。南京市智慧工地监管平台是"南京模式"的研究和实践成果,是新模式的治理枢纽,辅助营造生态、人文、绿色的施工现场环境,实现了建设工程公共服务各主体、各层级的无障碍沟通,极大地提高了治理效率。

本案例选择"南京模式"为研究对象,主要有以下几点原因:

(1) 适用范围角度:"南京模式"由南京市政府牵头,南京城市建设管理集团有限公司(以下简称城建集团)自主研发,用以提供建设工程相关公共服务,现已较为成熟。南京市智慧工地监管平台作为网络平台,为数字化治理赋能,提高治理效率。"南京模式"涉及环保、城管、水务、交通等公共部门,涵盖工程项目建设相关单位,接受社会公众的监督;新模式缩短公共部门层级距离,打通主体横向沟通障碍,健全平台治理结构,促进形成平等、高效的合作治理形式。

(2) 实现流程角度:"南京模式"发现公共服务传统模式治理流程弊病,借助技术手段重组新模式实现流程,提高治理效率、治理质量和精细化管理水平。

(3) 运行机制角度:一是"南京模式"的运行机制,二是南京市智慧工地监管平台运行机制。

"南京模式"运用信任机制、互动协商机制和制度化机制,推动模式有效运转,在治理体系内成功实现价值转化。

南京市智慧工地监管平台为"南京模式"治理枢纽,平台运用治理主体间的需求互补性、平台模式的网络外部性等运行机制,保障平台存在及发展,帮助治理平台突破临界容量。

(4)公共服务治理成果角度:南京市智慧工地监管平台截至2019年建立了全市工程数据中心,当年10月基本覆盖南京市所有在建建设工程项目;"南京模式"运用智慧化手段满足城市建筑行业精细化和差别化管理的需求,得到领导及众多城市管理者的高度肯定,先进模式成为盐城等城市的学习模板;模式具有一定输出成果,具有研究参考价值。

6.2 "南京模式"发展历程

6.2.1 萌芽期"南京模式"简介

"南京模式"起源于南京城建集团内部,用于建设工程流程优化。南京城建集团意识到传统建设工程治理模式过分依赖项目管理人员,对项目的覆盖率检查依靠人工巡查,对信息的收集缺乏时效性。城建集团以物联网为手段,借助信息化手段在集团内部设立监控系统,部署智慧工地建设,以减少空间、时间、资源的消耗和限制。

2016年南京城建集团将高淳项目作为试点工程,从质量、进度、安全、文明、行为等五个角度出发,旨在提升建设工程项目管理科学化、智能化、精细化水平。城建集团向联通公司购买数据采集工具,在项目现场安装视频监控、传感器等物联网设备,通过自动采集及上传数据,代替部分人工管理的工作,记录扬尘、噪声各项污染检查指标,视频设备记录隐蔽工程等重要工序,形成监管资料。

这种新尝试从实现内容来看可分为两个层级:一是从质量、进度、安全、行为角度出发,对建设单位项目管理手段进行转型升级;二是从文明角度出发,整合政府与建设工程相关的公共服务职责,管理工作涉及建设工程公共服务治理内容,包括场容场貌监管、扬尘排放控制等。该次尝试取得了较好的成效,开启了公共部门对智慧建设的探索,成为智慧监管的雏形。

需要说明的是,南京城建集团是市属国有企业,高淳分公司是城建集团旗下施工专业分公司,施工企业为社会力量。"南京模式"是城建集团自建自用模式。施工企业依靠信息技术手段监测扬尘、噪声等污染数值,在实时监控下,规范建设行为,实现社会价值增值。

萌芽期时,"南京模式"还没有形成治理网络平台,只通过施工现场物联感知设备获取监管数据。物联感知设备层是治理信息交换中介,可看作是抽象意义上的"平台"。此时参与平台的相关方较少,双边市场呈现一对多的结构形式(图6-1)。

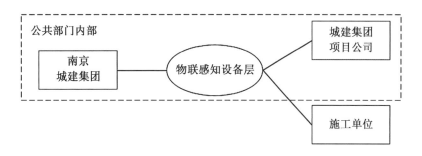

图6-1 萌芽期监管平台市场结构形式

6.2.2 成长期"南京模式"简介

6.2.2.1 南京市智慧工地监管平台建设历程

南京市智慧工地监管平台存在两方面的建设背景。

1. 政策背景

中央、省市级公共部门出台多项政策,指导建设工程公共服务治理工作,要求推进信息技术、物联网设备在建设工程中的应用,加强扬尘、噪声方面的公共服务治理,并将以上内容纳入标准化考评工作[209]。相关指导政策为建筑市场信用管理体系的建立、建筑业转型升级提供方向。

2. 现实背景

传统公共服务治理采用官僚式的治理模式,存在以下几个弊端:

(1) 公共部门之间条块分割,对建设工程公共服务的需求存在差异,非建设部门有公共服务治理需求,但凭借自身力量难以制定建设工程公共服务相关政策,难以形成治理标准。

(2) 公共部门对于建设工程公共服务治理存在碎片化现象,出现多头管理,权责界限难以厘清;各部门之间工作存在交叉,造成了治理资源的极大浪费。

(3) 公共部门治理信息共享不足,难以全面掌握和评价建设单位的建设行为。

(4) 传统模式中公共部门对于不规范的建设行为只有制度化惩罚措施,没有激励政策,导致相关建设单位提供公共服务的积极性差,承担社会责任的响应度不高。

传统公共服务治理模式采用人工巡检的实现方式,有以下几个弊端:

(1) 人工检查方式具有离散性特征,无法实现全天候监管,相关建设单位的安全文明施工行为大多是"表面工程",存在监管漏洞,出现事故时无法取证。

(2) 建设项目选址固定，具有数量多、分布广的特点，采用人工方式抽查，造成人力、财力、时间的巨大浪费。

萌芽期的"南京模式"虽然借助了信息技术的力量，但只实现了数据的自动获取以及图像线索的存储。而现实情况是，建设单位、建设项目众多，从现场获取的基础信息数量巨大，缺少对数据的存储及二次加工，导致数据价值不高，难以支持决策。因此，急需建设一个专业的数据集成、分析、存储的信息系统。

在政策因素和现实背景的推动下，2017年10月由南京城建集团牵头，联合格瑞利（北京）智能系统科技有限公司等共同研发智慧工地监管平台。2018年9月，蓝绍敏市长要求"全市以城建集团平台为基础，加快推进市级智慧监管平台研发"。南京市智慧监管平台建设得到官方的认可和支持。

在南京市政府的支持下，在协同治理公共服务的需求指引下，2018年4月，南京市生态环境局和南京市城市管理局调研智慧建设平台，交流、对接监管需求，协调、指导平台建设。2018年9月20日，南京市城乡建设委员会组织发改委、环保、城管等部门召开专题会议，明确市级智慧监管平台工作各项要求。平台建设期间，邢正军副市长牵头，建立政府多部门联席例会制度。市城建集团每周在市政府召开联席周例会，邢副市长每月组织召开例会，南京市建委、环保、城管等公共部门参加，协调、解决平台建设中遇到的各项问题。公共部门之间打破沟通壁垒，以南京市智慧监管平台为中心，形成协调联动机制。

2018年11月15日，南京市智慧工地监管平台研发基本完成，协助市建委起草平台接入及相关技术标准。同年12月15日，南京市智慧工地监管平台及App研发完成，正式上线运行。

6.2.2.2 南京市智慧工地监管平台结构形式

2018年6月，智慧工地监管平台启动试点，接入市青少年宫迁建工程，江北废弃物综合处置中心一期建设工程，青奥体育公园田径馆、游泳馆，红山路—和燕路快速化改造工程，高淳区小花码头及输运体系建设（PPP）等5个项目。在研发期间，将实践与平台功能设计相结合，保障平台提供的服务高质高量、贴近实际。

成长期的南京市智慧工地监管平台由南京城建集团免费研发和运维，所有权归属于南京城建集团。此处将平台组织划分为公共部门。根据不同监管部门的治理需求，相应开发及应用。各相关公共部门在市政府组织下支持平台建设并提供指导意见。工程5个试点项目均为城建集团内部项目，建设单位也是城建集团旗下的项目公司。试点项目的代建单位为社会力量。此时平台市场的接入情况是多对多。成长期南京市智慧工地监管平台市场结构形式如图6-2所示。

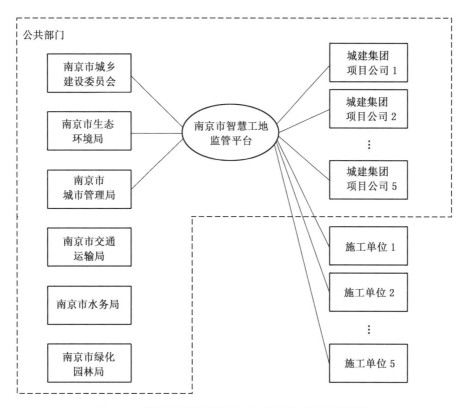

图 6-2　成长期南京市智慧工地监管平台市场结构形式

6.2.3　成熟期"南京模式"简介

6.2.3.1　南京市智慧工地监管平台建设历程

多个项目试点,证明"南京模式"是可行且有效的。截至 2019 年 10 月,南京市智慧工地监管平台基本覆盖南京市所有在建建设工程项目。"南京模式"促进公共部门与社会力量协同治理,技术平台及物联网等新兴技术为公共服务治理提供新途径、新抓手,提高各方公共服务治理效能。2018 年 12 月 18 日,南京城市建设管理集团有限公司、格瑞利(北京)智能系统科技有限公司、南京智慧交通信息股份有限公司三家作为出资股东合资成立管控智慧平台的专业公司——南京精筑智慧科技有限公司(以下简称"精筑公司")。也就是说,成熟期南京市智慧工地监管平台的所有权归属于社会力量。

2019 年 2 月召开"南京市智慧监管平台暨建筑工程差别化管理全市推进会",3 月召开三次"南京市智慧监管平台应用培训会"。至此,平台进入应用推广阶段。为了扩大智慧工地监管平台用户规模,2018 年 12 月至次年 4 月,南京市政府、城乡建设委员会等公共部门发布了一系列文件,对平台的建设和运行提供有力支持。相关文件中要求全市建设工地须安装环保在线监测系统和视频监控信息系统,明确了接入的数据标准、设备参数、布局要求和功能模块,须将相关数据传输至南京市智慧工地监管平台,有效推动相关建设单位接入智慧工地监管平台,有助于集中全市范围内建设工程公共服务治理信息。具体支持政策如表 6-1 所示。

表 6-1 南京市智慧工地监管平台建设及运营支持政策

序号	政策/规章制度名称	发文单位	发文时间
1	市政府办公厅关于对全市建设工程工地实施差别化管理的通知[326]	南京市人民政府办公厅	2019 年 3 月
2	关于印发南京市工地视频监控和环保在线监测信息系统建设实施方案的通知[323]	南京市城乡建设委员会	2018 年 12 月
3	关于做好智慧工地监管平台接入前相关工作的通知[328]	南京市城乡建设委员会	2019 年 5 月
4	关于全市房屋建筑和市政基础设施工地差别化管理实施细则的通知[322]	南京市城乡建设委员会	2019 年 5 月

6.2.3.2 南京市智慧工地监管平台结构形式

成熟期南京市智慧工地监管平台由专业公司运营,公共部门看重平台协同、高效、智慧化等价值,在市政府的组织带领下接入智慧工地监管平台。相关建设单位主要有建设单位、施工单位和渣土运输公司。相关建设单位在政府文件的指导下,在激励和约束政策的引导下纷纷入驻平台。此时,平台市场的接入情况是多对多(远多于成长期接入数量)。成熟期南京市智慧工地监管平台市场结构形式如图 6-3 所示。由图可知,南京市智慧工地监管平台是治理中心。部分建设单位可能为公共部门的项目公司,在本图中不予列出。

6.2.4 南京市智慧工地监管平台功能模块

为满足南京市公共部门及非政府组织之间协同共治的需求,监管平台设立了下面的几个功能模块。

1. 基本信息管理

(1)信息管理:建立基本信息数据库,管理各级政府部门基本信息、相关建设单位基本信息、城乡建设工程基本信息、工程建设人员基本信息。

(2)信息分析:从绿色施工、安全管理等角度,宏观展示建设工程公共服务治理的整体情况,并对未来趋势进行预测;集成建设工程公共服务治理数据,实现公共部门与非政府组织之间数据交换。

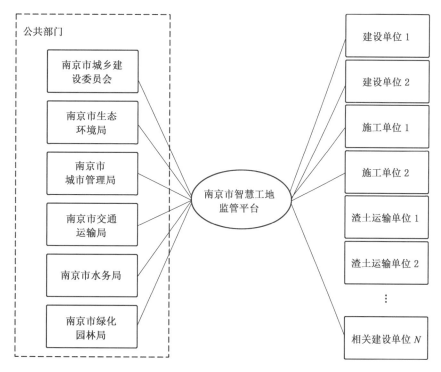

图 6-3　成熟期南京市智慧工地监管平台市场结构形式

2. 扬尘监控和自动喷淋降尘联动监控模块

(1) 信息提取及设备维护：在建设工程施工现场安装检测设备，实时监测建设工地扬尘颗粒物(PM_{10})数值情况，并实时将监测数据上传至智慧工地监管平台；当建设工地现场扬尘监测设备非正常停止运行时，将相关信息实时传输至监管平台，并短信通知现场负责人、设备运行管理人员，要求在规定时间内修复设备。

(2) 信息分析：各相关主体可通过门户网站和移动终端 App 实时查看扬尘治理情况；统计每个建设项目扬尘排放情况，并形成每周报表，发送至建设、环保等有需要的公共部门；对扬尘治理情况分区域(各区、园区)、工程类别(交通、水务等，下同)进行排名。

(3) 自动响应：扬尘数据超标($150\ \mu g/m^3$)时，通过系统消息、短信等方式通知建设项目现场负责人，并自动启动现场喷淋设备进行降尘；如超过 30 min 扬尘数据仍超标，通过系统消息、短信等方式通知建设、环保等公共部门监督人员。

(4) 执法线索：根据现有的规范与监管需要，从超标标准、超标时长、超标频率、超标次数等方面建立扬尘监控评价体系；建议在省、市级文明工地和立功竞赛等工程评优活动中，将扬尘治理情况作为评选条件。

3. 噪声监控和夜间违规施工监控功能模块

(1) 信息提取及设备维护：在建设工程施工现场安装检测设备，实时监测建设工地噪声数值情况,并实时将监测数据上传至智慧工地监管平台;当建设工地现场噪声监测设备非正常停止运行时,将相关信息实时传输至监管平台,并短信通知现场负责人、设备运行管理人员,要求在规定时间内修复设备。

(2) 信息分析:各相关主体可通过门户网站和移动终端 App 实时查看噪声治理情况;统计每个建设项目噪声排放情况,并形成每周报表,发送至建设、环保等有需要的公共部门;对噪声治理情况分区域、工程类别进行排名。

(3) 自动响应:噪声数据超标时,通过系统消息、短信等方式通知建设项目现场负责人;如超过 15 min 噪声数据仍超标,通过系统消息、短信等方式通知建设、环保等公共部门监督人员。

噪声数据报警标准:在 22:00~次日 6:00 期间,60 min 内存在两个 15 min 连续超过 65 dB 判断为一次噪声报警。

(4) 执法线索:夜间(22:00~次日 6:00)系统通过噪声监测数据分析,针对无夜间施工资格但违规施工的建设项目,通过现场远程视频系统自动完成拍照取证;将相关视频信息、监控抓拍信息实时上传至监管平台,记录相关执法线索;根据现有的规范与监管需要,从超标标准、超标时长、超标频率、超标次数等方面建立噪声监控评价体系;建议在省、市级文明工地和立功竞赛等工程评优活动中,将噪声治理情况作为评选条件。

4. 工程运输车辆智慧监管功能模块(针对渣土车、泥浆车和五小工程车)

(1) 信息提取及设备维护:在施工现场车辆进出口处安装智能识别设备,实时探测、自动识别进出车辆;安装视频监控与车辆冲洗装置,自动抓拍车辆进出未冲洗行为,检测渣土车密闭情况;当冲洗设备、视频监测设备非正常停止运行时,将相关信息实时传输至监管平台,并短信通知现场负责人、设备运行管理人员,要求在规定时间内修复设备。

(2) 信息分析:建立工地土场、企业信息档案、工地及车辆证件管理数据库;记录车辆进出建设工地状态及行驶行为,形成统计分析报表;各相关主体可通过门户网站和移动终端 App 实时查看工程运输车辆治理情况。

(3) 自动响应:出现渣土车离开现场未冲洗情形,通过系统消息、短信等方式通知建设项目现场负责人与建设、城管等公共部门监督人员;对不按规定进出工地的车辆,通过系统消息、短信等方式报警,记录违章情况。

(4) 执法线索:将相关视频信息、监控抓拍信息实时上传至监管平台,记录相关执法线索;对不按规定进出工地的车辆,通过系统消息、短信等方式报警并形成统计分析报表,为执法部门提供执法依据;相关主体可根据某次违章申请审核复议;根据现有的规范与监管需要,从违规次数等方面建立监控评价体系;建议在省、市级文明工地和立功竞赛等工程评优活动中,将工程车辆运输治理情况作为评选条件。

6.2.5 南京市智慧工地监管平台技术架构

南京市智慧工地监管平台建设信息技术使用情况如下：

(1) 南京市智慧工地监管平台使用统一软件开发过程(Rational Unified Process, RUP)设计平台，包括迭代式开发、需求管理、基于组件的体系架构、可视化建模、持续的质量管理和配置管理。

(2) 南京市智慧工地监管平台开发总体采用B/S架构，部分根据实际需求采用C/S架构。

(3) 南京市智慧工地监管平台采用多层架构，用户界面、业务逻辑、数据存储分离，数据存取通过数据引擎完成对数据库的操作，以提高系统对数据操作的安全性；设计采用中间件技术，最大限度地减少对开发商的依赖，用户把握信息系统建设、运维、升级改造的主动权，延长系统的生命周期，提高开发效率，缩短开发周期。

(4) 南京市智慧工地监管平台建设支持多种操作系统(例如Windows，Unix，Linux等)；硬件系统支持不同体系结构硬件平台(例如Intel结构PC服务器、RISC结构小型机等)；应用程序的开发及中间件产品采用J2EE框架标准；智能表单基于W3C XForms标准，数据存储符合XML技术标准。

(5) 南京市智慧工地监管平台数据库兼容不同操作系统，具有TB级的数据吞吐量、高并发访问量以及强大的访问权限控制。

南京市监管平台从技术平台性质看，具有三层结构：数据层、应用层和客户层。

(1) 数据层：包含建设工程公共服务各类数据资源：相关组织数据库、建设工程数据库等。

(2) 应用层：提供建设工程公共服务治理功能，借助模型库和中间件，为上层(客户层)提供业务逻辑支撑。治理服务应用功能包括基本功能和智慧监管功能两部分。

(3) 用户层：为参与平台的相关方提供应用接口。

6.3 "南京模式"实现流程

南京市智慧工地监管平台治理对象涉及房屋建筑、道路交通、园林绿化等多种类别的工程，房屋建筑工程项目在平台接入项目中所占比重最大，其他专业工程所占比重较小，且房屋建筑工程与其他专业工程治理流程类似。所以，本案例仅描述与房屋建设工程相关的公共服务治理模式实现流程，忽略其他专业工程。

6.3.1 基于Petri网的传统治理模式实现流程建模及分析

传统治理模式中，扬尘、噪声污染防治工作，由生态环境局和城乡建设委员会负责，群众在传统模式中起监督作用。

6.3.1.1 生态环境局关于扬尘(噪声)传统治理模式实现流程

生态环境局在传统模式中的主要工作内容为扬尘及噪声治理,相关治理工作有日常督查、专项检查、受理群众举报或投诉等。扬尘及噪声污染排放数值在单次检查或执法时由人工监测获得。时延数据通过南京市智慧工地监管平台和调研获得(活动时间不足一天的向上取整)。其中生态环境局抽查频率一周约为2次,此处时延取3天。施工单位开展的施工活动为持续性工作活动,故开展施工活动的时延取0天。为了分析治理流程运作状况,选取理想治理情况,假设各项工作活动之间没有时间间隔,比如生态环境局向城乡建设委员会发督办函,城乡建设委员会接收到后立即去施工现场核实。基于赋时Petri网,构建生态环境局关于扬尘和噪声的治理流程模型。表6-2列举了生态环境局关于扬尘(噪声)传统治理模式实现流程的状态和事件。

表6-2 生态环境局关于扬尘(噪声)传统治理模式实现流程的状态和事件表

库所	治理状态	变迁	治理活动	时延
P1	施工单位	T1	开展施工活动	0
P2	生态环境局	T2	抽查建设项目扬尘(噪声)污染排放情况,若合格,记录巡检情况	3
		T3	抽查建设项目扬尘(噪声)污染排放情况,向施工单位下发整改通知书,违规情况严重给予行政处罚	3
P3	违规施工单位	T4	接受整改	0
		T6	拒不整改	0
P4		T5	整改并回复	7
P9	生态环境局	T12	备案归结	1
P5		T7	向城乡建设委员会发督办函	1
P6	城乡建设委员会	T8	调查核实,施工扬尘(噪声)排放未超标,备案归结;回函给生态环境局	1
		T9	调查核实,施工扬尘(噪声)排放超标,下发整改通知书,违规情况严重给予行政处罚,备案归结;回函给生态环境局	1
P7	生态环境局	T10	备案归结	1
P8		T11		1
P10		T13	监督扬尘(噪声)治理情况	0
P11	群众	T14	治理情况良好,持续监督	0
		T15	损害公共价值,拨打12345投诉	0
P12	生态环境局	T16	生态环境局生成报告,发函问责城乡建设委员会	1
P13	生态环境局	T17	虚变迁	0

6.3.1.2 城乡建设委员会关于扬尘(噪声)传统治理模式实现流程

城乡建设委员会在传统模式中与公共服务相关的治理工作主要为扬尘及噪声治理。通过日常巡检、其他部门督办的方式获得建设项目扬尘、噪声污染排放信息。生态环境局发督办函给城乡建设委员会,协同治理建设工程相关公共服务的流程同 6.3.1.1 节,此处不予赘述。相关数据由调研获得,活动时间不足一天的向上取整。基于赋时 Petri 网,构建城乡建设委员会关于扬尘和噪声的治理流程模型。表 6-3 列举了传统治理模式实现流程的状态和事件。

表 6-3 城乡建设委员会关于扬尘(噪声)传统治理模式实现流程的状态和事件表

库所	治理状态	变迁	治理活动	时延
P1	施工单位	T1	开展施工活动	0
P2	城乡建设委员会	T2	抽查建设项目扬尘(噪声)污染排放情况,若合格,记录巡检情况	2
		T3	抽查建设项目扬尘(噪声)污染排放情况,向施工单位下发整改通知书,违规情况严重给予行政处罚	2
P3	违规施工单位	T4	整改并回复	7
P4	城乡建设委员会	T5	备案归结	1
P5		T6	虚变迁	0

6.3.1.3 传统治理下监管信息传输模型构建

根据状态和事件表,利用 Visual Object Net 软件,对生态环境局关于扬尘(噪声)的传统治理模式实现流程建模如下(图 6-4)。

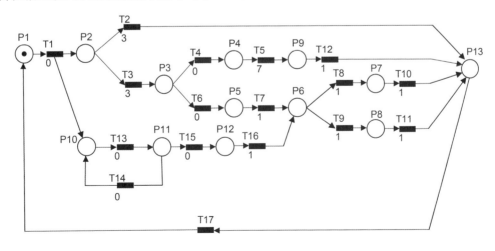

图 6-4 生态环境局关于扬尘(噪声)传统治理模式实现流程的赋时 Petri 网

根据赋时 Petri 网,对生态环境局治理扬尘(噪声)的传统模式流程进行仿真试验,此处条件选择活动路径不设置概率,随机发生。此处仿真对象以生态环境局日常巡查流程为主,群众监督流程为辅,流程样本数指主流程循环次数(生态环境局巡查次数)。仿真结果如表 6-4 所示。根据结果,生态环境局关于扬尘(噪声)传统治理流程,要完成 1 次循环,需要 6.45 天。

表 6-4 生态环境局关于扬尘(噪声)传统治理模式实现流程仿真结果

组号	流程样本数	流程循环总时长/天	流程循环平均时长/天
1	10	68	6.8
2	50	310	6.2
3	100	636	6.36

根据状态和事件表,利用 Visual Object Net 软件,对城乡建设委员会关于扬尘(噪声)的传统治理模式实现流程建模如下(图 6-5)。

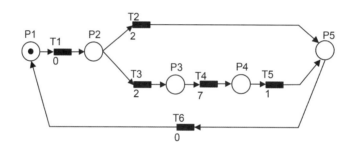

图 6-5 城乡建设委员会关于扬尘(噪声)传统治理模式实现流程的赋时 Petri 网

根据赋时 Petri 网,对城乡建设委员会治理扬尘(噪声)的传统模式流程进行仿真试验,仿真结果如表 6-5 所示。根据结果,城乡建设委员会关于扬尘(噪声)传统治理流程,要完成 1 次循环,需要 5.49 天。

表 6-5 城乡建设委员会关于扬尘(噪声)传统治理模式实现流程仿真结果

组号	流程样本数	流程循环总时长/天	流程循环平均时长/天
1	10	60	6
2	50	266	5.32
3	100	514	5.14

综上,建设工程公共服务传统治理模式中,生态环境局治理流程平均周期时间为 6.45 天,城乡建设委员会治理流程平均周期时间为 5.49 天。需要说明的是,传统流程的治理是离散性的,既指全市建设项目较多、巡检只能对单个工地进行检查,又指公共部门

之间缺少协作造成的离散,公共服务治理总时间是各部门政务周期时间之和。假设全市有在建工地 n 个(n 为正整数),建设工程公共服务传统治理模式的周期时间为 $(6.45+5.49)n$ 天,即 $11.94n$ 天。

6.3.2 基于 Petri 网的"南京模式"实现流程建模及分析

6.3.2.1 "南京模式"扬尘治理实现流程

"南京模式"扬尘治理内容包括工地扬尘治理和工程运输车辆(渣土车)冲洗两部分,治理相关方涉及生态环境局、城市管理局、城乡建设委员会和相关建设单位。"南京模式"未将群众作为监督方,此处不予考虑。相关数据在南京精筑智慧科技有限公司调研获得,活动时间不足一天的向上取整。"南京模式"中,工程项目扬尘排放超过 $150\ \mu g/m^3$ 即报警,持续超标 30 min 即报警,通知城乡建设委员会和生态环境局。但流程建模分析的时间单位为"天","30 min"于"天"而言可以忽略不计。基于赋时 Petri 网,构建"南京模式"扬尘治理实现流程模型。表 6-6 列举了"南京模式"扬尘治理流程的状态和事件。

表6-6 "南京模式"扬尘治理流程的状态和事件表

库所	治理状态	变迁	治理活动	时延
P1	某施工项目	T1	开展施工活动	0
P2	建设单位	T2	进行项目建设	0
P3	南京市智慧工地监管平台	T3	实时监测扬尘污染排放情况,与治理标准比对,检测结果合格	0
		T4	实时监测扬尘污染排放情况,与治理标准比对,检测结果不合格,发出预警,通知施工单位项目负责人	0
P4	违规施工单位	T5	及时整改扬尘排放情况	0
P5	南京市智慧工地监管平台	T6	持续监测扬尘排放情况,30 min 内降尘成功	0
		T7	持续监测扬尘排放情况,30 min 后扬尘排放数值依然超标,提醒施工单位负责人整改,通知相关主管部门	0
P6	生态环境局	T8	向施工单位下发整改通知书,违规情况严重给予行政处罚	1
P7	城乡建设委员会	T9	向施工单位下发整改通知书,违规情况严重给予行政处罚	1
P8	违规施工单位	T10	整改并回复	7
P9	南京市智慧工地监管平台	T11	将治理结果录入扬尘数据库,生成图表供各方查阅	0

(续表)

库所	治理状态	变迁	治理活动	时延
P10	渣土运输单位	T12	运输建筑垃圾	0
P11	南京市智慧工地监管平台	T14	监测渣土车出入场地是否冲洗,与治理标准比对,检测结果合格	0
		T13	监测渣土车出入场地是否冲洗,与治理标准比对,检测结果不合格,发出报警,通知渣土运输单位负责人	0
P12	城市管理局	T15	向渣土运输单位下发整改通知书,违规情况严重给予行政处罚	1
P13	城乡建设委员会	T16	向渣土运输单位下发整改通知书,违规情况严重给予行政处罚	1
P14	违规渣土运输单位	T17	整改并回复	3
P15	南京市智慧工地监管平台	T18	将治理结果录入工程运输车辆智慧监管数据库,生成图表供各方查阅	0
P16		T19	虚变迁	0

6.3.2.2 "南京模式"噪声治理实现流程

"南京模式"噪声治理内容为建设项目现场噪声治理,相关方涉及生态环境局、城乡建设委员会和相关建设单位。噪声治理相关数据经调研获得,活动时间不足一天的向上取整。"南京模式"中,在 22:00～次日 6:00 期间,60 min 内存在两个 15 min 连续超过 65 dB 判断为一次噪声报警。同上,此处"30 min"可以忽略不计。基于赋时 Petri 网,构建"南京模式"噪声治理实现流程模型。表 6-7 列举了"南京模式"噪声治理流程的状态和事件。

表 6-7 "南京模式"噪声治理流程状态和事件表

库所	治理状态	变迁	治理活动	时延
P1	某施工项目	T1	开展施工活动	0
P2	南京市智慧工地监管平台	T2	实时监测噪声污染排放情况,与治理标准比对,检测结果合格	0
		T3	实时监测噪声污染排放情况,与治理标准比对,检测结果不合格,发出报警,通知施工单位项目负责人、生态环境局和城乡建设委员会监督人员	0
P3	违规施工单位	T4	及时整改噪声排放情况	0
P4	生态环境局	T5	向施工单位下发整改通知书,违规情况严重给予行政处罚	1
P5	城乡建设委员会	T6	向施工单位下发整改通知书,违规情况严重给予行政处罚	1
P6	违规施工单位	T7	整改并回复	7

(续表)

库所	治理状态	变迁	治理活动	时延
P7	南京市智慧工地监管平台	T8	将治理结果录入扬尘数据库，生成图表供各方查阅	0
P8		T9	虚变迁	0

6.3.2.3 平台治理下监管信息传输模型构建

1. 扬尘治理信息传输建模

根据状态和事件表，利用 Visual Object Net 软件，对"南京模式"扬尘治理实现流程建模如下（图 6-6）。

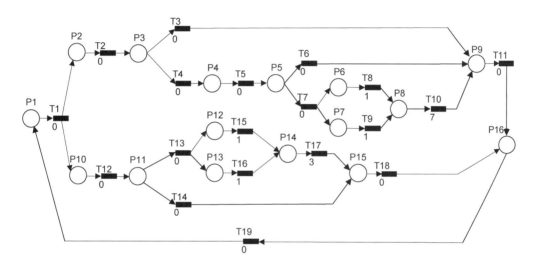

图 6-6 "南京模式"扬尘治理实现流程的赋时 Petri 网

根据赋时 Petri 网，对"南京模式"扬尘治理实现流程进行仿真试验，仿真结果如表 6-8 所示。表中流程循环时长为 0，表示相关建设单位建设行为良好，线下物联设备未检测出违规施工行为。根据结果，"南京模式"扬尘治理实现流程要完成 1 次循环，需要 3.11 天。

表 6-8 "南京模式"扬尘治理实现流程仿真结果

组号	流程样本数	流程循环总时长/天	流程循环平均时长/天
1	10	32	3.2
2	50	152	3.04
3	100	310	3.1

需要说明的是，与传统模式不同，"南京模式"实现了同时监管所有接入平台的建设性项目。在实际执行中，赋时 Petri 网模型应如图 6-7 所示，PN 表示多项目接入。如果说，传统模式逐个建设项目线下巡检类似于电路中的"串联"，那么"南京模式"就是"并

联",整合全市建设项目,实时监管,极大提高治理效率。

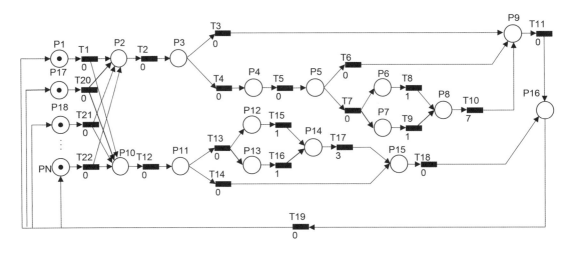

图 6-7 扬尘治理多项目接入实现流程的赋时 Petri 网

2. 噪声治理信息传输建模

根据状态和事件表,利用 Visual Object Net 软件,对"南京模式"噪声治理实现流程建模如下(图 6-8)。

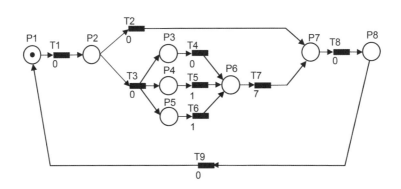

图 6-8 "南京模式"噪声治理实现流程的赋时 Petri 网

根据赋时 Petri 网,对"南京模式"噪声治理实现流程进行仿真试验,仿真结果如表 6-9 所示。根据结果,"南京模式"噪声治理实现流程要完成 1 次循环,需要 4.27 天。

表 6-9 "南京模式"噪声治理实现流程仿真结果

组号	流程样本数	流程循环总时长/天	流程循环平均时长/天
1	1	8	8
2	10	29	2.9

(续表)

组号	流程样本数	流程循环总时长/天	流程循环平均时长/天
3	50	146	2.92
4	100	324	3.24

与扬尘治理相似,"南京模式"噪声治理同时监管所有项目,实际的赋时Petri网模型如图6-9所示。

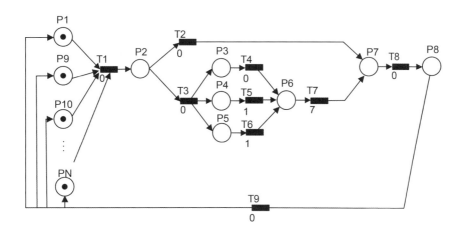

图6-9 噪声治理多项目接入实现流程的赋时Petri网

综上,在"南京模式"下,扬尘治理实现流程平均周期时间为3.11天,噪声治理实现流程平均周期时间为4.27天。假设全市有在建工地n个(n为正整数),平台模式具有集成作用,"南京模式"对全市所有在建项目实现同时治理,所以"南京模式"治理的周期时间为(3.11+4.27)天,即7.38天。

6.4 "南京模式"运行机制

6.4.1 南京市智慧工地监管平台运行机制

6.4.1.1 平台参与主体需求互补性

"南京模式"中,公共服务治理参与者有两类(以成熟期为例):公共部门、相关建设单位。公共部门包括南京市生态环境局、南京市城乡建设委员会、南京市城市管理局、南京市交通运输局、南京市水务局、南京市绿化园林局。相关建设单位主要为施工单位、建设单位和渣土运输单位。建设、施工单位接入平台,控制建设工地扬尘、噪声污染排放情况;渣土运输单位规范行驶行为,出入工地时主动冲洗渣土运输车辆,防止损害市容市貌。智慧工地监管平台参与主体之间具有较强的需求互补性，具体体现在以下两个方面：

1. 公共部门对于相关建设单位的需求

公共部门对相关建设单位的监管通常以日常巡检的形式存在，监管存在离散性。相关建设单位对于安全、文明生产行为的积极性不高，常做面子工程。公共部门需要相关建设单位积极承担社会责任，主动完成公共服务治理日常性工作；需要相关建设单位积极接入平台，安装信息技术设备实时获取治理数据，以提高公共部门监管质量，减轻公共部门监管负担。

2. 相关建设单位对于公共部门的需求

公共部门条块分割，存在多头管理现象，反映在公共服务治理具体工作中就是巡查工作重复率高，相关建设单位常疲于应付。相关建设单位需要公共部门接入平台，打通沟通渠道，减少政出多门的现象；需要公共部门提供财政补贴和政策支持，减轻相关建设单位公共服务治理工作压力，激励相关方规范建设行为。

6.4.1.2 网络外部性

1. 间接网络外部性

南京市智慧工地监管平台具有很明显的间接网络外部性。

首先，南京市智慧工地监管平台具有成员网络外部性。对于公共部门而言，接入平台的社会组织规模增大，公共部门从线上获取信息的数量、种类增加，平台对全市公共服务治理情况的分析更为准确。对于相关建设单位而言，入驻监管平台的公共部门越多，各部门之间的权责界限就越明晰，建设工程公共服务相关治理工作就越整合。

其次，南京市智慧工地监管平台具有交易网络外部性。对于公共部门而言，相关建设单位接入监管平台，从两方面提高公共部门效用：第一，建设单位通过安全文明施工、履行社会义务等行为规范自身行为，减轻公共部门监管负担；第二，通过数字化设备自动获取治理信息，减少公共部门需要的日常巡查工作，节省时间、人力和资金成本，极大地提高了公共服务供给质量。对于相关建设单位而言，公共部门为激励相关建设单位加入，给予政策补贴和财政支持，并给予它们不停工特权、建筑业信用分增加等特权。拒绝接入平台的成员则面临来自政府和社会的隐性惩罚，其惩罚的方式不局限于失去物资收入和政策支持，还面临不能运输渣土、不能评奖评优，影响项目的正常建设和日后企业的发展。

在间接网络外部性的影响下，截至 2019 年 10 月，南京市智慧工地监管平台突破临界容量，南京市拥有在建项目的相关建设单位基本均接入平台，基本实现全覆盖。该结果证明，智慧工地监管平台建设成功，"南京模式"具有活力。

2. 直接网络外部性

由前文分析可知，建设工程公共服务平台模式，参与主体的直接网络外部性若存在，则为负。结合实际状况来看,"南京模式"中,公共部门及相关建设单位之间不存在竞争关系,不会因为其余同类主体的入驻,影响自身对接入平台的决定。所以,此处认为南京市智慧工地监管平台各边成员不存在直接网络外部性。

6.4.1.3 价格结构非中性

南京市智慧工地监管平台对各相关方的差别化定价方式如下:

(1) 南京市智慧工地监管平台向公共部门收取服务年费。公共部门向智慧工地监管平台以年费的方式购买定制服务,费用包括监管服务费、数据分析服务费等。费用大小根据接入南京市智慧工地监管平台的建设工地数量、建设单位参与公共服务内容两方面而定,一个工地约收取 5 000~10 000 元。

(2) 政府对于公共服务供给强调"谁主张,谁买单",相关建设单位接入平台、使用平台提供服务,南京市智慧工地监管平台不收取任何费用。从南京市智慧工地监管平台角度看,精筑公司将相关建设单位作为"被补贴方",对其免费开放,以促进该边用户规模的增加;将公共部门作为"付费方",收取较高价格,以为平台提供持续性收入、支持平台运行。所以"南京模式"对监管平台双方收取的费用具有明显的价格结构非中性。

随着相关建设单位参与方的增加,更多的社会力量会主动提供公共服务。南京精筑智慧科技有限公司寻找市场契机,为相关建设单位提供智慧工地建设咨询服务等增值服务。同时,越来越多的在建项目接入平台,产生了巨大的设备购买需求。精筑公司与部分设备供应商合作,参与市场竞争,获取资本收益。

6.4.1.4 平台价格结构分析

南京市建设智慧工地监管平台的用户由项目相关建设单位和监管人员组成,具体用户与智慧工地监管平台的合作方式见表 6-10 所示。同时根据实地调研的结果界定智慧工地监管平台的价格结构变量,包含相关建设单位和监管人员的用户规模、网络外部性效用、相关建设单位的政策效用、监管人员环境效用、平台成本收益,为智慧工地监管平台的价格结构分析奠定基础。

表 6-10 南京市建设智慧工地监管平台用户及其与平台合作方式

用户类型	具体用户	合作方式
相关建设单位	建设单位	项目接入平台前,支付现场安装的智能设备购置安装费;接入后,建设单位免费接入平台,平台为其提供项目实时监管、报警提醒功能以及项目数据的统计分析服务
	施工单位	无须支付任何费用,随施工项目接入,在项目施工期间可利用平台监测到的数据发现现场的隐患并及时排除
	监理单位	无须支付任何费用,随施工项目接入,在此期间,利用平台线上线下监管现场辅助监理

(续表)

用户类型	具体用户	合作方式
监管人员	政府监管机构	需要缴纳一定的数据服务费(由政府统一支付)。获取接入平台的全市或全区的在建项目实时信息,重点监管扬尘、噪声、渣土车报警等信息较多的项目
	市民	需要缴纳一定的数据服务费(由政府统一支付),关注周边建设项目情况,线上线下协同监管对比、反馈信息

6.4.2 "南京模式"运行机制

6.4.2.1 信任机制与信用体系

1. 信任机制

"南京模式"中的信任包括主体信任和技术信任。信任机制的存在促进主体行为的产生,降低交易成本,促进"南京模式"高效运转。

(1) 主体信任

一方面,平台一边的参与主体为公共部门。平台运营方和相关建设单位因为政府公信力的存在,对该边主体具有较强的信任。另一方面,南京城建集团具有丰富的公共服务治理经验,熟悉建设工程管理方面的痛点、难点以及监管需求。城建集团作为公共部门,有义务承担社会责任,不以经济效益为目的推动城市建设智慧化、信息化发展。公共部门和相关建设单位相信南京城建集团及其牵头研发的南京市智慧工地监管平台,具有公共服务的提供和治理能力。

(2) 技术信任

南京市智慧工地监管平台按照国家安全保密标准,在平台结构、数据安全等方面,保证技术可靠性和数据安全性。首先,监管平台采取的各项信息技术和三层平台架构,保证技术平台安全平稳运行。其次,城建集团在项目管理方面,精筑公司在信息技术领域具有丰富的专业知识和实践经验,在市政府领导下,辅助制定南京市智慧监管的数据标准、设备参数和布点要求。其余参与主体相信由两者为主要建设力量形成的"南京模式",能够执行公共服务治理相关任务。同时,在物联网、人工智能、大数据等信息技术的支持下,"南京模式"形成数据自动获取、信息系统集成、平台分析信息的治理路径,使各治理相关方"看得见""听得清""管得了",为公共服务治理参与者提供更多的决策参考,显著提高治理效率。以上三个方面的共同作用产生了技术信任。

2. 信用体系

本书选取南京市智慧工地监管平台中工程车辆管理系统的渣土车报警数据作为研究对象进行分析,并选取南京市三家拥有相同数量渣土车的渣土运输企业,对这三家公司的渣土车月度违规行为报警数据进行数据分析,归一化的指标数据如表 6-11 所示。

表 6-11 渣土运输企业的归一化指标数据

评价指标	指标权重/%	A 公司	B 公司	C 公司
抽烟 u_{11}	8.92	0.938	0	1
分神驾驶 u_{12}	10.88	0	0.628	1
疲劳驾驶 u_{13}	10.97	0	0.068	1
接打电话 u_{14}	8.34	0.986	0	1
离线位移 u_{21}	15.59	0	0.274	1
普通道路超速 u_{22}	18.66	0.92	1	0
高速道路超速 u_{23}	15.33	0	1	0.421
右侧盲区 u_{24}	11.31	1	0	1

经计算,各公司的综合评价得分为 $C_A = 0.451$,$C_B = 0.458$,$C_C = 0.725$,综合得分越高说明渣土运输企业的真实信用水平越高,因此信用水平最高的是 C 公司,其次是 B 公司,最后是 A 公司。

2018 年,南京市城市管理局联合市环境保护局、市城乡建设委员会等部门制定了《南京市渣土运输企业信用评价办法》,用于健全渣土运输作业信用体系。《南京市渣土运输企业信用评价办法》主要包括企业信用评价的适用范围、评价的内容和评分细则。评价的内容主要有企业规范运输情况、安全运输履行情况、合同履约情况、现场管理等[321]。南京市城市管理局每个月会在城市管理局网站发布上月的渣土运输企业信用考核分。根据南京市城市管理局发布的该月份的渣土运输企业信用考核分,C 公司信用考核分数高于 B 公司的信用考核分数,B 公司的信用考核分数高于 A 公司的信用考核分数。《南京市渣土运输企业信用评价办法》的评价内容相比本书构建的渣土车真实信用体系更加全面,《南京市渣土运输企业信用评价办法》的评价内容包括企业管理、车辆管理和现场管理,而本书构建的信用体系只包括了车辆管理的内容。但是三个公司信用考核分的评价结果与本书通过渣土车真实信用体系分析得到的结果一致,这在一定程度上说明本书构建的渣土车真实信用体系也是有效的,能够反映真实情况。

6.4.2.2 制度化机制

我国为推进建设工程现代化,利用信息化技术推进建筑业转型升级,出台众多指导政策。各级公共部门相互政策汇总如表 6-12 所示。基础政策强调信息化技术的使用、建筑信用体系的建立,将建设工程公共服务治理相关主体角色责任文本化,降低治理成本,实现权利互享、责任共担。为了提高相关建设单位接入平台的积极性,南京市政府为接入平台并积极承担社会责任的相关建设单位提供优惠政策,促进相关建设单位加入平台,同时减少监管平台推广时间和成本。出台差别化管理政策,允许符合条件的在建项目申请"差别化管理工地",并对申请建设工地进行动态管理,具体优惠政策如下[322]:

(1) 在全市大气环境非最高等级大气污染管控期间,建设项目可正常施工,土方正常外运。

(2) 道路交通状况及周边环境允许,建设项目可全天候出土。

(3) 在夜间施工许可审批、扬尘环保税削减系数等方面给予支持。有连续作业需要的项目,可申请夜间施工许可证。

(4) 优先推荐市、省级文明施工示范工地,给予相关建设单位建筑市场信用分加分。

对不按规定安装环保在线监测和视频监控信息系统的建设项目、对未接入南京市智慧工地监管平台的相关建设单位,给予一定的约束政策[323]:

(1) 不予认定"扬尘污染防治增加费"造价,不予扬尘环保税削减。

(2) 不予实施差别化工地政策支持,不予实施渣土出土审批,从严实施夜间许可审批。

(3) 进行建筑市场信用分扣分。

(4) 不予推荐各类工地评优。

表 6-12 各级公共部门相关政策汇总

序号	政策/规章制度名称	发文单位	发文时间	备注
1	中华人民共和国大气污染防治法[324]	全国人民代表大会常务委员会	2018年11月	第六十九条
2	打赢蓝天保卫战三年行动计划[209]	国务院	2018年7月	第(二十)条
3	2016—2020年建筑业信息化发展纲要[325]	中华人民共和国住房和城乡建设部	2016年8月	
4	2018年全省建筑业工作要点[327]	江苏省住房和城乡建设厅	2018年3月	第(十五)条、第(十六)条
5	市政府办公厅关于对全市建设工程工地实施差别化管理的通知[326]	南京市人民政府办公厅	2019年3月	
6	关于印发南京市工地视频监控和环保在线监测信息系统建设实施方案的通知[323]	南京市城乡建设委员会	2018年12月	
7	关于做好智慧工地监管平台接入前相关工作的通知[328]	南京市城乡建设委员会	2019年5月	
8	关于全市房屋建筑和市政基础设施工地差别化管理实施细则的通知[322]	南京市城乡建设委员会	2019年5月	

(续表)

序号	政策/规章制度名称	发文单位	发文时间	备注
9	南京市2021年度大气污染防治实施方案[210]	南京市生态环境局	2021年3月	第44条 第45条 第46条

6.4.2.3 沟通协调机制

传统治理模式中,公共部门工作碎片化现象严重,公共服务治理工作具有离散性、管理内容重复性高,部门之间权责不清,公共服务治理工作未整合,导致治理效率低下。缺少平等畅通的沟通渠道、公共服务治理工作缺少协作整合是出现以上问题的主要原因。

首先,南京市政府牵头,南京市城乡建设委员会组织发改委、环保、城管等部门接入平台。各部门根据实际需要,为平台建设提出建议。南京市智慧工地监管平台使用云计算、大数据等信息技术手段,统一各部门监管要求,整合各部门关于建设工程公共服务治理的需求,形成系统的公共服务治理功能模块。其次,监管平台是各主体之间交流协作的枢纽,打通公共部门层级之间、不同部门之间、公共部门与社会力量之间的交流壁垒,拉近权力距离,形成了纵横交错的公共服务治理网络。相关建设单位在监管平台在线申报差别化管理工地,也可对预警、报警等处罚进行申诉,即智慧工地监管平台为市场力量提供"一站式"电子政务服务,通过在线申办,让相关建设单位少跑腿、不跑腿,提高行政办事效率。综上,"南京模式"的沟通协调机制显著,南京市智慧工地监管平台是各部门沟通、协作的枢纽,有效解决公共服务治理工作多部门、碎片化的问题,具有较强的整合作用。

6.5 "南京模式"公共服务治理成果与评价

6.5.1 平台治理下监管绩效提升路径分析

6.5.1.1 技术利用程度提升

南京市智慧工地监管平台充分利用物联网、云计算、云存储、人工智能、大数据分析等信息通信技术,将国家法律法规、工程建设基本程序、噪声及扬尘污染监管程序等融入平台。该平台已建成的管理信息系统有噪声监控和夜间违规施工监控系统、扬尘监控和自动喷淋降尘联动监控系统、车辆未冲洗自动抓拍系统、基本信息管理及统计报表生成系统等,实现了对建设项目环境污染事前事中事后的全过程实时监管。各系统功能描述及主要技术如表6-13所示。

表 6-13　南京市智慧工地监管平台功能描述及主要技术

序号	系统	功能描述	主要技术
1	现场远程视频监控系统	通过安装在工程现场（包括工地出入口、制高点、材料仓库堆场以及重点作业区）的远程智能监控设备，实时查看现场施工情况，辅助平台监测人员检测出场地裸土未苫盖、摄像头位移、疑似黑渣土车等违规现象。 对于违规行为平台发出报警信息，通过系统消息、短信等方式通知现场责任人采取措施，并同时通过系统消息、短信等方式通知市、区的生态环境等部门和有需求的街道管理机构等部门的相关监督人员	（1）数据采集 噪声检测技术、扬尘检测技术、物联网技术、人工智能技术。 （2）数据传输 ① 有线传输 光纤及双绞线传输技术； ② 无线传输 蜂窝网络技术（3G/4G/5G）；低功率广域网（LPWAN）技术如窄带物联网（NB-IoT）技术、远距离无线电（LoRa）技术等；低功率局域网技术如紫蜂（ZigBee）技术等。 （3）数据存储 ArcSDE+Oracle 的一体化数据管理技术、云存储技术、本地存储技术。 （4）数据加工 大数据技术、云计算技术、面向服务的架构（SOA）、服务式地理信息系统（Service GIS）技术、网页服务（Web Service）技术、瓦片技术、分布式地图服务调用技术、XML 标准数据格式访问等。 （5）信息表达 可视化技术等。 （6）集成技术 信息管理平台技术
2	噪声监控和夜间违规施工监控系统	通过安装在施工现场的噪声监测设备对噪声污染较重的施工阶段和区域实时监测，并实时上传监测数据至监管平台。 首先夜间（22:00 至次日 6:00）系统通过噪声监测数据分析，对无审批违规夜间施工的施工现场，60 min 内存在两个 15 min 连续超过 65 dB 判断为一次噪声报警，由现场远程视频系统自动完成录像、拍照取证。其次针对首条报警记录通过系统消息、短信等方式通知现场责任人采取措施，并同时通过系统消息、短信等方式通知市、区的生态环境等部门和有需求的街道管理机构等部门的相关监督人员	
3	扬尘监控和自动喷淋降尘联动监控系统	通过安装在施工现场的扬尘监测设备对工地扬尘 $PM_{2.5}$、PM_{10}、PM_{100} 等数值情况进行实时监测，并实时上传监测数据至监管平台。 对于日间施工以及获得夜间施工许可证的项目，当 PM_{10} 数据达到预警限值 100 $\mu g/m^3$ 时，平台发出预警信息，通过系统消息、短信等方式通知现场责任人采取相应应急措施。当 PM_{10} 数据达到报警阈值 150 $\mu g/m^3$ 时，平台发出报警信息，通过系统消息、短信等方式通知现场责任人采取相应应急措施，同步标记超标时间和监测数据，同时通过联动控制器，联动移动式降尘喷头、雾炮机等喷淋降尘设备实现自动降尘；如连续 30 min PM_{10} 数据超 150 $\mu g/m^3$ 时，通过系统消息、短信等方式通知市、区的建设、生态环境等部门和有需求的街道管理机构等部门的相关监督人员。当全市空气质量 PM_{10} 小时浓度大于限值 150 $\mu g/m^3$ 时，系统停止报警，短信提醒现场责任人降低施工强度，采取有效降尘措施	
4	车辆未冲洗自动抓拍系统	通过在封闭围挡的施工现场工程车辆进出口安装远程视频监控设备，实时探测、自动识别进出车辆，对前后轮冲洗不满 1 min、号牌不清、污损的车辆进行抓拍，并实时上传监测数据至监管平台。 对于车辆冲洗未达标行为平台发出报警信息，通过系统消息、短信等方式通知现场责任人采取措施，并同时通过系统消息、短信等方式通知市、区的生态环境等部门和有需求的街道管理机构等部门的相关监督人员	
5	基本信息管理及统计报表生成系统	建立各级政府部门、建设项目及相关单位基本信息数据库，实现对建设项目环境污染的数据集成和统一管理，促进数据共享。同时，将监管过程中经由各系统获取的相关信息实时上传至平台并保存至云端存储，生成统计分析报表和专题图。 相关人员可通过网站和 App 实时查看治理情况，施工单位和运输单位也可根据视频记录申请审核复议。同时将违规次数等作为建设项目环境污染治理评判标准，建立治理评价体系，为文明工地等工程评优提供参考	

6.5.1.2 组织集成程度提升

如图6-10所示,在政府和政策的支持下,南京市智慧工地监管平台采取由南京市政府主导,市建委牵头,城建集团负责,环保、城管等部门共建的模式。平台在搭建过程中汇集了市城乡建设委员会、城市管理局等各级政府监管部门和相关建设单位,加深政府各级监管部门、政府与企业、不同污染治理业务的合作管理程度,实现了有效的建设项目环境污染治理相关组织集成和资源整合。

南京市政府于2017年10月委托南京城市建设管理集团有限公司负责南京市智慧工地监管平台的开发。2018年4月,该平台与南京市生态环境局和南京市城市管理局进行了交流,对接了监管需求。2018年9月,南京市城乡建设委员会牵头组织生态环境局、城市管理局等相关单位召开了一次专题会议,整合了有关部门开展监管工作的业务需求。平台建设期间,南京市政府就平台建设问题建立政府多部门联席例会制度,由邢正军副市长牵头、南京市各级相关部门参与、南京城建集团主导,共同协调解决平台建设问题。2018年12月15日,南京市智慧工地监管平台及App研发完成,正式上线运行。

经南京市智慧工地监管平台统计,如图6-11及图6-12所示,截至2021年12月31日,智慧工地监管平台监管人员注册人数为308人,在建房建工程、轨道交通工程、市政基础设施、交通基础设施、水务基础设施、园林绿化工程共1 550个。

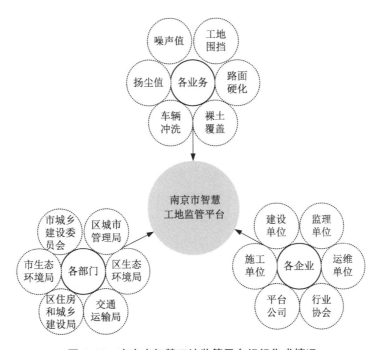

图6-10 南京市智慧工地监管平台组织集成情况

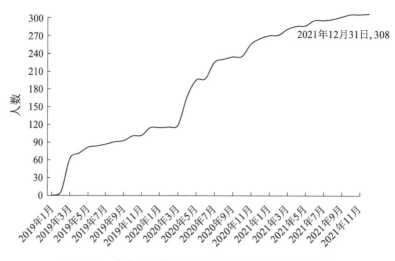

图 6-11　南京市智慧工地监管平台监管人员注册人数

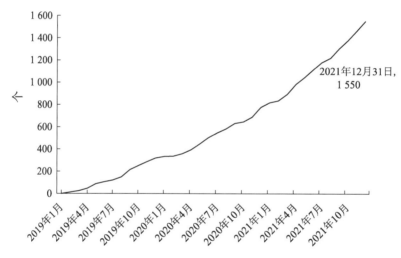

图 6-12　南京市智慧工地监管平台在建项目数

6.5.1.3　信息质量提升

南京市智慧工地监管平台采用了先进的技术和组织方式,进一步促进了南京市噪声及扬尘监管工作信息资源的开发与利用,使得信息质量获得显著提升。

平台治理模式对提升信息及时性起到了促进作用。平台的噪声和扬尘监测使得施工现场的噪声及扬尘值能更实时地被追踪;自动报警功能使得污染问题可以更及时地被发现;违规行为在线申诉审核功能,促使政府与企业间的沟通效率更高。

平台治理模式对提升信息可靠性起到了促进作用。由于平台可以实现数据自动采集、文字图像视频等历史数据云端存储、随时查证,因此降低了噪声值、扬尘值及车辆出场冲洗达标的数据被伪造的可能性。

平台治理模式对提升信息完整性起到了促进作用。由于平台可以汇集不同来源、不同类型（视频、文字）的数据，且信息损失较小，因此政府各监管部门及企业能够获得更详细的噪声、扬尘及车辆出场冲洗相关数据。

平台治理模式对提升信息可获取性起到了促进作用。该平台实现了数据共享，支持电脑、手机多端查询，各政府部门和企业都能够更便捷地获取噪声、扬尘及车辆出场冲洗相关数据。在权限允许情况下，单位内部数据分享以及跨级数据汇报都更为方便。

平台治理模式对提升信息表达形式起到了促进作用。基于统一的数据资源、数据标准与数据管理办法，各政府部门及企业间的数据一致性得到了极大的提高；噪声及扬尘报警规则说明使各项污染控制需求更加清晰；该平台使用了可视化大屏，也使得施工污染总体治理情况更清晰、直观。

平台治理模式对提升信息准确性起到了促进作用。由于该平台能够利用在专业点位布置的专业设备对噪声、扬尘、车辆出场冲洗等数据进行采集，因此相较人工的随机性检验，具有更高的准确度。但实证研究发现，与其他维度相比信息准确性提升幅度较小，原因在于当前技术发展的局限性。在现有平台上，确实存在通过机器设备采集的数据准确性不如人力的情况。例如在施工现场，出入车辆的前后轮均需冲洗至少 30 s。但当前的视频图像识别和机器学习技术，还无法达到人力识别的准确性，需要结合车辆出场视频进行人工校正。因此，平台监管信息的准确度仍存在较大的提升空间。

6.5.1.4 监管绩效提升

南京市智慧工地监管平台充分利用物联网、云计算、大数据等现代化技术，有效地解决了噪声及扬尘监管过程复杂化、信息碎片化的问题，实现了噪声及扬尘监管工作从粗放向细化、从直接监管向间接监管、从事后管理向事前事中监管的转变。同时，平台将各级政府部门与相关建设单位汇聚到了一起，加强和推动了各方的信息交换与信息共享，实现了跨部门、跨地区的协同监管与综合执法，促使南京市建设项目噪声及扬尘污染监管绩效获得显著提升。

（1）监管效果提升。通过该平台的实时监测和报警功能，大大提升了建设项目噪声及扬尘治理信息的完整性和及时性，从而扩大了政府对污染防治的监控范围，加大了监控力度。同时，监管数据的实时存储与追踪，也解决了监控与取证的难题。它提高了数据的可信度，更有利于遏制政府的"寻租"行为。此外，平台的数据共享与数据展示，解决了信息孤岛的问题，使政府更全面地掌握和评估监管状况。总体而言，南京市智慧工地监管平台有效抑制了相关建设单位的侥幸心理和投机行为，降低了违规事件发生率，实现了噪声及扬尘污染的规范治理，提升了监管效果。

经南京市智慧工地监管平台统计,截至 2021 年 5 月 8 日,该平台已覆盖全市建设项目共计 3 703 个。如图 6-13 所示,2019 年 1 月至 2022 年 4 月,接入平台的建设项目扬尘检测值(以 PM_{10} 为例)呈现逐年下降的趋势,尤其雾霾高发季(12 月至次年 2 月)同比降幅显著。如图 6-14 所示,根据 2016—2019 年南京市环境状况公报中的环境信访统计,2016—2019 年环境信访次数呈现逐年下降的趋势,其中噪声类和扬尘类投诉量均同比下降。

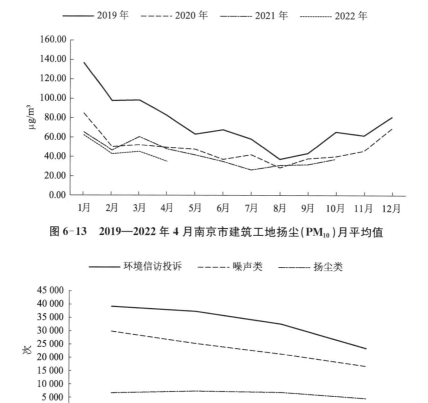

图 6-13 2019—2022 年 4 月南京市建筑工地扬尘(PM_{10})月平均值

图 6-14 2016—2019 年南京市环境信访次数

(2) 监管效率提升。一方面,平台充分利用先进设备、技术与功能,取代了人工采集、加工、传输和表达等工作。施工现场污染信息从产生到被监管人员所获取的时间大幅缩短。监管人员通过手机、电脑或显示大屏,即可实时掌握监管范围内所有建设项目的噪声及扬尘实时治理情况,并对施工过程进行有效监督。同时,通过系统消息、短信方式发送实时报警信息,也使得噪声、扬尘、车辆出场冲洗等建筑环境污染问题能够在最短的时间内得到有效的解决。平台能够实时存储监管数据,使得更完整的施工污染管理工作的视频、文字等记录得以保存,可作为执法的有力依据。另一方面,平台通过汇聚各政府监管部门和相关建设单位,对噪声及扬尘污染监管流程进行流程整合与重塑,破除了各职能部门的业务分工和流程边界,加强了各政府监管部门间、政府与企业间的协调与合作,使得各监管主体间的联动效率大幅提升,由此提高监管效率。

(3) 监管成本提升。平台将监管信息从实物载体中解放出来,一方面以电子信息为载体实现无纸化传输和互联网办公,另一方面通过远程实时监控设备节省了监管部门大量往返于施工现场的时间,理论上能够有效减少监管人力物力需求,降低治理成本。但经调研发现,自南京市智慧工地监管平台推出以来,基于南京市政府对噪声及扬尘污染治理工作的高度重视,各部门监管人员至施工现场的巡查人数、次数和频率并未因此而大幅降低,故当下平台治理模式未对监管成本变化产生显著影响。

6.5.2 "南京模式"公共服务治理效果总结

目前南京市智慧工地监管平台已基本实现全市规模工地全覆盖。截至2021年2月20日,智慧工地监管平台已覆盖全市建设项目2 571个,按《关于印发南京市工地视频监控和环保在线监测信息系统建设实施方案的通知》(宁建质字〔2018〕590号)文件标准累计接入2 142个项目,规模项目接入率达100%。当前平台接入视频监控7 879路、环境在线监测设备2 542套、车辆未冲洗抓拍设备1 612套。

南京精筑智慧科技有限公司为公共服务治理相关方提供平台接入、使用指导培训。南京市城建集团和精筑公司协助公共部门制定了建设工程公共服务治理技术标准,健全了南京市智慧工地监管平台接入流程,促进了智慧监管朝标准化、精细化、规范化方向发展,有利推动了建筑业转型升级。

据南京市智慧工地监管平台治理数据统计,从2019年1月至2020年12月,平台促进建设工地扬尘同比下降,即使在雾霾高发季,1月扬尘同比降幅高达31%(国控点数据)。平台成为工地扬尘监管的重要抓手。南京市智慧工地监管平台根据统计数据分析得出,2019—2020年南京市建筑工地扬尘月平均值如下(图6-15)。

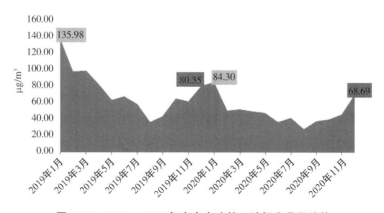

图6-15　2019—2020年南京市建筑工地扬尘月平均值

第 7 章 结 论

从产业转型需求与发展规律来看,平台治理模式是建筑业数字化升级的关键路径。平台模式的微观机理在于促进数据分享形成聚集以及一定规模和范围的数据流动以保证其时效性和可靠性,庞大的数据流构建多主体间更牢固的信用关系,最终辅助决策。数据与传统生产要素不同,具有非竞争性及与经济活动、数据相关主体的不可分离性,同时建筑企业出于项目临时性和唯一性特征、项目交易高值低频的特点以及信任、合作风险、投资成本等问题的考虑,不愿分享数据。特别是建筑企业的项目数据和交易数据有别于消费互联网数据,属于企业内部经营信息,数据开放还受制于脱敏技术、应用场景等,分享难度更大。因此在目前来看,聚焦于建设工程公共数据不失为最优解。

公共数据以公共服务治理流程为依托,致力于构建更为牢固的以环境信用为核心的行业信用体系。传统监管场景下,公共部门因监管资源投入的限制而多采取抽检项目现场的工作方式,以人工记录与报送为基础的监管模式客观性与时效性有所不足,据此形成的信用体系薄弱。采用网络化平台后,数据可追溯性与实时反馈的优势得以充分彰显,可逐渐取代人力成为环境监管信用体系的有力支撑。

相关建设方考虑是否接入建设工程公共服务治理平台,实则为收益与成本的决策问题。建设方入驻平台势必会增加成本(监测传感器等设备安装维护费用、项目现场公共数据曝光倒逼维护公共利益措施投入的增加),在没有足够激励或补贴措施下,建筑企业没有分享数据的动力,自然也无法产生更大的数据价值。政策能推动建立企业经营利益与广大公众利益间的联动关系,因此在推行建筑业数字化转型升级的过程中,公共服务部门都不约而同对建筑业数字化过程进行了政策扶持或补贴。从而,在监管要求和政策扶持下,公共服务产生了大量的公共数据,在第三方平台上形成了集聚。同时,客观上也形成了建设项目(工地)和建设企业集聚的平台,利用政策扶持或补贴实现了平台化成本的分担。

南京市智慧工地监管平台(主要包括噪声、扬尘和渣土车监控等职能),在公共服务部门要求所有工地(一定规模以上)接入平台接受监管时,主动接入效果非常不理想。因为数据采集需要采购设备,所以在没有足够的激励措施或补贴措施下,建筑企业没有分享数据的动力。进而,南京市政府出台了差别化工地管理的政策,并对接入平台的施工企业实行投标时增加信用评分的普惠性政策,帮助平台突破了临界容量。在监管要求和政策扶持下,公共服务产生了大量的公共数据,客观上也形成了建设项目(工地)和建筑企业集聚的平台。同时,数据质量因为比传统监管模式下要优质很多,形成了新的信用体系(本质上是施工现场的环保信用),进而为参与各方更优的决策提供了数据支撑(差别化施工)。

"南京模式"也从实践层面指明:公共数据作为数据引流突破口,后续可能带动项目数据、交易数据在平台方式下的高效利用;除政策因素外,可行的商业模式也能有效促进平台模式的推广。在智慧工地监管平台基础上形成的南京市渣土车监管平台,可以通过装置在车上的设备,实现渣土车进出冲洗自动抓拍、实时行驶轨迹跟踪以及行驶过程中驾驶员接电话、抽烟、打哈欠等不安全行为的实时监控,形成了车和人的信用体系。这个由数据形成的信用体系,对于保险公司而言,具有巨大的数据价值。保险公司基于这个信用体系,开始为平台上接入的近一万辆渣土车承接保险,并补贴给车队安装监测设备的费用。平台的范围经济和规模经济,在这个案例中体现得非常明显。此外,由于建设项目(工地)和建筑企业在平台上的集聚,南京市建筑垃圾交易平台应运而生,也进一步实现了项目交易数据在平台方式下的高效利用。

基于以上对建筑业数字化转型中平台模式的理解,本书主要完成了下面的具体研究工作并得出相应结论。

(1) 从政务流程再造视角重塑了建设工程公共服务治理流程

建设工程公共服务治理流程再造意在优化公共数据流动过程以激发高质高效的数据共享。本书首先梳理建设工程公共服务的定义及建设工程公共服务治理的内涵,基于赋时 Petri 网,结合建设工程公共服务治理流程要素及特征,构建治理流程模型。进而,基于政务流程再造理论,结合 S-A 框架,利用赋时 Petri 网,依照设想、启动、诊断分析、重新设计、重建、评价等六大阶段,重建出以治理平台为要件的建设工程公共服务治理新流程,为建设工程公共服务平台治理模式的微观实现流程构建做铺垫。

(2) 从平台经济视角解析了建设工程公共服务治理平台

平台经济学融合了网络报酬递增和互联互通的理论分析,用"蛋鸡悖论"、临界容量、交叉外部性等关键术语概括了许多发展现象,对从理论高度认识建设工程公共服务治理平台具有重要意义。本书借助平台经济学视角,解析建设工程公共服务治理平台这一政务流程再造项目结果要件。

首先,从技术平台和产品平台角度解析建设工程公共服务治理平台的概念,界定建设工程公共服务治理平台的类型(双边平台、观众平台、需求协调性平台)。

其次,将治理平台作为技术变革工具,明确公共服务治理平台架构和设计原则;特别关注了监管信息的传输流程,利用价值链模型归纳数据基本价值活动,构建了传统及平台模式下监管信息传输模型并对比发现两种模式下监管信息传输方向、流经要素和状态变迁事件存在巨大差异。

最后,从以下三方面解析治理产品平台:第一,厘清建设工程公共服务治理产品平台需求互补性、网络外部性、价格结构非中性的运行机制,从宏观层面界定平台参与方、参与方行为以及从平台吸引参与方加入逐渐达到临界容量实现稳定运营过程的经济学解释。第二,以建设工程公共服务治理平台环境污染监管模块为例分析了价格结构问题。根据平台化过程界定了平台化成本的内涵并建立了三种不同政策施行方式下政府和第三方平台企业之间关于平台化成本的完全信息静态博弈模型。在此基础上引入奖惩政策,构建了三种不同的定价方式下建设项目环境污染第三方监管平台的价格结构模型,由此发现提供服务的成本、用户规模、网络外部性都会影响建设项目环境污染第三方监管平台的最优费用,且收取交易费时费用组合还与交易匹配概率和交易次数相关。同时,政策会通过网络外部性、用户规模和交易次数作用于最优费用组合。第三,明确治理产品平台的全生命周期。建设工程公共服务治理平台参与者可分为:创新者、初期入驻平台成员、早期跟随入驻成员、后期跟随入驻成员、保守者等五类,相应治理平台发展过程可划分为萌芽期、成长期和成熟期三个阶段。

(3) 从推广应用层面构建了建设工程公共服务平台治理模式

本书从网络化治理如何面向应用的角度构建建设工程公共服务平台治理模式。首先解析建设工程公共服务网络化平台治理模式的内涵。在建造和改造固定资产过程中,公共部门通过行政授权、购买公共服务等手段,与相关建设单位、治理平台联结互动,为实现公共利益最优化而采取平台的协同治理模式。平台治理模式积极响应了建设工程公共服务治理模式创新以及公共部门与非政府组织一起解决治理难题的政策号召,公共部门作为公共服务供给者、相关建设单位作为公共服务治理市场力量、治理平台作为保证用户群体间协同工作的第三方的整体格局构成了平台的治理主体基础。将平台视作由资产层、管理层、输出层组成的综合系统,可以从数据增值价值创造微观机理视角丰富平台治理模式的内涵。

进一步,从模式内涵的三个方面构建建设工程公共服务平台治理模式。其一是运行机制,针对主体和技术的信任既是合作的前提,又是成功合作的产物;信息共享和价值协同两条动态法则组成的互动协商机制使治理相关方通过谈判、协商等博弈方式取代传统模式中部分行政处罚等强制手段,对公共服务进行共同治理成为可能;制度化机制通过制定规章制度,明确治理路径和奖惩形式,能有效激发主体治理积极性,调动治理责任感。其二是适用范围,即突出表现为传统治理模式失灵、以提升公共价值为目标提供公共服务、存在多元治理主体和扁平化治理结构、存在治理网络平台等。其三是实现流程，利用赋时Petri网构建平台作为治理服务的供给中心，聚集治理信息和治理资源集，为治理结果提供数据增值服务，为基层物联设备提供运维服务的整体流程。此外，将平台模式分析框架应用于传统治理场景，发现传统模式主要存在治理主体过于单一且缺乏联系与协作、相关政策指导不够完善、实现手段过于落后等问题；从理论基础、治理目标、治理权利分布等维度对比两类模式，平台模式体现的优势能弥补传统模式的不足，但同时也要注意基本目标难协同、治理力度难把握的局限。

最后，本书构建建设工程公共服务网络化平台治理模式的评价方法。以治理效果为基点，从公共部门、第三方平台、相关建设单位多主体视角出发确定将"治理流程时间成本减少量"和"治理平台投资利润率"作为量化指标以从整体衡量平台治理的效果。技术利用程度、组织集成程度与信息质量是影响平台治理下建设项目环境污染监管绩效提升的三大因素。基于传统与平台治理下监管信息传输流程模型和"3E"绩效评估模型，可将信息质量划分为筛选、采集、传输、存储、加工及表达、应用及反馈等六个维度，将监管绩效拆分成效果、效率和成本三个维度。最终形成平台治理下建设项目环境污染监管绩效提升影响因素理论模型及指标清单。

（4）从实践发展层面分析了建设工程公共服务平台治理模式典型案例——"南京模式"

在现实需求的推动下，在工程信息技术的支持下，南京政府改进了以行政命令为主的建设工程公共服务传统治理模式，创新性建立了一种平台治理模式——"南京模式"，新模式聚集治理主体，促进网络主体常态化沟通和协作。选取"南京模式"为案例进行研究，意在探索本书理论分析与实践发展的对应性，提炼平台治理模式的一般发展规律。

"南京模式"的发展经历了萌芽、成长和成熟三个阶段，其中诞生的南京市智慧工地监管平台是"南京模式"的研究和实践成果，是新模式的治理枢纽，辅助营造生态、人文、绿色的施工现场环境，实现了建设工程公共服务各主体、各层级的无障碍沟通。平台主要包括基本信息管理、扬尘监控和自动喷淋降尘联动监控、噪声监控和夜间违规施工监控、工程运输车辆智慧监管功能模块，具有数据层、应用层和客户层三层结构。

基于Petri网可以模拟测算逐个项目巡检的串联传统治理模式与多项目整合实时监管的并联"南京模式"扬尘和噪声治理实现流程循环的平均时长，印证平台治理模式在提升监管效率方面优势显著。构建包含监管信息传输元素、不同事件的监管信息传输模型，从数据流动层面更细致地补充监管效率提升的流程基础。

从平台参与主体需求互补性、网络外部性和价格结构非中性角度系统地阐释南京市智慧工地监管平台参与方行为、双边市场特征。其中重点分析了平台的价格结构，首先，根据实际情况明晰南京市智慧工地监管平台的平台化成本分摊和政策效应，即政府通过施行差别化施工等政策优惠推进平台化。进而说明和测定了智慧工地监管平台的相关建设单位和监管人员的用户规模、网络外部性效用、相关建设单位的政策效用、监管人员环境效用，量化平台成本收益，分析智慧工地监管平台的价格结构，为平台提供一定的定价建议。另外，"南京模式"层面的平稳发展离不开关键运行机制的支撑。信任机制充分发挥了政府部门公信力在推广平台模式上的作用，辅助形成数据自动获取、信息系统集成、平台对接联系的强有力的行业信用体系；制度化机制利用政策补贴极大缩减了平台化模式覆盖的时间和成本；沟通协调机制针对缓解传统模式中公共部门治理工作碎片化、离散化、重复性高、不融合的问题。

"南京模式"之所以作为典范案例，重点在于取得了较为显著的公共服务治理成果，主要表现为平台治理方式下提供了更广阔的监管绩效提升路径。南京市智慧工地监管平台充分利用物联网、云计算、云存储、人工智能、大数据分析等信息通信技术，将国家法律法规、工程建设基本程序、噪声及扬尘污染监管程序等融入平台，极大提升了数字化技术利用程度；平台在搭建过程中汇集了市城乡建设委员会（住建局）、城市管理局等各级政府监管部门和相关建设单位，加深政府各级监管部门、政府与企业、不同污染治理业务的合作管理程度，实现了有效的建设项目环境污染治理相关组织集成和资源整合；平台采用了先进的技术和组织方式，进一步促进了南京市噪声及扬尘监管工作信息资源的开发与利用，使得信息质量获得显著提升；监管平台实现了噪声及扬尘监管工作从粗放向细化、从直接监管向间接监管、从事后管理向事前事中监管的转变，落实了跨部门、跨地区的协同监管与综合执法，促使南京市建设项目噪声及扬尘污染监管绩效获得显著提升。总体来看，"南京模式"中智慧工地监管平台基本实现全市工地覆盖，平台治理模式运行的规模和范围有保证，同时政策补贴在平台推广过程中的作用效果突出，城建集团和精筑公司与公共部门间形成的协作网络稳定清晰，模式取得了明显的公共服务治理成果，具有较强的可持续性。

毋庸置疑，网络平台既是提升治理效率的技术变革工具，又是推动治理形态变革的本体。建设工程公共服务以网络平台为抓手，重塑传统治理模式实现流程，并将以此为起点逐步覆盖更多环节。探索建设工程公共服务平台治理模式，已成为建筑业转型升级的必然方向，是建筑业服务于数字经济、数字社会的关键一招。

参考文献

[1] 陈晓红,李杨扬,宋丽洁,等. 数字经济理论体系与研究展望[J]. 管理世界,2022,38(2):208-224.

[2] 夏义堃. 数据管理视角下的数据经济问题研究[J]. 中国图书馆学报,2021,47(6):105-119.

[3] 习近平. 不断做强做优做大我国数字经济[EB/OL]. (2022-01-15)[2023-12-06]. http://www.qstheory.cn/dukan/qs/2022-01-15/.

[4] 中共中央 国务院关于构建更加完善的要素市场化配置体制机制的意见[J]. 社会主义论坛,2020(5):4-6.

[5] 工业和信息化部. 关于印发"十四五"大数据产业发展规划的通知[EB/OL]. (2021-11-15)[2022-02-27]. http://www.gov.cn/zhengce/zhengceku/2021-11/30/content_5655089.htm.

[6] 丁烈云. 数字建造的内涵及框架体系[J]. 施工企业管理,2022(2):86-89.

[7] 王鹏飞,王广斌. 建筑业BIM用户行为的研究框架[J]. 管理观察,2019(32):32-35.

[8] Cao D P, Li H, Wang G B, et al. Relationship network structure and organizational competitiveness: evidence from BIM implementation practices in the construction industry[J]. Journal of Management in Engineering, 2018, 34(3): 04018005.

[9] 孙洁,龚晓南,张宏,等. 数字化驱动的建筑业高质量发展战略路径研究[J]. 中国工程科学,2021,23(4):56-63.

[10] 陈煜,周继恩,杜金泉. 基于交易数据的信用评估方法[J]. 计算机应用与软件,2018,35(5):168-171.

[11] 江苏省人民政府. 江苏省公共数据管理办法[EB/OL]. (2021-12-18)[2022-02-27]. http://www.jiangsu.gov.cn/art/2021/12/24/art_46143_10224944.html.

[12] Coase R H. Essays on economics and economists[M]. Chicago: University of Chicago Press, 1994.

[13] North D C. Institutions, institutional change, and economic performance[M]. Cambridge: Cambridge University Press, 1990.

[14] 罗汉堂. 理解大数据:数字时代的数据和隐私[R]. 许可证:知识共享署名许可协议(CC BY 4.0),2021.

[15] Afsari K, Eastman C, Shelden D. Building information modeling data interoperability for cloud-based collaboration: limitations and opportunities[J]. International Journal of Architectural

Computing, 2017, 15(3): 187-202.

[16] Huang Y, Shi Q, Zuo J, et al. Research status and challenges of data-driven construction project management in the big data context[J]. Advances in Civil Engineering, 2021(1): 1-19.

[17] Manu E, Ankrah N, Chinyio E, et al. Trust influencing factors in main contractor and subcontractor relationships during projects[J]. International Journal of Project Management, 2015, 33(7): 1495-1508.

[18] Saxe S, Guven G, Pereira L, et al. Taxonomy of uncertainty in environmental life cycle assessment of infrastructure projects[J]. Environmental Research Letters, 2020, 15(8): 1-22.

[19] Hoksbergen M, Chan J, Peko G, et al. Asymmetric information in high-value low-frequency transactions: mitigation in real estate using blockchain[C]//Doss R, Piramuthu S, Zhou W. International Conference on Future Network Systems and Security (FNSS). Cham: Springer, 2019: 225-239.

[20] 何玉长,王伟. 数据要素市场化的理论阐释[J]. 当代经济研究,2021(4): 33-44.

[21] Seul M. Korea's protection to internet of things related big data and its direction — focusing features of internet of things and sufficiency of protection by the unfair competition prevention and trade secret protection act[J]. The Journal of Intellectual Property, 2020, 15(4): 191-226.

[22] Aghimien D, Aigbavboa C, Oke A, et al. Digitalization of construction organisations: a case for digital partnering[J]. International Journal of Construction Management, 2022, 22(10): 1950-1959.

[23] 吕宗迎,王震,杨庆贺,等. 建筑能耗监管平台建设与思考:以山东农业大学为例[J]. 电工材料, 2021(6): 55-57.

[24] 马军,丁国栋,杨晓娟. 智慧工地管理平台在建筑施工中的应用研究[J]. 智能城市,2021,7(23): 87-88.

[25] Williamson O E. The economic institution of capitalism[M]. New York: Free Press, 1985.

[26] 刘明远,刘伟. 论资源配置中计划与市场实现有机结合的必然趋势与技术条件[J]. 当代经济研究,2020(7): 27-35.

[27] Hagiu A, Wright J. Multi-sided platforms[J]. International Journal of Industrial Organization, 2015, 43: 162-174.

[28] Kaiser U, Wright J. Price structure in two-sided markets: evidence from the magazine industry [J]. International Journal of Industrial Organization, 2006, 24(1): 1-28.

[29] Armstrong M. Competition in two-sided markets [J]. The RAND Journal of Economics, 2006, 37(3): 668-691.

[30] 南京市市政府办公厅. 关于对全市建设工程工地实施差别化管理的通知[EB/OL]. (2019-02-03)[2022-02-27]. http://www. njszgl. cn/zcfg/gfxwj/nj/201908/t20190813_1922660. html.

[31] 北京市住房和城乡建设委员会. 北京市房屋建筑和市政基础设施工程智慧工地做法清单(2022年

版)[EB/OL].(2022-04-24)[2023-6-21]. http://zjw.beijing.gov.cn/bjjs/gcjs/zcfg/325795502/index.shtml.

[32] 温家宝.提高认识统一思想牢固树立和认真落实科学发展观:在省部级主要领导干部"树立和落实科学发展观"专题研究班结业式上的讲话[EB/OL].(2004-02-21)[2023-03-08]. https://www.gov.cn/gongbao/content/2004/content_62698.html.

[33] 刘育.政府流程再造的方法与策略研究[D].长春:吉林大学,2006.

[34] 陈振明.政府再造:西方"新公共管理运动"述评[M].北京:中国人民大学出版社,2003.

[35] Kettinger W J, Teng J T C. Business process change: a study of methodologies, techniques, and tools[J]. MIS Quarterly, 1997, 21(1): 55-80.

[36] 哈默,钱伯尔.改革公司:企业革命的宣言书[M].上海:上海译文出版社,1998.

[37] Davenport T H, Short J E. The new industrial engineering: information technology and business process redesign[J]. Mit Sloan Management Review, 1989, 31(4).

[38] 梅绍祖,登(Teng J T C).流程再造:理论、方法和技术[M].北京:清华大学出版社,2004.

[39] 覃正,李艳红,黄骁嘉.中美电子政务发展报告[M].北京:科学出版社,2008.

[40] 伊文霞,张承伟.政务流程结构化问题浅析[J].电子政务,2007(12):42-45.

[41] 顾平安.面向公共服务的电子政务流程再造[J].中国行政管理,2008(9):83-86.

[42] 汪玉凯,张勇进.业务流程再造理论在政府管理中的应用:浅析政务流程再造[J].电子政务,2007(6):29-33.

[43] 陈群民.打造有效政府:政府流程改进研究[M].上海:上海财经大学出版社,2012.

[44] 奥斯本.摒弃官僚制:政府再造五项战略[M].谭功荣,刘霞,译.北京:中国人民大学出版社,2002.

[45] Caudle S L, Champy J. Reengineering for results: keys to success from government experience[M]. Washington, DC: National Academy of Public Administration, 1994.

[46] 金江军,潘懋.电子政务导论[M].北京:北京大学出版社,2003.

[47] 姜晓萍.政府流程再造的基础理论与现实意义[J].中国行政管理,2006(5):37-41.

[48] 孙正娟,毕建新.电子政务与政府业务流程整合[J].电子政务,2006(7):55-57.

[49] 连成叶,连桂仁.论电子政务建设中的政府业务流程再造[J].福建师大福清分校学报,2010(1):12-19.

[50] Jiang X P, Min W U. Government process reengineering in China[C]//9th International Conference on Public Administration, 2013.

[51] 林登.无缝隙政府:公共部门再造指南[M].汪大海,吴群芳,等译.北京:中国人民大学出版社,2002.

[52] MacIntosh R. BPR: alive and well in the public sector[J]. International Journal of Operations & Production Management, 2003, 23(3): 327-344.

[53] 张万宽.政府流程再造:理论框架与典型模式[M].北京:清华大学出版社,2013.

[54] 姜晓萍. 我国政府流程再造的公共需求与可行性分析[J]. 理论与改革, 2009(4): 5-9.

[55] Thong J Y L, Yap C S, Seah K L. Business process reengineering in the public sector: the case of the housing development board in Singapore[J]. Journal of Management Information Systems, 2000, 17(1): 245-270.

[56] Rainey H G, Backoff R W, Levine C H. Comparing public and private organizations[J]. Public Administration Review, 1976, 36(2): 233-244.

[57] Melão N, Pidd M. A conceptual framework for understanding business processes and business process modelling[J]. Information Systems Journal, 2000, 10(2): 105-129.

[58] 陈广智, 潘嵘, 李磊. 工作流建模技术综述及其研究趋势[J]. 计算机科学, 2014, 41(S1): 11-17.

[59] Aguilar-Saven, R S. Business process modelling: review and framework[J]. International Journal of Production Economics, 2004, 90(2): 129-149.

[60] Kim C H, Yim D S, Weston R H. An integrated use of IDEF0, IDEF3 and Petri net methods in support of business process modelling[J]. Proceedings of the Institution of Mechanical Engineers, Part E: Journal of Process Mechanical Engineering, 2001, 215(4): 317-329.

[61] 袁崇义. Petri网原理与应用[M]. 北京: 电子工业出版社, 2005.

[62] 吴哲辉. Petri网导论[M]. 北京: 机械工业出版社, 2006.

[63] Roson R. Two-sided markets: a tentative survey[J]. Review of Network Economics, 2005, 4(2): 142-160.

[64] Baldwin C Y, Woodard C J. The architecture of platforms: a unified view[M]//Gawer A. Platforms, markets and innovation. Cheltenham: Edward Elgar Publishing, 2009: 1-39.

[65] Rochet J C, Tirole J. Platform competition in two-sided markets[J]. Journal of the European Economic Association, 2003, 1(4): 990-1029.

[66] 徐晋, 张祥建. 平台经济学初探[J]. 中国工业经济, 2006(5): 40-47.

[67] 冀勇庆, 杨嘉伟. 平台征战[M]. 北京: 清华大学出版社, 2009.

[68] Rochet J C, Tirole J. Two-sided markets: an overview[J]. Toulouse, 2004, 51(11): 233-260.

[69] Gawer A, Cusumano M A. Industry platforms and ecosystem innovation[J]. Journal of Product Innovation Management, 2014, 31(3): 417-433.

[70] 徐晋. 平台竞争战略[M]. 上海: 上海交通大学出版社, 2013.

[71] Evans D S. The antitrust economics of two-sided platform markets[J]. SSRN Electronic Journal, 2003, 20(2): 325-381.

[72] Evans D S, Schmalensee R. The industrial organization of markets with two-sided platforms[J]. Competition Policy International, 2005, 3(1): 151-179.

[73] de Reuver M, Sørensen C, Basole R C. The digital platform: a research agenda[J]. Journal of Information Technology, 2018, 33(2): 124-135.

[74] Shapiro C, Varian H R. Information rules: a strategic guide to the network economy[M].

Boston:Harvard Business Press,1998.

[75] Koh T K, Fichman M. Multihoming users' preferences for two-sided exchange networks[J]. MIS Quarterly, 2014, 38(4):977-996.

[76] Eisenmann T, Parker G, Alstyne M. Strategies for two-sided markets[J]. Harvard Business Review, 2006, 84(10):92-104, 149.

[77] 王节祥,王雅敏,贺锦江.平台战略内核:网络效应概念演进、测度方式与研究前沿[J].科技进步与对策,2020,37(7):152-160.

[78] Selsky J W, Parker B. Cross-sector partnerships to address social issues: challenges to theory and practice[J]. Journal of Management, 2005, 31(6):849-873.

[79] Weyl E G. A price theory of multi-sided platforms[J]. American Economic Review, 2010, 100(4):1642-1672.

[80] Kapoor K, Bigdeli A Z, Dwivedi Y K, et al. A socio-technical view of platform ecosystems: systematic review and research agenda[J]. Journal of Business Research, 2021, 128:94-108.

[81] Anderson E G, Parker G G, Tan B. Platform performance investment in the presence of network externalities[J]. Information Systems Research, 2014, 25(1):152-172.

[82] 埃文斯.平台经济学:多边平台产业论文集[M].周勤,赵驰,侯赟慧,译.北京:经济科学出版社,2016.

[83] Rochet J C, Tirole J. Two-sided markets: a progress report[J]. The RAND Journal of Economics, 2006, 37(3):645-667.

[84] Zhu F, Iansiti M. Entry into platform-based markets[J]. Strategic Management Journal, 2012, 33(1):88-106.

[85] Broekhuizen T L J, Emrich O, Gijsenberg M J, et al. Digital platform openness: drivers, dimensions and outcomes[J]. Journal of Business Research, 2021, 122:902-914.

[86] Huotari P, Järvi K, Kortelainen S, et al. Winner does not take all: selective attention and local bias in platform-based markets[J]. Technological Forecasting and Social Change, 2017, 114:313-326.

[87] 曹俊浩.基于双边市场理论的B2B平台运行策略及其演化研究[D].上海:上海交通大学,2010.

[88] Shannon C E. A mathematical theory of communication[J]. The Bell System Technical Journal, 1948, 27(3):379-423.

[89] Shannon C E, Weaver W, Blahut R E, et al. The mathematical theory of communication[M]. Illinois:University of Illinois Press, 1949.

[90] Meadow C T, Yuan W. Measuring the impact of information: defining the concepts[J]. Information Processing & Management, 1997, 33(6):697-714.

[91] 王知津,王茉瑶.信息的属性和特性:基于Shannon通信模型的理解[J].情报探索,2011(11):1-6.

[92] 吴超. 安全信息认知通用模型构建及其启示[J]. 中国安全生产科学技术,2017,13(3):5-11.

[93] 李思贤,吴超,王秉. 多级安全信息不对称所致事故模式研究[J]. 中国安全科学学报,2017,27(7):18-23.

[94] Armstrong M, Wright J. Two-sided markets with multihoming and exclusive dealing[R]. Institut d'Économie Industrielle Working Paper,2004:1-29.

[95] 尹振涛,陈媛先,徐建军. 平台经济的典型特征、垄断分析与反垄断监管[J]. 南开管理评论,2021,25(3):213-224.

[96] 吴琼. 双边市场视角下中小企业公共服务平台定价策略研究[D]. 重庆:重庆大学,2018.

[97] Aloui C, Jebsi K. Optimal pricing of a two-sided monopoly platform with a one-sided congestion effect[J]. International Review of Economics,2010,57(4):423-439.

[98] Armstrong M, Wright J. Two-sided markets, competitive bottlenecks and exclusive contracts[J]. Economic Theory,2007,32(2):353-380.

[99] 纪汉霖,管锡展. 服务质量差异化条件下双边市场的定价策略研究[J]. 产业经济研究,2007,6(1):11-18.

[100] Belleflamme P, Peitz M. Managing competition on a two-sided platform[J]. Journal of Economics & Management Strategy,2019,28(1):5-22.

[101] 陈富良,郭兰平. 负的组内网络外部性下双边平台定价策略研究[J]. 江西财经大学学报,2014(1):25-34.

[102] Belleflamme P, Peitz M. Platform competition: who benefits from multihoming?[J]. International Journal of Industrial Organization,2019,64:1-26.

[103] 纪汉霖. 用户部分多归属条件下的双边市场定价策略[J]. 系统工程理论与实践,2011,31(1):75-83.

[104] Neumann V J, Morgenstern O. Theory of games and economic behavior[M]. Princeton:Princeton University Press,1944.

[105] Nash J F. Equilibrium points in n-person games[J]. Proceedings of the National Academy of Science,1950,36(1):48-49.

[106] Selten R. Spieltheoretische behandlung eines oligopolmodells mit nachfragetragheit[J]. Journal of Institutional and Theoretical Economics,1965,121(2):301-324.

[107] Harsanyi J C. Games with incomplete information played by "Bayesian" players, I-III: Part I. The basic model[J]. Management Science,1967,14(3):159-182.

[108] Kreps D M, Robert W. Reputation and imperfect information[J]. Journal of Economic Theory,1982,27(2):253-279.

[109] Khan J. What role for network governance in urban low carbon transitions?[J]. Journal of Cleaner Production,2013,50:133-139.

[110] 戈德史密斯,埃格斯. 网络化治理:公共部门的新形态[M]. 孙迎春,译. 北京:北京大学出版

社,2008.

[111] 刘波,李娜. 网络化治理:面向中国地方政府的理论与实践[M]. 北京:清华大学出版社,2014.

[112] Jones C, Hesterly W S, Borgatti S P. A general theory of network governance: exchange conditions and social mechanisms[J]. Academy of Management Review, 1997, 22(4): 911-945.

[113] 唐亚林,王小芳. 网络化治理范式建构论纲[J]. 行政论坛,2020,27(3):121-128.

[114] 陈剩勇,于兰兰. 网络化治理:一种新的公共治理模式[J]. 政治学研究,2012(2):108-119.

[115] 陈振明. 公共管理学:一种不同于传统行政学的研究途径[M]. 2版. 北京:中国人民大学出版社,2003.

[116] 孙健. 网络化治理:公共事务管理的新模式[J]. 学术界,2011(2):55-60.

[117] 芳汀. 构建虚拟政府:信息技术与制度创新[M]. 邵国松,译. 北京:人民大学出版社,2004.

[118] 周志忍. 当代国外行政改革比较研究[M]. 北京:国家行政学院出版社,1999.

[119] Williamson O E. The economics of organization: the transaction cost approach[J]. American Journal of Sociology, 1981, 87(3): 548-577.

[120] 何继新,李莹. 公共服务供给"共建共享"的创新转向:一个网络化治理论纲[J]. 长白学刊,2017(1):55-62.

[121] Zucker L G. Production of trust: institutional sources of economic structure, 1840-1920[J]. Research in Organizational Behavior, 1986, 8: 53-111.

[122] Klijn E H, Koppenjan J. Governance network theory: past, present and future[J]. Policy and Politics, 2012, 40(4): 587-606.

[123] 鄞益奋. 网络治理:公共管理的新框架[J]. 公共管理学报,2007,4(1):89-96.

[124] Klijn E H, Edelenbos J, Steijn B. Trust in governance networks: its impacts on outcomes[J]. Administration & Society, 2010, 42(2): 193-221.

[125] 杨文君,潘勇,陈家伍. 共享情境下服务提供商信任对重复使用的影响研究:技术信任的调节作用[J]. 预测,2020,39(6):54-61.

[126] Ratnasingam P, Pavlou P A. Technology trust in internet-based interorganizational electronic commerce[J]. Journal of Electronic Commerce in Organizations, 2003, 1(1): 17-41.

[127] Lewicki R J, Bunker B B. Developing and maintaining trust in work relationships[M]//Kramer R M, Tyler T R. Trust in organizations: frontiers of theory and research. Thousand Oaks, Calif: Sage Publications, 1996: 114-139.

[128] Koppenjan J F M, Klijn E H. Managing uncertainties in networks: a network approach to problem solving and decision making[M]. London: Routledge, 2004.

[129] Freeman P L, Millar A J. Valuing the project: a knowledge-action response to network governance in collaborative research[J]. Public Money & Management, 2017, 37(1): 23-30.

[130] Berthod O, Grothe-Hammer M, Müller-Seitz G, et al. From high-reliability organizations to high-reliability networks: the dynamics of network governance in the face of emergency[J].

Journal of Public Administration Research and Theory,2017,27(2):352-371.

[131] Oedewald P,Gotcheva N. Safety culture and subcontractor network governance in a complex safety critical project[J]. Reliability Engineering & System Safety,2015,141:106-114.

[132] Stoker G. Public value management a new narrative for networked governance? [J]. The American Review of Public Administration,2006,36(1):41-57.

[133] Lowndes V,Skelcher C. The dynamics of multi-organizational partnerships:an analysis of changing modes of governance[J]. Public Administration,1998,76(2):313-333.

[134] 刘波,王力立,姚引良. 整体性治理与网络治理的比较研究[J]. 经济社会体制比较,2011(5):134-140.

[135] 谭英俊. 网络治理:21世纪公共管理发展的新战略[J]. 理论探讨,2009(6):139-142.

[136] Provan K G,Kenis P. Modes of network governance:structure,management,and effectiveness [J]. Journal of Public Administration Research and Theory,2008,18(2):229-252.

[137] Kenis P,Provan K G. Towards an exogenous theory of public network performance[J]. Public Administration,2009,87(3):440-456.

[138] 韩兆柱,单婷婷. 网络化治理、整体性治理和数字治理理论的比较研究[J]. 学习论坛,2015,31(7):44-49.

[139] 韩兆柱,李亚鹏. 网络化治理理论研究综述[J]. 上海行政学院学报,2016,17(4):103-111.

[140] Winkler I. Network governance between individual and collective goals:Qualitative evidence from six networks[J]. Journal of Leadership & Organizational Studies,2006,12(3):119-134.

[141] Bogason P,Musso J A. The democratic prospects of network governance[J]. The American Review of Public Administration,2006,36(1):3-18.

[142] Williams D W. Measuring government in the early twentieth century[J]. Public Administration Review,2003,63(6):643-659.

[143] Hu B. Linking business models with technological innovation performance through organizational learning[J]. European Management Journal,2014,32(4):587-595.

[144] Cousins J B,Goh S C,Elliott C,et al. Government and voluntary sector differences in organizational capacity to do and use evaluation[J]. Evaluation and Program Planning,2014,44:1-13.

[145] 牛霞飞. 美国地方政府治理研究[D]. 南京:南京航空航天大学,2018.

[146] 马蔡琛,桂梓椋. 平衡计分卡在政府预算绩效管理与指标设计中的应用[J]. 华南师范大学学报(社会科学版),2019(6):102-112.

[147] 波伊斯特. 公共与非营利组织绩效考评:方法与应用[M]. 肖鸣政,等译. 北京:中国人民大学出版社,2005.

[148] 建设工程(建筑学术语)[EB/OL].(2023-02-10)[2023-03-08]. https://baike.baidu.com/item/建设工程/3077149?fr=aladdin.

[149] 弗雷德里克森. 公共行政的精神[M]. 张成福,刘霞,张璋,等译. 北京:中国人民大学出版社,2003.

[150] 李军鹏. 公共服务学:政府公共服务的理论与实践[M]. 北京:国家行政学院出版社,2007.

[151] "21世纪的公共管理:机遇与挑战"第三届国际学术研讨会文集[C]. 中国澳门,2008.

[152] 贺巧知. 政府购买公共服务研究[D]. 北京:财政部财政科学研究所,2014.

[153] V. 登哈特,B. 登哈特. 新公共服务:服务,而不是掌舵[M]. 丁煌,译. 北京:中国人民大学出版社,2004.

[154] 陈昌盛,蔡跃洲. 中国政府公共服务:体制变迁与地区综合评估[M]. 北京:中国社会科学出版社,2007.

[155] Staff W B. World development report 1997:the state in a changing world[M]. Oxford:Oxford University Press,1997.

[156] 推行公共服务便捷化,切实转变政府职能[EB/OL]. (2016-01-14)[2023-03-08]. http://www.gov.cn/zhengce/2016-01/14/content_5032926.htm.

[157] 马庆钰. 关于"公共服务"的解读[J]. 中国行政管理,2005(2):78-82.

[158] Stoker G. Governance as theory:five propositions[J]. International Social Science Journal,1998,50(155):17-28.

[159] Rhodes R A W. The new governance:governing without government[J]. Political Studies,1996,44(4):652-667.

[160] 顾建光. 从公共服务到公共治理[J]. 上海交通大学学报(哲学社会科学版),2007,15(3):50-55.

[161] 任维德. 公共治理:内涵 基础 途径[J]. 内蒙古大学学报(人文社会科学版),2004,36(1):113-116.

[162] 陈振明,张成福,周志忍. 公共管理理论创新三题[J]. 电子科技大学学报(社会科学版),2011,13(2):1-5.

[163] 徐增阳,张磊. 公共服务精准化:城市社区治理机制创新[J]. 华中师范大学学报(人文社会科学版),2019,58(4):19-27.

[164] 郭鹏,林祥枝,黄艺,等. 共享单车:互联网技术与公共服务中的协同治理[J]. 公共管理学报,2017,14(3):1-10,154.

[165] 马雪松. 结构、资源、主体:基本公共服务协同治理[J]. 中国行政管理,2016(7):52-56.

[166] Sharp A, McDermott P. Workflow modeling:tools for process improvement and applications development[M]. 2nd ed. Norwood:Artech House,2009.

[167] Diirr B, Araujo R, Cappelli C. Talking about public service processes[C]//International Conference on Electronic Participation. Berlin, Heidelberg:Springer, 2011:252-261.

[168] 范玉顺. 工作流管理技术基础:实现企业业务过程重组、过程管理与过程自动化的核心技术[M]. 北京:清华大学出版社,2001.

[169] Shin K, Leem C S. A reference system for internet based inter-enterprise electronic commerce

[J]. Journal of Systems & Software,2002,60(3):195-209.

[170] 中国社会科学院语言研究所词典编辑室. 现代汉语词典[M]. 北京:商务印书馆,2013.

[171] 数字赋能 政务"瘦身" 政府数字化转型跑出"加速度"[J]. 中国经贸导刊,2020(18):36-37.

[172] 竺乾威. 公共服务的流程再造:从"无缝隙政府"到"网格化管理"[J]. 公共行政评论,2012,5(2):1-21.

[173] Thompson J R. Reinvention as reform:assessing the National Performance Review[J]. Public Administration Review,2000,60(6):508-521.

[174] Stemberger M I, Jaklic J. Towards e-government by business process change:a methodology for public sector[J]. International Journal of Information Management,2007,27(4):221-232.

[175] 赵庸浩. 平台战争:移动互联时代企业的终极 PK[M]. 吴苏梦,译. 北京:北京大学出版社,2012.

[176] 李学龙,龚海刚. 大数据系统综述[J]. 中国科学(信息科学),2015,45(1):1-44.

[177] Hagiu A. Merchant or two-sided platform?[J]. Review of Network Economics,2007,6(2):115-133.

[178] 宫夏屹,李伯虎,柴旭东,等. 大数据平台技术综述[J]. 系统仿真学报,2014,26(3):489-496.

[179] Adnan K, Akbar R. An analytical study of information extraction from unstructured and multidimensional big data[J]. Journal of Big Data,2019,6(1):1-38.

[180] 陈煜,周继恩,杜金泉. 基于交易数据的信用评估方法[J]. 计算机应用与软件,2018,35(5):168-171.

[181] Lomotey R K, Deters R. Real-time effective framework for unstructured data Mining[C]//2013 12th IEEE International Conference on Trust, Security and Privacy in Computing and Communications. IEEE,2013:1081-1088.

[182] Goyal A, Gupta V, Kumar M. Recent named entity recognition and classification techniques:a systematic review[J]. Computer Science Review,2018,29:21-43.

[183] Miwa M, Thompson P, Korkontzelos Y, et al. Comparable study of event extraction in newswire and biomedical domains[C]//25th International Conference on Computational Linguistics. 2014.

[184] Roll U, Correia R, Berger-Tal O. Disentangling homonyms- using artificial neural networks to separate the cream from the crop in large text corpora[C]// Proceedings of the 5th European Congress of Conservation Biology. Jyväskylä University Open Science Centre,2018.

[185] Li J Y, Deng L, Gong Y F, et al. An overview of noise-robust automatic speech recognition[J]. IEEE/ACM Transactions on Audio, Speech, and Language Processing,2014,22(4):745-777.

[186] Ye Q X, Doermann D. Text detection and recognition in imagery:a survey[J]. IEEE Transactions on Pattern Analysis and Machine Intelligence,2015,37(7):1480-1500.

[187] Elragal A, Klischewski R. Theory-driven or process-driven prediction? Epistemological challenges of big data analytics[J]. Journal of Big Data,2017,4(1):1-20.

[188] Hu H, Wen Y G, Chua T S, et al. Toward scalable systems for big data analytics: a technology tutorial[J]. IEEE Access, 2014, 2: 652-687.

[189] Munshi A A, Mohamed A. Big data framework for analytics in smart grids[J]. Electric Power Systems Research, 2017, 151: 369-380.

[190] Buza K, Nagy G I, Nanopoulos A. Storage-optimizing clustering algorithms for high-dimensional tick data[J]. Expert Systems with Applications, 2014, 41(9): 4148-4157.

[191] Siddiqa A, Hashem I A T, Yaqoob I, et al. A survey of big data management: taxonomy and state-of-the-art[J]. Journal of Network and Computer Applications, 2016, 71: 151-166.

[192] Tan P N, Steinbach M, Kumar V. Introduction to data mining [M]. Boston, MA: Addison-Wesley Longman Publishing, 2005.

[193] Spaho E, Barolli L, Xhafa F, et al. P2P data replication and trustworthiness for a JXTA-Overlay P2P system using fuzzy logic[J]. Applied Soft Computing, 2013, 13(1): 321-328.

[194] Gani A, Siddiqa A, Shamshirband S, et al. A survey on indexing techniques for big data: taxonomy and performance evaluation[J]. Knowledge and Information Systems, 2016, 46(2): 241-284.

[195] Li B, Jain R. Survey of recent research progress and issues in big data[EB/OL]. (2013-12-10)[2023-03-08]. http://www.cse.wustl.edu/~jain/cse570-13/index.html.

[196] Alaoui I E, Gahi Y, Messoussi R. Big data quality metrics for sentiment analysis approaches [C]// Proceeding of the 2019 International Conference on Big Data Engineering. New York: ACM, 2019: 36-43.

[197] Caillaud B, Jullien B. Chicken and egg: competition among intermediation service providers[J]. RAND Journal of Economics, 2003, 34(2): 309-328.

[198] 陈广仁,唐华军. 供应链管理的开放式创新机制：基于物联网的"零边际成本"的理论假设[J]. 中国流通经济,2017,31(8):105-115.

[199] 里夫金. 零边际成本社会：一个物联网、合作共赢的新经济时代[M]. 赛迪研究院专家组,译. 2版. 北京：中信出版社,2014.

[200] 陈威如,余卓轩. 平台战略：正在席卷全球的商业模式革命[M]. 北京：中信出版社,2013.

[201] 姬德强. 平台化突围：我国国际媒体提升传播效能的路径选择[J]. 中国出版,2021,44(16):8-11.

[202] 王世强. 平台化、平台反垄断与我国数字经济[J]. 经济学家,2022,34(3):88-98.

[203] 肖迪,陈瑛,王佳燕,等. 考虑平台数据赋能的电商供应链成本分担策略选择研究[J]. 中国管理科学,2021,29(10):58-69.

[204] 彭鸿广,骆建文. 不对称信息下供应链成本分担激励契约设计[J]. 系统管理学报,2015,24(2):267-274.

[205] 白江. 我国城镇化福利效应的实证研究[D]. 长春：吉林大学东北亚研究院,2018.

[206] 罗杰斯. 创新的扩散(第五版)[M]. 唐兴通,郑常青,张延臣,译. 北京:电子工业出版社,2016.

[207] Hwang S, Moon I. Are we treating networks seriously? The growth of network research in public administration & public policy[EB/OL]. (2009-06-12)[2023-03-08]. http://www.researchgate.net/publication/228971393.

[208] 刘梦雨,王砾尧. 第三方力量:国家发改委引入第三方信用服务机构参与行业信用建设与监管纪实[J]. 中国信用,2017(12):18-29.

[209] 国务院. 打赢蓝天保卫战三年行动计划[EB/OL]. (2018-06-27)[2023-03-08]. http://www.gov.cn/zhengce/content/2018-07/03/content_5303158.htm

[210] 南京市生态环境局. 南京市2021年度大气污染防治实施方案[R]. 南京:生态环境局,2021.

[211] Andersson S J. Platform logic: an interdisciplinary approach to the platform-based economy[J]. Policy and Internet,2017,9(4):374-394.

[212] Cook S, Jason E L, Fisher M J, et al. Embedding digital agriculture into sustainable Australian food systems: pathwaysand pitfalls to value creation[J]. International Journal of Agricultural Sustainability,2022,20(3):346-367.

[213] Evans D S, Schmalensee R. Matchmakers: the new economics of multisided platforms[M]. Boston: Harvard Business Review Press,2016.

[214] Choudary S P, Alstyne M W V, Parker G G. Platform revolution: how networked markets are transforming the economy-and how to make them work for you[M]. New York: W. W. Norton and Company,2016.

[215] Jones C I, Tonetti C. Nonrivalry and the economics of data[J]. American Economic Review,2020,110(9):2819-2858.

[216] Chen M, Mao S W, Liu Y H. Big data: a survey[J]. Mobile Networks and Applications,2014,19(2):171-209.

[217] Shannon C E. A mathematical theory of communication[J]. The Bell System Technical Journal,1948,27(3):379-423.

[218] 章政,张丽丽. 论从狭义信用向广义信用的制度变迁:信用、信用经济和信用制度的内涵问题辨析[J]. 征信,2019,37(12):1-8.

[219] 吴晶妹. 从信用的内涵与构成看大数据征信[J]. 首都师范大学学报(社会科学版),2015(6):66-72.

[220] 张丽丽,章政. 新时代社会信用体系建设:特色、问题与取向[J]. 新视野,2020(4):62-67.

[221] 曾小平. 美、德、日信用体系比较分析[D]. 长春:吉林大学,2004.

[222] 周文凯. 网络购物的信用体系探究[D]. 合肥:安徽大学,2012.

[223] 李学斌. 构建完善的社会信用体系[J]. 经济论坛,2002(22):9-11.

[224] 南京市人民政府. 南京市渣土运输管理办法[EB/OL]. (2014-03-14)[2023-03-07]. https://www.nanjing.gov.cn/xxgkn/zfgb/201812/t20181207_1290099.html.

[225] 李文钊. 界面理论范式：信息时代政府和治理变革的统一分析框架建构[J]. 行政论坛,2020,27(3)：129-135.

[226] 田华文. 从政策网络到网络化治理：一组概念辨析[J]. 北京行政学院学报,2017(2)：49-56.

[227] 周伟,练磊. 地方治理能力评价的价值取向[J]. 学术界,2014(11)：180-187.

[228] Agranoff R. Inside collaborative networks：ten lessons for public managers[J]. Public Administration Review,2006,66(S1)：56-65.

[229] Klijn E H,Steijn B,Edelenbos J. The impact of network management on outcomes in governance networks[J]. Public Administration,2010,88(4)：1063-1082.

[230] De Jong M,Edelenbos J. An insider's look into policy transfer in transnational expert networks[J]. European Planning Studies,2007,15(5)：687-706.

[231] Edelenbos J,Klijn E H. Managing stakeholder involvement in decision making：a comparative analysis of six interactive processes in the Netherlands[J]. Journal of Public Administration Research and Theory,2006,16(3)：417-446.

[232] 陆军,丁凡琳. 多元主体的城市社区治理能力评价：方法、框架与指标体系[J]. 中共中央党校(国家行政学院)学报,2019,23(3)：89-97.

[233] 张小劲,于晓虹. 推进国家治理体系和治理能力现代化六讲[M]. 北京：人民出版社,2014.

[234] Mandell M,Keast R. Evaluating network arrangements：toward revised performance measures[J]. Public Performance and Management Review,2007,30(4)：574-597.

[235] Provan K G,Milward H B. Do networks really work? A framework for evaluating public-sector organizational networks[J]. Public Administration Review,2001,61(4)：414-423.

[236] 许剑毅. 2017年服务业稳定较快增长质量效益提升[EB/OL]. (2018-01-19)[2023-03-08]. http：//www. stats. gov. cn/tjsj. /sjjd/201801/t20180119_1575485. html.

[237] 熊小倩. 信息通信技术发展水平对建筑企业竞争优势的影响研究[D]. 武汉：华中科技大学,2020.

[238] Li K,Fang L,He L. How urbanization affects China's energy efficiency：a spatial econometric analysis[J]. Journal of Cleaner Production,2018,200(11)：1130-1141.

[239] Granell C,Havlik D,Schade S,et al. Future internet technologies for environmental applications[J]. Environmental Modelling and Software,2016,78：1-15.

[240] Abdul S. Internet of things for environmental sustainability and climate change[M]//Internet of things for sustainable communtiy development. Cham：Springer,2020：33-69.

[241] Wonohardjo E P,Kusuma G P. Air pollution mapping using mobile sensor based on internet of things science direct[J]. Procedia Computer Science,2019,157：638-645.

[242] Lu Y J,Li Y K,Skibniewski M,et al. Information and communication technology applications in architecture,engineering,and construction organizations：a 15-year review[J]. Journal of Management in Engineering,2015,31(1)：1-19.

[243] 中华人民共和国住房和城乡建设部. 关于印发"十四五"建筑业发展规划的通知[EB/OL]. (2022-01-19)[2023-03-08]. http://www.gov.cn/zhengce/zhengceku/2022-01/27/content_5670687.htm.

[244] Pencheva I, Esteve M, Mikhaylov S J. Big data and AI -a transformational shift for government: so, what next for research?[J]. Public Policy and Administration, 2020, 35(1): 24-44.

[245] Delport P M J, Solms R V, Gerber M. Towards corporate governance of ICT in local government[C]//2016 IST-Africa Week Conference, May 11-13, 2016, Durban, South Aftica. IEEE, 2016: 1-11.

[246] Mohammed F, Ibrahim O B. Drivers of cloud computing adoption for e-government services implementation[J]. International Journal of Distributed Systems and Technologies, 2015, 6(1): 1-14.

[247] 陆云峰,张清晨,李鸣宇. 重大工程集成管理理论研究[J]. 价值工程, 2021, 40(29): 3.

[248] 李存金,武玉青. "互联网+"商业模式应用的集成创新功能：基于典型案例现象的分析[J]. 武汉科技大学学报(社会科学版), 2019, 21(1): 88-95.

[249] 钱学森,于景元,戴汝为. 一个科学新领域：开放的复杂巨系统及其方法论[J]. 自然杂志, 1990, 12(1): 3-10.

[250] Gil-Garcia J R, Sayogo D S. Government inter-organizational information sharing initiatives: understanding the main determinants of success[J]. Government Information Quarterly, 2016, 33(3): 572-582.

[251] 周建安. 政府部门集成管理模式创建研究：以山东出入境检验检疫局为例[J]. 中国行政管理, 2014(6): 37-39.

[252] 陈宁,章雪岩. 企业信息化战略实施：敏捷企业与信息集成[J]. 经济体制改革, 2005(1): 67-69.

[253] 高歌,温雯. 工程项目管理水平与项目信息集成化管理的关系[J]. 现代企业文化, 2009(6): 91-92.

[254] Marmura S. A net advantage? The internet, grassroots activism and american middle-eastern policy[J]. New Media and Society, 2008, 10(2): 247-271.

[255] Lin Y. A comparison of selected western and Chinese smart governance: the application of Ict in governmental management, participation and collaboration[J]. Telecommunications Policy, 2018, 42(10): 800-809.

[256] Mohammed F, Ibrahim O, Nilashi M, et al. Cloud computing adoption model for e-government implementation[J]. Information Development, 2017, 33(3): 303-323.

[257] 董事尔,陈子文,阳羽,等. 基于"互联网+"云平台的项目信息集成化管理研究：以重庆巴南某房建项目为例[J]. 科技促进发展, 2020, 16(2): 153-160.

[258] 王宏起,李佳,李玥. 基于平台的科技资源共享服务范式演进机理研究[J]. 中国软科学, 2019

(11): 153-165.

[259] 张豪,丁云龙,杜兰. 基于协同创新的大学:产业合作平台集成化模式研究[J]. 科技进步与对策, 2014,31(8):58-62.

[260] 钟义信. 信息科学原理[M]. 5版. 北京:北京邮电大学出版社,2013.

[261] Shannon C E. A mathematical theory of communication[J]. The Bell System Technical Journal, 1948,27(3):379-423.

[262] 王秉,吴超. 安全监管信息学论纲[J]. 情报杂志,2018,37(2):88-96.

[263] Dixit A K. Lawlessness and economics: alternative modes of governance[M]. Princeton: Princeton University Press,2004.

[264] Sivarajah U, Kamal M M, Irani Z, et al. Critical analysis of big data challenges and analytical methods[J]. Journal of Business Research,2017,70:263-286.

[265] 中共中央,国务院. 关于构建更加完善的要素市场化配置体制机制的意见[EB/OL]. (2022-04-09)[2023-03-08]. http://www. gov. cn/zhengce/2020-04/09/content_5500622. htm.

[266] Chadefaux T. Early warning signals for war in the news[J]. Journal of Peace Research,2014,51(1):5-18.

[267] Wamba S F, Gunasekaran A, Akter S, et al. Big data analytics and firm performance: effects of dynamic capabilities[J]. Journal of Business Research,2017,70:356-365.

[268] Li J J, Xu L Z, Tang L, et al. Big data in tourism research: a literature review[J]. Tourism Management,2018,68:301-323.

[269] Strong D M, Lee Y W, Wang R Y. Data quality in context[J]. Communications of the ACM, 1997,40(5):103-110.

[270] 李飞,熊娜. 工程项目集成化管理与创新[J]. 时代农机,2019,46(9):115-116.

[271] 姚国章,刘忠祥. 大数据背景下的政府信息资源整合与利用[J]. 南京邮电大学学报(社会科学版),2015,17(4):20-25.

[272] Demiralp G, Guven G, Ergen E. Analyzing the benefits of RFID technology for cost sharing in construction supply chains: a case study on prefabricated precast components[J]. Automation in Construction,2012,24:120-129.

[273] Kasrin N, Benabbas A, Elmamooz G, et al. Data-sharing markets for integrating IoT data processing functionalities[J]. CCF Transactions on Pervasive Computing and Interaction,2021,3(1):76-93.

[274] Hampton S E, Strasser C A, Tewksbury J J, et al. Big data and the future of ecology[J]. Frontiers in Ecology and the Environment,2013,11(3):156-162.

[275] Kwon O, Lee N, Shin B. Data quality management, data usage experience and acquisition intention of big data analytics[J]. International Journal of Information Management,2014,34(3):387-394.

[276] Bakker K, Ritts M. Smart earth: a meta-review and implications for environmental governance [J]. Global Environmental Change, 2018, 52: 201-211.

[277] Varian H R. Computer mediated transactions[J]. American Economic Review, 2010, 100(2): 1-10.

[278] Blum B S, Goldfarb A. Does the internet defy the law of gravity? [J]. Journal of International Economics, 2006, 70(2): 384-405.

[279] Cao Y J, Shen D. Contribution of shared bikes to carbon dioxide emission reduction and the economy in Beijing[J]. Sustainable Cities and Society, 2019, 51: 101749-101755.

[280] Janssen M, Voort H, Wahyudi A. Factors influencing big data decision-making quality[J]. Journal of Business Research, 2017, 70: 338-345.

[281] Brown B, Chui M, Manyika J. Are you ready for the era of big data? [J]. Intermedia, 2012, 40(2): 28-33.

[282] Janssen M, Kuk G. Big and open linked data (BOLD) in research, policy, and practice[J]. Journal of Organizational Computing and Electronic Commerce, 2016, 26(1/2): 3-13.

[283] Stank T P, Keller S B, Daugherty P J. Supply chain collaboration and logistical service performance[J]. Journal of Business Logistics, 2001, 22(1): 29-48.

[284] Specht D. The data revolution: big data, open data, data infrastructures and their consequences [J]. Media, Culture and Society, 2016, 37(7): 1110-1111.

[285] 黄杰. 企业信息资源集成管理研究[D]. 武汉: 武汉理工大学, 2005.

[286] Terasaki Y. IoT platform to accelerate data utilization[J]. Fujitsu Scientific and Technical Journal, 2016, 52(4): 17-22.

[287] 魏立. 运用电子政务改进政府行政管理[D]. 上海: 同济大学, 2008.

[288] 龚炜. 数据交换平台在政府信息资源整合中的应用[J]. 中国科技信息, 2010(20): 87-88.

[289] Nguyen D, Nguyen T, Cao H. Information systems success: a literature review[J]. Lecture Notes in Computer Science, 2015, 9446: 242-256.

[290] Petter S, DeLone W, McLean E R. Information systems success: the quest for the independent variables[J]. Journal of Management Information Systems, 2013, 29(4): 7-62.

[291] Gharib M, Giorginib P. Information quality requirements engineering with STS-IQ [J]. Information and Software Technology, 2019, 107: 83-100.

[292] Shehzadi S, Nisar Q A, Hussain M S, et al. The role of digital learning toward students' satisfaction and university brand image at educational institutes of Pakistan: a post-effect of COVID-19[J]. Asian Education and Development Studies, 2021, 10(2): 276-294.

[293] Ghasemaghaei M, Calic G. Can big data improve firm decision quality? The role of data quality and data diagnosticity[J]. Decision Support Systems, 2019, 120: 38-49.

[294] Shi J, Ai X Y, Cao Z Y. Can big data improve public policy analysis? [C]. Proceeding of the

18th Annual International Conference on Digital Government Research. June 7-9, 2017, Staten Island, NY, USA. New York: ACM, 2017: 552-561.

[295] Lycett M. 'Datafication': making sense of (big) data in a complex world[J]. European Journal of Information Systems, 2013, 22(4): 381-386.

[296] Hazen B T, Boone C A, Ezell J D, et al. Data quality for data science, predictive analytics, and big data in supply chain management: an introduction to the problem and suggestions for research and applications[J]. International Journal of Production Economics, 2014, 154: 72-80.

[297] Wahyudi A, Kuk G, Janssen M. A process pattern model for tackling and improving big data quality[J]. Information Systems Frontiers, 2018, 20(3): 457-469.

[298] Filieri R. What makes online reviews helpful? A diagnosticity-adoption framework to explain informational and normative influences in e-WOM[J]. Journal of Business Research, 2015, 68(6): 1261-1270.

[299] Jorge M, Ismael C, Bibiano R, et al. A data quality in use model for big data[J]. Future Generation Computer Systems, 2016, 63: 123-130.

[300] Kyoon Y, Vonderembse M, Ragu-Nathan T. Knowledge quality: antecedents and consequence in project teams[J]. Journal of Knowledge Management, 2011, 15(2): 329-343.

[301] Mi Z F, Coffman D. The sharing economy promotes sustainable societies[J]. Nature Communications, 2019, 10: 1214.

[302] Obeidat M, North M, Richardson R, et al. Business intelligence technology, applications, and trends[J]. International Management Review, 2015, 11(2): 47-56.

[303] Marschak J. Economics of information systems[J]. Journal of the American Statistical Association, 1971, 66(333): 192-219.

[304] Ballou D P, Pazer H L. Modeling data and process quality in multi-input, multi-output information systems[J]. Management Science, 1985, 31(2): 150-162.

[305] Eppler M J. Managing information quality: increasing the value of information in knowledge-intensive products and processes[M]. Berlin, Heidelberg: Springer Berlin Heidelberg, 2006.

[306] Lee Y W, Strong D M, Kahn B K, et al. AIMQ: a methodology for information quality assessment[J]. Information and Management, 2002, 40(2): 133-146.

[307] Taleb I, Kassabi H T E, Serhani M A, et al. Big data quality: a quality dimensions evaluation[C]//2016 International IEEE Conferences on Ubiquitous Intelligence and Computing, Advanced and Trusted Computing, Scalable Computing and Communications, Cloud and Big Data Computing, Internet of People, and Smart World Congress. July 18-21, 2016, Toulouse, France. IEEE, 2017: 759-765.

[308] Toivonen M. Big data quality challenges in the context of business analytics[D]. Helsinki: University of Helsinki, 2015.

[309] Abdullah N, Ismail S A, Sophiayati S, et al. Data quality in big data: a review[J]. International Journal of Advances in Soft Computing and Its Applications, 2015(7): 17-27.

[310] Wang R Y, Strong D M. Beyond accuracy: what data quality means to data consumers[J]. Journal of Management Information Systems, 1996, 12(4): 5-33.

[311] 胡千代,王芳. 政府数据质量评价指标体系构建研究[J]. 科技情报研究,2021(3):17-34.

[312] 邵艳红. 我国政府开放数据质量评价指标体系构建研究[D]. 保定:河北大学,2019.

[313] 李晓彤,翟军,郑贵福. 我国地方政府开放数据的数据质量评价研究:以北京、广州和哈尔滨为例[J]. 情报杂志,2018,37(6):141-145.

[314] 莫祖英. 大数据质量测度模型构建[J]. 情报理论与实践,2018,41(3):11-15.

[315] 王仙雅,毛文娟,李晋. 信息质量、感知有用性与持续搜寻的关系:基于网络食品安全信息的调查[J]. 情报杂志,2017,36(2):159-164.

[316] 陈武. 基于数据资源整合平台的数据质量提升技术研究与应用[J]. 中国管理信息化,2017,20(23):189-191.

[317] 查先进,陈明红. 信息资源质量评估研究[J]. 中国图书馆学报,2010,36(2):46-55.

[318] Froese T M. The impact of emerging information technology on project management for construction[J]. Automation in Construction, 2010, 19(5): 531-538.

[319] Shamim S, Zeng J, Shariq S M, et al. Role of big data management in enhancing big data decision-making capability and quality among Chinese firms: a dynamic capabilities view[J]. Information and Management, 2019, 56(6): 103135.

[320] 耿浩. 民航安全监管绩效影响因素实证研究[D]. 天津:中国民航大学,2015.

[321] 南京市城市管理局,南京市城乡建设委员会,南京市环境保护局,等. 南京市渣土运输企业信用评价办法[EB/OL]. (2018-05-23)[2023-03-08]. http://cgj. nanjing. gov. cn/xyjs_46412/xyzcfg/201812/t20181206_1285818. html.

[322] 南京市城乡建设委员会. 关于全市房屋建筑和市政基础设施工地差别化管理实施细则的通知[EB/OL]. (2019-05-16)[2023-03-08]. http://sjw. nanjing. gov. cn/ztzl/fjszgdcbhgl0507/index. html.

[323] 南京市城乡建设委员会. 关于印发南京市工地视频监控和环保在线监测信息系统建设实施方案的通知[EB/OL]. (2018-12-04)[2023-03-08]. http://sjw. nanjing. gov. cn/gdzsj/tzgg/xgwj/201903/P020190305610284608403. pdf

[324] 中华人民共和国大气污染防治法[EB/OL]. (2018-11-05)[2023-03-08]. http://www. npc. gov. cn/npc/c12435/201811/c1b136abc5744e92b4377fa50d45d629. shtml

[325] 中华人民共和国住房和城乡建设部. 2016—2020年建筑业信息化发展纲要[EB/OL]. (2016-08-23)[2023-03-08]. http://www. scio. gov. cn/32344/32345/33969/35217/xgzc35223/Document/1492868/1492868. html.

[326] 南京市人民政府办公厅. 市政府办公厅关于对全市建设工程工地实施差别化管理的通知[EB/

OL]. (2019-03-06)[2023-03-08]. http://sjw. nanjing. gov. cn/njscxjswyh/201903/t20190306_1444591. html.

[327] 江苏省住房和城乡建设厅. 2018年全省建筑业工作要点[EB/OL]. (2018-03-26)[2023-03-08]. http://jsszfhcxjst. jiangsu. gov. cn/art/2018/3/26/art_49355_9186923. html.

[328] 南京市城乡建设委员会. 关于做好智慧工地监管平台接入前相关工作的通知[EB/OL]. (2019-05-16)[2023-03-08]. http://sjw. nanjing. gov. cn/njscxjswyh/201905/t20190516_1539138. html.